老子全書（一）

（漢）河上公等 撰

吉林出版集團股份有限公司

詳校官編修臣倉聖脈

臣紀昀覆勘

欽定四庫全書　　子部十四

老子道德經注　　道家類

提要

臣等謹案老子道德經注二卷舊本題河上公撰文獻通考引晁氏讀書志曰太史公謂河上丈人通老子再傳而至蓋公蓋公即齊相曹參師也而葛洪謂河上公者莫知其姓名漢孝文時居河之濱侍郎裴楷言其通老

子孝文詣問之即授素書道經兩說不同當從太史公其論甚正然隋志道家載老子道德經二卷漢文帝時河上公注又載梁有戰國時河上丈人注老子經二卷亡則兩河上公各一人兩老子注各一書戰國時河上公書在隋已亡今所傳者實漢河上公書耳明朱東光刻是書題曰秦人蓋未詳考惟是文帝駕臨河上親受其書無不入祕府之理何

以劉向七畧載注老子者三家獨不列其名唐書劉子玄傳稱老子無河上公注欲廢之而立王弼前此陸德明作經典釋文亦冒此注而釋弼注二人皆一代通儒必非無據詳其詞旨不類漢人殆道流之所依託歟相傳已久所言亦頗有發明姑存以備一家可耳

乾隆四十九年八月恭校上

總纂官臣紀昀臣陸錫熊臣孫士毅

總校官臣陸費墀

老子道德經注序

或問曰六經之後諸子之書出焉今獨行五子何與余應之曰老莊極道之玄者也荀揚文中子明道之要者也焉得而不行曰吾嘗聞之荀子著書辯儒墨也揚子法言象論語也文中子論六經又所以昭先王之道也若老子道德生乎無先終乎無極其流也寂莊子寓言一物我齊死生其失也誕抑可與推明聖道者並論哉余曰不然道有精粗學有本末大易無思無為自窮理

盡性始大學能靜能定自格物致知始由本而至末由粗而造精荀揚文中三子之講學是也不觀象心其易不踐形性其天言精而遺其粗舍本而求其末老莊之談玄是也聖賢之學大槩從頭徹底徹出老莊只直截說從向上處去故葛玄謂其為天地立根蓋體道之自然郭象謂其明内聖外王之道皆曠然自得茲豈淺淺造道者所能至哉夫學至道而止道之精而止學者倘自荀書儒道而推明之則可以至王道之無為自揚子

法言而精進之則可以會道德於不言自文中子六經之學而充廣之又可以富胸中之六經至是則老氏自然之天莊子自得之境若夫欲觀其書當觀其心景定改元蒲節前三日石廬龔士卨序

道德經序

老子體自然而然生乎太無之先起乎無因經歷天地終始不可稱載終乎無終窮乎無窮極乎無極故無極也與大道而倫化為天地而立根布氣於十方抱道德之至淳浩浩蕩蕩不可名也煥乎其有文章巍巍乎其有成功淵乎其不可量堂堂乎為神明之宗三光恃以朗照天地稟以得生乾坤運以吐精高而無民貴而無位覆載無窮闡敎八方諸天普宏大道開闢以前復下為

國師代代不休人莫能知之匠成萬物不言我為玄之德也故衆聖所共尊道尊德貴夫莫之命而常自然惟老氏乎周時復託神李母剖左腋而生生即皓然號曰老子老子之號因玄而出在天地之先無衰老之期故曰老子世人謂老子當始於周代老子之號始於無數之刧其窈窈冥冥眇邈久遠矣世衰大道不行西遊天下關令尹喜曰大道將隱乎願為我著書於是作道德二篇五千文上下經焉夫五千文宣道德之源大無不

包細無不入天人自然經也余先生有言精進研之則聲參太極高上遥唱諸天歡樂則攜契玄人靜思期真則衆妙感會内觀形影則神氣長存體洽道德則萬物震伏禍滅九陰福生十方安國寧家孰能知乎無為之文誇之不辱飾之不榮撓之不濁澄之不清自然也應道而見傳告無窮常者也故知常曰明大道何為哉弘之由人所以尊妙可不極精乎粗述一篇唯有道者寶之太極左仙公葛元譔

欽定四庫全書

老子道德經注卷上

唐 河上公 撰

章句一

體道第一

道可道謂經術政教之道也非常道非自然長生之道也常道當以無為養神無事安民含光藏暉滅迹匿端不可稱道名可名謂富貴尊榮高世之名也非常名非自然常在之名也常名當如嬰兒之未言雞子之未分明珠在蚌中美玉處石間内雖昭昭外如愚頑無名天地之始

無名者謂道道無形故不可名也始者道本也吐氣布化出於虛無為天地本始也有名萬物之母有名謂天地天地有形位陰陽有柔剛是其有名也萬物母者天地含氣生萬物長大成熟如母之養子故常無欲以觀其妙妙要也人常能無欲則可以觀道之要要謂一也常有欲以觀其徼徼歸也常有欲之人可以觀世俗之所歸趣也徼音叫又古吊反即竅字此兩者同出而異名兩者謂有欲無欲也同出者同出人心也而異名者所名各異也名無欲者長存名有欲者亡身也同謂之玄玄天也言有欲之人與無欲之人同受氣於天玄之又玄天中復有天也稟氣有厚薄得中和滋液則生賢聖得錯亂污辱則生貪淫也衆妙之門能知天中復有天稟氣有厚薄除情去欲守中和是謂知道要之門戶也

養身第二

天下皆知美之為美自揚已美使顯彰也斯惡已有危亡也皆知善之為善有功名也斯不善已人所爭也故有無相生見有而為無也難易相成見難而為易也長短相形見短而為長也高下相傾見高而為下也音聲相和上唱下必和也前後相隨上行下必隨也是以聖人處無為之事以道治也行不言之教以身帥導之也萬物作焉各自動也而不辭不辭謝而逆止生而不有元氣生萬物而不有為而不恃道所施為不恃望其報也功成而弗居功成事就退避不居其位夫惟弗居夫惟功成不居其位是以不去福德常在不去

其身也此言不行不可隨不言不可知即上六句有高下長短若開一源下生百端百端之變無不動亂

安民第三

不尚賢賢謂世俗之賢辯口明文離道行權去質為文也不尚者不富之以祿不貴之以官使民不爭不爭功名返自然也不貴難得之貨言人君不御好珍寶黃金棄於山珠玉捐於淵使民不為盜上化清淨下無貪人不見可欲放鄭聲遠美人使心不亂不邪淫不惑亂也是以聖人之治說聖人治國與治身同也虛其心除嗜欲去亂煩實其腹懷道抱一守五神也弱其志和柔謙讓不處權也彊其骨愛精重施髓滿骨堅彊平聲常使民無知無欲反朴守享使夫知者不敢為也思慮深不輕言夫音

扶知音智爲無爲不造作動因循則無不治德化厚百姓安

無源第四

道冲而用之冲中也道匿名藏譽其用在中冲音虫或不盈或常也道常謙虛不盈滿

淵乎似萬物之宗道淵深不可知也似爲萬物之宗祖挫其銳銳進也人欲銳精進取功名當挫止之法道不同也挫子卧反銳音睿解其紛紛結根也當念道無爲以解釋和其光言雖有獨見之明當如闇昧不當以耀亂人也同其塵當與衆庶同垢塵不當自别殊湛兮似若存言當湛然安靜故能長存不忘吾不知誰之子老子言我不知道所從生象帝之先道自在天帝之前此言道乃先天帝生也至今在者以能安靜湛然不勞煩欲使人修身法道

虛用第五

天地不仁天施地化不以仁恩任自然也以萬物為芻狗天地生萬物人最為貴天地視之如芻草狗畜不責望其報也聖人不仁聖人愛養萬民不以仁恩法天地行自然以百姓為芻狗聖人視百姓如芻草狗畜不責望其禮意天地之間天地之間空虛和氣流行故萬物自生人能除情欲節滋味清五藏則神明居之也其猶橐籥乎橐籥中空虛又能有聲氣橐音託籥音藥虛而不屈動而愈出言空虛無有屈竭時動搖之益出聲氣也多言數窮多事害神多言害身口開舌舉必有禍患數王弼注去聲謂理數也明皇注音朔不如守中不如守德於中育養精神愛氣希言

成象第六

谷神不死谷養也人能養神則不死也神謂五藏之神也肝藏魂肺藏魄心藏神腎藏精脾藏志五藏盡傷則五神去矣是謂玄牝言不死之由在於玄牝玄天也於人為鼻牝地也於人為口天食人以五氣從鼻入藏於心五氣精微為精神聰明音聲五性其鬼曰魂魂者雄也主出入人鼻與天通故鼻為玄也地食人以五味從口入藏於胃五性濁厚為形骸骨肉血脉六情其鬼曰魄魄者雌也主出入於口與地通故口為牝也玄牝之門是謂天地根根元也言鼻口之門是乃通天地之元氣所從往來綿綿若存鼻口呼噏喘息當綿綿微妙若可存復若無有用之不勤用氣常寬舒不當急疾勤勞也

韜光第七

天長地久（說天地長生久壽以喻教人也）天地所以能長且久者以其不自生（天地所以獨長且久者以其安靜施不責報不如人居處汲汲求自饒之私奪人以自與）故能長生（以其不求生故能長生不終也）是以聖人後其身（先人而後已者也）而身先（天下敬之先以為長）外其身（薄已而厚人也）而身存（百姓愛之如父母神明祐之若赤子故身常存）非以其無私邪（聖人為人所愛神明所祐非以其公正無私所致乎）故能成其私（人以為私者欲以厚已也聖人無私而已自厚故能成其私也）

易性第八

上善若水上善之人如水之性水善利萬物水在天為霧露在地為泉源也而不爭處衆人之所惡衆人惡卑濕垢濁水獨靜流居之也惡去聲故幾於道水性幾與道同幾音機居善地水性善喜於地草木之上即流而下有似於牝動而下人也心善淵水深空虛淵淵深清明與善仁萬物得水以生與虛不與盈也言善信水內影照形不失其情也正善治無有不洗清且平也事善能能方能圓曲直隨形動善時夏散冬凝應期而動不失天時夫唯不爭壅之則止決之則流聽從人也故無尤水性如是故天下無有怨尤水者也

運夷第九

持而盈之不如其已盈滿也已止也持滿必傾不如止也揣而銳之不可長保揣治也先揣之後必棄捐金玉滿堂莫之能守嗜欲傷神財多累身富貴而驕自遺其咎夫富當賑貧貴當憐賤而反驕恣必被禍患也遺去聲咎音臼功成名遂身退天之道言人所為功成事立名迹稱遂不退身避位則遇於害此乃天之常道也譬如日中則移月滿則虧物盛則衰樂極則哀

能為第十

載營魄營魄魂魄也人載魂魄之上得以生當愛養之喜怒亡魂卒驚傷魄魂在肝魄在肺美酒甘肴腐人肝肺故魂靜志道不亂魄安得壽延年也抱一能無離言人能抱一使不離於身則常存一

者道始所生太和之精氣也故曰一布名於天下天得一以清地得一以寧侯王得一以為正平入為心出為行布施為德總名為一一之為言志一無二也離去聲

專氣致柔

專守精氣使不亂則形體能應之而柔順

能嬰兒

能如嬰兒內無思慮外無政事則精神不去也

滌除玄覽

當洗其心使潔靜也心居玄冥之處覽知萬事故謂之玄覽也滌音迪

能無疵

不淫邪也淨能無疵病乎 疵音眦

愛民治國

治身者愛氣則身全治國者愛民則國安

能無知

治身者呼吸精氣無令耳聞也治國者布施惠德無令下知也

天門開闔

天門謂北極紫微宮開闔謂終始五際也治身天門謂鼻孔開謂喘息闔謂呼吸也 闔音盍

能無雌

治身當如雌牝安靜柔弱治國應變和而不唱

明白四達

言既明白如日月自通滿於天下八極之外故曰視之不見聽之不聞彰布之於十方煥煥煌煌也

能無知無有能知道滿於天下者生之畜之道生萬物而畜養之生而不有道生萬物無所取有為而不恃道所施為不恃望其報也長而不宰道長養萬物不宰割以為器用長上聲是謂玄德言道行德玄冥不可得見欲德人如道也

無用第十一

三十輻共一轂古者車三十輻法月數也共一轂者轂中有孔故衆輻共湊之治身者當除情去欲使五藏空虛神乃歸之也治國者寡能總衆弱能使強輻音福轂音谷當其無有車之用無謂空虛轂中空虛車得其行轝中空虛人能載其上也當去聲埏埴以為器埏和埴也土也和土以為飲食之器埏音羶埴音植當其無有器之用器中空虛故得有所盛受

鑿戶牖以為室謂作屋室當其無有室之用言戶牖空虛人得以出入觀視室中空虛人得以居處是其用故有之以為利利物也利於形用器中有物室中有人恐其屋破壞腹中有神畏形之消亡也無之以為用言虛空者乃可用盛受萬物故曰虛無能制有形道者空也

檢欲第十二

五色令人目盲貪淫好色則傷精失明也令平聲五音令人耳聾好聽五音則和氣去心不能聽無聲之聲五味令人口爽爽亡也人嗜五味於口則口亡言失於道味也馳騁田獵令人心發狂人精神好安靜馳騁呼吸精神散亡故發狂也難得之

貨令人行妨 妨傷也難得之貨謂金銀珠玉心貪意欲不知厭足則行傷身辱也行去聲妨音方

是以聖人為腹 守五性去六情節志氣養神明 不為目 目不妄視妄視泄精於外

故去彼取此 去彼目之妄視取此腹之養性 去上聲

猒恥第十三

寵辱若驚 身寵亦驚身辱亦驚 貴大患若身 貴畏也若至也畏大患至身故皆驚 何謂寵辱 問何為寵何為辱寵者尊榮辱者恥辱及身還自問者以曉人也 辱為下 辱為下賤 得之若驚 得寵榮驚者處高位如臨深危也貴不敢驕富不敢奢 失之若驚 失者失寵處辱也驚者恐禍重來也 是謂寵辱若驚 解上得之若驚失之若驚 何謂貴大患

若身復還自問何故畏人若身吾所以有大患者為吾有身吾所以有大患者為吾有身有身憂其勤勞念其饑寒觸情縱欲則遇禍患也及吾無身吾有何患使吾無有身體得道自然輕舉昇雲出入無間與道通神當有何患故貴以身為天下者則可寄於天下言人君貴其身而賤人欲為天下主者則可寄立不可以久也為去聲愛以身為天下者乃可以託於天下言人君能愛其身非為己也乃欲為萬民之父母以此得為天下主者乃可以託其身於萬民之上長無咎也

贊玄第十四

視之不見名曰夷無色曰夷言一無采色不可得視而見之聽之不聞名曰

希無聲曰希言一無音聲不可得聽而聞之搏之不得名曰微無形曰微言一無形體不可搏持而得之此三者不可致詰三者謂夷希微也不可致詰者謂無色無聲無形口不能言書不能傳當受之以靜求之以神不可詰問而得之也故混而為一混合也故合於三名之而為一其上不皦言一在天上不皦皦光明皦音皎其下不昧言一在天下不昧昧有所闇冥味音妹繩繩不可名繩繩者動行無窮極也不可名者非一色也不可以青黃白黑別非一聲也不可以宮商角徵羽聽非一形也不可以長短大小度之也復歸於無物物質也復當歸之於無質復音服是謂無狀之狀言一無形狀而能為萬物作形狀也無物之象一無物質而為萬物設形象也是為忽恍一忽忽恍恍者若存若亡不可見之也迎之不

見其首一無端末不可預待也除情去欲一自歸之也隨之不見其後言一無形迹不可得而看執古之道以御今之有聖人執守古道生一以御物知今當有一也能知古始是謂道紀人能知上古本始有一是謂知道綱紀也

顯德第十五

古之善為士者謂得道之君也微妙玄通玄天也言其志節玄妙精與天通也深不可識道德深遠不可識知內視若盲反聽若聾莫知所長夫唯不可識故強為之容謂下句也強上聲與兮若冬涉川舉事輒加重慎與與兮若冬涉川心猶難之也猶兮若畏四隣其進退猶猶如拘制若人犯法畏四隣知之也儼兮其若客如客

畏主人儼然無所造作也渙兮若冰之將釋渙者解散釋者消亡除情去欲日以空虛敦兮其若朴敦者質厚朴者形未分內守精神外無文彩也曠兮其若谷曠者寬大谷者空虛不有德功名無所不包也渾兮其若濁渾者守本真濁者不照然也與衆合同不自專孰能濁以靜之徐清孰誰也誰能知水之濁止而靜之徐徐自清也孰能安以久動之徐生誰能安靜以久徐徐以長生也保此道者不欲盈保此徐生之道不欲奢泰盈溢夫唯不盈故能蔽不新成夫唯不盈滿之人能守蔽不為新成蔽者匿光榮也新成者貴功名　夫音符

歸根第十六

至虛極得道之人捐情去欲五內清淨至於虛極守靜篤守清淨行篤厚萬物並作作生也萬物並生也吾以觀其復言吾以觀見萬物無不皆歸其本也人當念重本也夫物芸芸芸芸者華葉盛各復歸其根言萬物無不枯落各復反其根而更生也歸根曰靜靜謂根也根安靜柔弱謙卑處下故不復死也是謂復命言安靜者是爲復還性命使不死也復命曰常復命使不死乃道之所常行也知常曰明能知道之所常行則爲明不知常妄作凶不知道之所常行妄作巧詐則失神明故凶也知常容能知道之所常行去情忘欲無所不包容也容乃公無所不包容則公正無私衆邪莫當公乃王公正無私可以爲天下王治身正則形一神明千萬共湊己躬也王乃天能正德合神明乃與天子天乃道德與

天通則與道合同也道乃久與道合同乃能長久沒身不殆能公能天通天合道四者純備道德弘遠無殃無咎乃與天地俱沒不危殆也

章句二

淳風第十七

太上下知有之太上謂太古無名之君也下知有之者下知上有君而不臣事質朴也其次親之譽之其德可見恩惠可稱故親愛而譽之其次畏之設刑法以治之其次侮之禁多令煩不可欺之誑故欺侮之信不足焉有不信君信不足於下下則應之以不信而欺其君也猶兮其貴言說太上之君舉事猶貴重於言恐離道失自然功成事遂

謂天下太平也百姓皆謂我自然百姓不知君上之德淳厚反以爲只自當然也

俗薄第十八

大道廢有仁義大道之時家有孝子戶有忠信仁義不見也大道廢不用惡逆生乃有仁義可傳道智惠出有大僞智惠之君賤德而貴言賤質而貴文下則應之以爲大僞姦詐六親不和有孝慈六親絕親戚不和乃有孝慈相收養也國家昏亂有忠臣政令不行上下相怨邪僻爭權乃有忠臣匡正其君也此言天下太平不知仁義盡無欲不知廉各潔己不知貞大道之君仁義沒孝慈滅猶日中盛時衆星失光

還淳第十九

絶聖絶聖制作反初守元五帝垂象蒼頡作書不如三皇結繩無文棄智棄智惠反無為民利百倍農事修公無私絶仁棄義絶仁之見恩惠棄義之尚華信民復孝慈德化淳也絶巧棄利絶巧者詐偽亂真也棄利者塞貪路閉權門也盜賊無有上化公政下無邪私此三者謂上三事所棄絶也以為文不足以為文不足者文不足以教民故令有所屬當如下句令平聲屬音燭見素抱朴見素者當抱素守真不尚文飾也抱朴者當見其篤朴以示下故可法則見音現少私寡欲少私者正無私也寡欲者當知足也

異俗第二十

絶學絶學不真不合道文無憂除浮華則無憂患也唯之與阿相去幾何同為

應對而相去幾何疾時賤質而貴文唯上聲善之與惡相去何若善者和譽惡者諫爭能相去何如疾時惡忠直用邪佞也人之所畏不可不畏人謂道人也人所畏者畏不絕學之君也不可不畏近令色殺仁賢荒兮其未央哉或言世俗人荒亂欲進學為文未央止也

衆人熙熙熙熙淫放多情欲也如享太牢如飢思太牢之具意無足時也如登春臺春陰陽交通萬物感動登臺觀之志意淫淫然我獨怕兮其未兆我獨怕然安靜未有情欲之形兆也怕音拍如嬰兒之未孩如小兒未能答偶人時也乘乘兮若無所歸我乘乘如窮鄙無所歸就乘平聲衆人皆有餘衆人餘財以為奢餘智以為詐而我獨若遺我獨如遺棄似於不足也我愚人之心也哉不與俗人相隨守一不移

如愚人之心也沌沌兮無所分别俗人昭昭明且達也我獨若昏如闇昧也俗人察察察察急且疾也我獨悶悶悶悶無所割截忽兮若海我獨忽忽如江海之流莫知其所窮極也漂兮若無止我獨漂漂若飛若揚無所止也志意在神域也衆人皆有以以有為也而我獨頑我獨無為似鄙鄙似若不逮也我獨異於人我獨與人異也而貴食母食用也母道也我獨貴用道也

虛心第二十一

孔德之容孔大也有大德之人無所不容能受垢濁處謙卑也唯道是從唯獨也大德之人不隨世俗所行獨從於道也道之為物唯恍唯忽道之於萬物獨恍忽往來於其無所

定也恍音恍忽兮恍兮其中有像道唯忽恍無形之中獨為萬物法像恍兮忽兮其中有物道唯恍忽其中有一經營主化因氣立質窈兮冥兮其中有精道唯窈冥無形其中有精實神明相薄陰陽交會也窈音杳其精甚真言存精氣其妙甚真非有飾也其中有信道匿功藏名其信在中也自古及今其名不去自從也自古至今道常在不去以閱衆甫閱禀也甫始也言道禀與萬物始生從道受氣吾何以知衆甫之然哉我何以知道從受氣以此此今也以今萬物皆得道精氣而生動作起居非道不然

益謙第二十二

曲則全曲己從衆不自專則全其身也枉則直枉屈己而申人久久自得直也窪則盈

地窪下水流之人謙下德歸之也窪音蛙弊則新自受弊薄後已先人天下敬之久久自新也少則得自受取少則得多也天道祐謙神明託虛多則惑財多者惑於所守學多者惑於所聞是以聖人抱一為天下式抱守法式也聖人守一乃知萬事故能為天下法式也不自見故明聖人不以其目視千里之外也乃因天下之目以視故能明達也見音現不自視故彰聖人不自以為是而非人故能彰顯於世不自伐故有功伐取也聖人德化流行不自取其美故有功於天下不自矜故長矜大也聖人不自貴大故能久不危夫唯不爭故天下莫與之爭此言天下賢與不肖無能與不爭者爭也古之所謂曲則全者豈虛言哉傳古言曲從則全身正言非虛妄也誠全而歸之誠實

也能行曲從者實其肌體歸之於父母無有傷害也

虛無第二十三

希言自然希言者是愛言也愛言者自然之道飄風不終朝驟雨不終日飄風疾風也驟雨暴雨也言疾不能長暴不能久也孰為此者天地孰誰也誰為此飄風暴雨者乎天地所為天地尚不能久不終於朝暮也而況於人乎天地至神合為飄風暴雨尚不能使終朝至暮何況人欲為暴卒乎故從事於道者從為也人為事當如道安靜不當如飄風驟雨道者同於道道者謂好道人也同於道者所謂與道同德者同於德德謂好德人也同德者所謂與德同也失者同於失失謂任已失人也同於失者所謂與失同

也同於道者道亦樂得之與道同者道亦樂得之也同於德者德亦樂得之與德同者德亦樂得之也同於失者失亦樂失之與失同者失亦樂失之也信不足焉君信不足於下下則應君以不足也有不信焉此言物類相歸同聲相應雲從龍風從虎水流濕火就燥自然之類也

苦恩第二十四

跂者不立跂進也謂貪權慕名進取功榮也則不可久立身行道也跂音企又去聲跨者不行自以為貴而跨於人衆共蔽之使不得行自見者不明人自見其形容以為好自見所行以為應道殊不自知其形貌醜行之鄙自是者不彰自以為是而非人衆共蔽之使不得彰明

自伐者無功所謂輒自伐取其功美即失有功於人也自矜者不長好自矜大者不可以長久其於道也曰餘食贅行贅貪也使此自矜伐之人在治國之道曰然歛餘祿食為贅行行去聲物或惡之此人在位動欲傷害故物無有不畏惡也惡去聲故有道者不處也言有道之人不居其國也

象元第二十五

有物混成先天地生謂道無形混沌而成萬物乃在天地之間先去聲寂兮寥兮獨立而不改寂者無音聲寥者空無形獨立者無匹雙不改者化有常周行而不殆道通行天地無所不入在陽不焦託陰不腐無不貫穿不危殆可以為天下母道育養萬

物精氣如母之養子**吾不知其名字之曰道**我不見道形容不知當何以名之見萬物皆從道所生故字之曰道也**強為之名曰大**不知其名強曰大者高而無上羅而無外無不包容故曰大也　強上聲**大曰逝**其為大非若天常在上非若地常在下乃復逝去無常處所也**逝曰遠**言遠者窮乎無窮布氣天地無所不通也**遠曰反**言其遠不越絕乃復在人身也**故道大天大地大王亦大**道大者包羅諸天地無所不容也天大者無所不蓋也地大者無所不載也王大者無所不制也**域中有四大**四大道天地王也凡有稱有名則非其極也言道則有所由有所由然後謂之為道然則是道稱中之大也不若無稱之大也無稱不可得而名曰域也天地王皆在乎無稱之內也故曰域中有四大者也**而王居其一焉**八極之功有四大王居其一也居一

作處**人法地**人當法地安靜柔和也種之得五穀掘之得甘泉勞而不怨也有功而不制也**地法天**天湛泊不動施而不求報生長萬物無所收取**天法道**道清淨不言陰行精氣萬物自成也**道法自然**道性自然無所法也

重德第二十六

重為輕根人君不重則不尊治身不重則失神草木之華輕故零落根重故長存也　輕去聲**靜為躁君**人君不靜則失威治身不靜則身危龍靜故能變化虎躁故夭虧也　躁音竈**是以聖人終日行不離輜重**輜靜也聖人終日行道不離其靜與重也　離音利輜音緇重去聲**雖有榮觀燕處超然**榮觀謂宮觀燕處后妃所居也超然遠避而不處也　觀去聲**奈**

何萬乘之主奈何者疾時主傷痛之辭萬乘之主謂王乘去聲而以身輕天下王者至尊而以其身行輕躁乎疾時王奢恣輕淫也輕則失臣王者輕淫則失其臣治身輕淫則失其精躁則失君王者行躁疾則失其君位治身躁疾則失其精神也

巧用第二十七

善行無轍迹善行道者求之於身不下堂不出門故無轍迹行去聲善言無瑕讁善言謂擇言而出則無瑕疵讁過於天下瑕音遐讁直革反善計不用籌策善以道計事者則守一不移所計不多則不用籌策而可知也籌音儔善閉無關揵而不可開善以道閉情欲守精神者不如門戶有關揵可得開揵音鍵善結無繩約而不可解善以

道結事者乃可結其心不如繩索可得解也是以聖人常善救人聖人所以常教人忠孝者欲以救人之命故無棄人使貴賤各得其所也常善救物聖人所以教民順四時以救萬物之殘傷故無棄物聖人不賤石而貴玉視之如一是謂襲明聖人善救人物謂襲明大道也故善人者不善人之師人之行善者聖人即以為人師不善人者善人之資資用也人行不善聖人猶教導使為善得以給用也不貴其師獨無輔也不愛其資無所使也雖智大迷雖自以為智言此人乃大迷惑是謂要妙能通此意是謂知微妙要道也

反朴第二十八

知其雄守其雌為天下谿雄以喻尊雌以喻卑人雖知自尊顯當復守之以卑微去雄之強梁就雌之柔和如是則天下歸之如水流入深谿也谿音溪為天下谿常德不離人能謙下如深谿則德常在不復離於已離去聲復歸於嬰兒常復歸志於嬰兒惷然而無所知也知其白守其黑為天下式白以喻昭昭黑以喻默默人雖自知昭昭明白當復守之以默默如闇昧無所見如是則可為天下法式則德常在為天下式常德不忒人能為天下法則德常在於已不復差忒忒音慝復歸於無極德不差忒則長生久壽歸身於無窮極也知其榮守其辱為天下谷榮以喻尊貴辱以喻汚濁知已之有榮貴當守之以汚濁如是則天下歸之如水流入深谷也為天下谷常德乃足足止也人能為天下

谷德乃止於已復歸於朴復當歸身於質朴不復為文飾朴散則為器萬物之朴散則為器用也若道散則為神明流為日月分為五行也聖人用之則為官長聖人升用則為百官之元長也故大制不割聖人用之則以大道制御天下無所傷割治身則以天道制情欲不害精神也

無為第二十九

將欲取天下欲為天下主也而為之欲以有為治民吾見其不得已我見其不得天道人心已明矣天道惡煩濁人心惡多欲天下神器不可為也器物也人乃天下之神物也神物好安靜不可以有為治為者敗之以有為治之則敗其質性執者失之

強執教之人則失其情實生於詐偽也故物或行或隨上所行下必隨之也或呴或吹呴溫也吹寒也有所溫必有所寒也　呴音虛或強或羸有所強大必有所羸弱也　羸力為反或載或隳載安也隳危也有所安必有所危明人君不可以有為治國與治身也是以聖人去甚去奢去泰甚謂貪淫聲色奢謂服食飲食泰謂宮室臺榭去此三者處中和行無為則天下自化　去上聲

儉武第三十

以道佐人主者謂人主能以道自輔佐也不以兵強天下以道自佐之主不以兵革順天任德敵人自服其事好還其舉事好還自責不怨於人也　好去聲還音旋師之

所處荆棘生焉農事廢田不修大軍之後必有凶年天應之以惡氣必害五穀五穀傷人也善者果而已善兵者當果敢而已不休不敢以取強不以果敢取強大之名也果而勿矜當果敢謙卑勿自矜大也果而勿伐當果敢推讓勿自伐取其美也果而勿驕驕欺也果敢勿以驕欺人果而不得已當果敢至誠不當迫不得已也果而勿強果敢勿以為強兵堅甲以侵陵人也物壯則老草木壯極則枯落人壯極則衰老也言強者不可以壯是謂不道枯老者生不行道也不道早已不行道者早死

偃武第三十一

夫佳兵不祥之器祥善也兵者驚精神濁和氣不善人之器也不當修飾之物或惡

之 兵動則有所害故萬物無有不惡之惡去聲 故有道者不處 有道之人不處其國 君子居則貴左 貴柔弱也 用兵則貴右 貴剛強也此言兵道與君子道反所貴者異也 兵者不祥之器 兵革者不善之器也 非君子之器 非君子所貴重器也 不得已而用之 謂遭衰逆亂禍欲加萬民乃用之以自守 恬惔為上 不貪土地利人財寶 惔一作然 勝而不美 雖得勝而不以為利已也 而美之者是樂殺人 美得勝若是為喜樂殺人者也 夫樂殺人者則不可以得志於天下矣 為人君而樂殺人此不可使得志於天下為人主必專制人命妄行刑誅 吉事尚左 左生位也 凶事尚右 陰道殺人 偏將軍居左 偏將軍卑而居陽者以其不專殺也 上將軍居右 上將

軍尊而居右者言其主殺也言以喪禮處之上將軍於右喪禮尚右死人貴陰也殺人之衆以悲哀泣之傷已德薄不能以道化人而害無辜之民戰勝以喪禮處之古者戰勝將軍居喪主禮之位素服而哭之明君子貴德而賤兵不得已誅不祥心不樂之比於喪也知後世用兵不已故悲痛之

聖德第三十二

道常無名道能陰能陽能弛能張能存能亡故無常名也朴雖小天下不敢臣道朴雖小微妙無形天下不敢有臣使道者也侯王若能守之萬物將自賓侯王若能守道無爲萬物將自賓服從於德也天地相合以降甘露侯王動作能與天相應合

天即下甘露善瑞也民莫之令而自均天降善瑞則萬物莫有教令之者皆自均調若一也始制有名始道也有名萬物也道無名能制於有名無形能制於有形也名亦既有既盡也有名之物盡有情欲背道離德故身毁辱也天亦將知之人能去道行德天亦將自知之知之所以不殆天知之則神靈祐助不復危殆譬道之在天下猶川谷之與江海言道之在天下與人相應和如川谷與江海相流通也

辯德第三十三

知人者智能知人好惡是為智自知者明人能自知賢不肖是為反聽無聲內視無形故為明勝人者有力能勝人者不過以威力也自勝者強人能自勝己情欲則天下無有

能與己爭者故為強知足者富人能知足之為足則長保福祿故為富也強行者有志人能強力行善則為有意於道道亦有意於人不失其所者久人能自節養不失其所受天之精氣則可以久死而不亡者壽目不妄視耳不妄聽口不妄言則無怨惡於天下故長壽

任成第三十四

大道氾兮言道氾氾若浮若沉若有若無視之不見說之難殊其可左右道可左右無所不宜萬物恃之而生恃待也萬物皆恃道而生而不辭道不辭謝而逆止也功成不名有有道不名其有功也愛養萬物而不為主道雖愛養萬物不如人主有所放取常無欲可名於小道匿德藏名恒然無為似若微小也萬物歸焉

而不為主萬物皆歸道受氣道非如人主有所禁止也可名為大萬物橫來橫去使各自在故不若於大也是以聖人終不為大聖人法道匿德藏名不為滿大故能成其大聖人以身師導不言而化萬事修治故能成其大

仁德第三十五

執大象天下往執守也象道也聖人守大道則天下萬物移心歸往之也治身則天降神明往來於已也往而不害安平泰萬物歸往而不傷害則國安家寧而致太平矣治身不害神明則身安而大壽也樂與餌過客止餌美也過客一也人能樂美於道則一留止也一者去盈而處虛忽忽如過客樂音岳餌音珥道之出口淡乎其無味道出入於口淡淡非

如五味有酸鹹苦甘辛也出去聲視之不足見足得也道無形非若五色有青黃赤白黑可得見也聽之不足聞道非若五音有宮商角徵羽可得聽聞也用之不可既用道治國則國安民昌治身則壽命延長無有既盡時也

微明第三十六

將欲噏之必固張之先開張之者欲極其奢淫噏音吸將使弱之必固強之先強大之者欲使遇禍患將欲廢之必固興之先興之者欲使其驕危也將欲奪之必固與之先與之者欲極其貪心也是謂微明此四事其道微其效明也柔弱勝剛強柔弱者久長剛強者先亡也魚不可脫於淵魚脫於淵謂去剛得

柔不可復制也國之利器不可以示人利器權道也治國權者不可以示執事之臣也治身道者不可以示非其人也

為政第三十七

道常無為道以無為為常也而無不為侯王若能守萬物將自化言侯王若能守道萬物將自化效於己也化而欲作吾將鎮之以無名之朴吾身也無名之朴道也萬物以化效於已也復欲作巧偽者侯王當身鎮撫以道德無名之朴亦將不欲不欲以靜言侯王鎮撫以道德民亦將不欲改當以清靜導化之也天下將自定能如是者天下將自正定也

老子道德經注卷上

欽定四庫全書

老子道德經注卷下

唐 河上公 撰

章句三

論德第三十八

上德不德上德謂太古無名號之君德大無上故言上德也不德者言其不以德教民因循自然養人性命其德不見故言不德也是以有德言其德合於天地和氣流行民得以全也下德不失德下德謂號謚之君德不及上德故言下德也不失德者其德可見其功可稱也是以無德

以有名號及其身故上德無為謂法道安靜無所改為也而無以為言無以名號為下德為之言為教令施政事也而有以為言以為己取名號也上仁為之上仁謂行仁之君其仁為上故言上仁也為之者為仁恩而無以為功成事立無以執為上義為之為義以斷割也而有以為動作以為己殺人以成威賦下以自奉也上禮為之謂上禮之君其禮無上故言上禮為之者言為禮制度序威儀而莫之應言禮華盛實衰飾偽煩多動則離道不可應也則攘臂而仍之言煩多不可應上下忿爭故攘臂相仍引攘音穰故失道而後德言道衰而德化生也失德而後仁言德衰而仁愛見也失仁而後義言仁衰而分義明也失義而後禮言義衰則施禮聘行玉帛夫禮者忠信之薄

言禮廢本治末忠信日以衰薄而亂之首禮者賤質而貴文故正直日以少邪亂日以生前識者道之華不知而言知為前識此人失道之實得道之華而愚之始言前識之人愚闇之倡始是以大丈夫處其厚大丈夫謂得道之君也處其厚者處身於敦朴不居其薄不處身違道為世煩亂也處其實處忠信也不居其華不尚言也故去彼取此去彼華薄取此厚實　去上聲

法本第三十九

昔之得一者昔往也一無為道之子也天得一以清地得一以寧言天得一故能垂象清明地得一故能安靜不動搖神得一以靈言神得一故能變化無形谷得

一以盈言谷得一故能盈滿而不絕也萬物得一以生言萬物皆須道以生成也侯王得一以為天下正言侯王得一故能為天下平正其致之致誠也謂下五事也天無以清將恐裂言天當有陰陽施張晝夜更用不可但欲清明無已時將恐分裂不為天地無以寧將恐發言地當有高下剛柔氣節五行不可但欲安靜無已時將恐發泄不為地神無以靈將恐歇言神當有王相囚死休廢不可但欲靈無已時將恐虛歇不為神也谷無以盈將恐竭言谷當有盈縮虛實不可但欲盈滿無已時將恐枯竭不為谷萬物無以生將恐滅言萬物當隨時生死不可但欲生無已時將恐滅亡不為物也侯王無以貴高將恐蹷言侯王當屈己以下人汲汲求賢不可但欲高於人將恐顛蹶失其位也蹷音厥

故貴以賤為本言必欲尊貴當以薄賤為本若禹稷躬稼舜陶河濵周公下白屋也高必以下為基言必欲尊貴當以下為本基猶築牆造功因卑成高下不堅固後必傾危是以侯王自謂孤寡不轂孤寡喻孤獨不轂喻不能如車轂為衆轂所湊此非以賤為本耶言侯王至尊貴能以孤寡自稱此非以賤為本乎以曉人非乎嗟歎之辭故致數車無車致就也言人就車數之為輻為輪為轂為衡為轝無有名為車者故成為車以喻侯王不以尊號自名故能成其貴數上聲不欲琭琭如玉落落如石琭琭喻少落落喻多玉少故見貴石多故見賤言不欲如玉為人所貴如石為人所賤當處其中也琭音祿

去用第四十

反者道之動反本也本者道所以動動生萬物背之則亡也弱者道之用柔弱者道之所常用故能長久天下萬物生於有萬物皆從天地生天地有形位故言生於有也有生於無天地神明蜎飛蠕動皆從道生道無形故言生於無此言本勝於華弱勝於強謙虛勝盈滿也

同異第四十一

上士聞道勤而行之上士聞道自勤苦竭力而行之中士聞道若存若亡中士聞道治身以長存治國以太平欣然而存之退見財色榮譽或於情欲而復亡之也下士聞道大笑之下士貪狠多欲見道柔弱謂之恐懼見道質朴謂之鄙陋故大笑之不笑不足以為道不為下士所笑不足以名為道故建言有之建設也設言以有道當如下句明

道若昧明道之人若闇昧無所見進道若退進取道者若退不及夷道若纇夷平也大道之人不自別殊若多比類也纇音類上德若谷上德之人若深谷不恥垢濁也大白若辱大潔白之人若汙辱不自彰顯廣德若不足德行廣大之人若愚頑不足也建德若偷建設道德之人若可偷引使空虛也質真若渝質朴之人若五色有渝淺不明大方無隅大方正之人無委曲廉隅大器晚成大器之人若九鼎瑚璉不可卒成也大音希聲大音猶雷霆待時而動喻常愛氣希言也大象無形大法象之人質朴無形容道隱無名道潛隱使人無能指名也夫惟道善貸且成成就也言道善稟貸人精氣且成就之也貸音態

道化第四十二

道生一（道始所生者一）一生二（一生陰與陽也）二生三（陰陽生和氣濁三氣分為天地人也）三生萬物（天地共生萬物也天施地化人長養之也）萬物負陰而抱陽（萬物無不負陰而向陽迴心而就日）沖氣以為和（萬物中皆有元氣得以和柔若胸中有藏骨中有髓草木中有空虛與氣通故得久生也）人之所惡唯孤寡不穀而王公以為稱（孤寡不穀者不祥之名而王公以為稱者處謙卑法虛空和柔　惡去聲稱去聲）故物或損之而益（引之不得推之必還）或益之而損（夫增高者崩貪富者致患）人之所教（謂衆人所以教去弱為強去柔為剛）我亦教之（言我教衆人使去強為弱去剛為柔）強梁者

不得其死強梁謂不信玄妙背叛道德不從經教尚勢任力也不得其死者為天所絕兵及所伐王法所殺不得以壽命死也吾將以為教父父始也老子以強梁之人為教戒之始也

徧用第四十三

天下之至柔馳騁天下之至堅至柔者水至堅金石水能貫堅入剛無所不通騁音逞無有入無間無有謂道也道無形質故能出入無間通神羣生也吾以是知無為之有益吾見道無為而萬物自化成是以知無為之有益於人也不言之教法道不言師之以身無為之益法道無為治身則有益精神治國則有益萬民不勞煩也天下希及之天下人主也希能有及道無為之治身治國也

立戒第四十四

名與身孰親 名遂則身退也 身與貨孰多 財多則害身也 得與亡孰病 好得利則病於行也 甚愛必大費 甚愛色費精神甚愛財遇禍患所愛者少所亡者多故言大費 多藏必厚亡 生多藏於府庫死多藏於丘墓生有攻刧之憂死有掘冢探柩之患 知足不辱 知足之人絕利去欲不辱其身 知止不殆 知可止則財利不累身聲色不亂於耳目則身不危殆也 可以長久 人能知止足則福祿在已治身者神不勞治國者民不擾故可長久

洪德第四十五

大成若缺 謂道德大成之君若缺者滅名藏譽如毀缺不備也 缺音鈌 其用不弊 其用

心如是則無弊盡時大盈若沖謂道德大盈滿之君也如沖者貴不敢驕也富不敢奢也其用不窮其用心如是則無窮盡時也大直若屈大直謂修道法度正直如一也如屈者不與俗人爭如可屈折大巧若拙大巧謂多才術也如拙者亦不敢見其能大辯若訥大辯者智無疑如訥者口無辭躁勝寒勝極也春夏陽氣躁疾於上萬物盛大極則寒寒則零落死亡也言人不當剛躁也躁音竈靜勝熱秋冬萬物靜於黃泉之下極則熱熱者生之源清靜為天下正能清靜則為天下長持正則無終已時也

儉欲第四十六

天下有道謂人主有道也却走馬以糞糞者糞田也兵甲不用却走馬治農田治身者

卻陽精以糞其身糞弗問反天下無道謂人主無道也戎馬生於郊戰伐不止戎馬生於郊境之上久不還也罪莫大於可欲好淫色也禍莫大於不知足富貴不能自禁止也咎莫大於欲得欲得人物利且貪也咎音臼故知足之足守真根也常足無欲心也

鑒遠第四十七

不出戶知天下聖人不出戶以知天下者以己身知人身以己家知人家所以見天下也不窺牖見天道天道與人道同天人相通精氣相貫人君清淨天氣自正人君多欲天氣煩濁吉凶利害皆由於己牖音酉其出彌遠其知彌少謂去其家觀人家去其身觀人身所觀益

遠所用益少也是以聖人不行而知聖人不上天不入淵能知天地以心知之不見而名上好道下好德上好武下好力聖人原小知大察內知外不為而成上無所為則下無事家給人足萬物自化成也

忘知第四十八

為學日益學謂政教禮樂之學也日益者情欲文飾日以益多為道日損道謂自然之道也日損者情欲文飾日以消損損之又損損情欲又損之所以漸去以至於無為當恬淡如嬰兒無所造為無為而無不為情欲斷絕德與道合則無所不施無所不為也取天下常以無事取治也治天下常當以無事不當煩勞也及其有事不足以取

天下及其好有事則政教煩民不安故不足以治天下也

任德第四十九

聖人無常心聖人重改更貴因循若自無心以百姓心為心百姓心之所便因而從之善者吾善之百姓為善聖人因而善之不善者吾亦善之百姓雖有不善者聖人化之使善也德善百姓德化聖人為善信者吾信之百姓為信聖人因而信之不信者吾亦信之百姓為不信聖人化之使信也德信百姓德化聖人為信聖人在天下怵怵聖人在天下怵怵常恐怖富貴不敢驕奢為天下渾其心言聖人為天下百姓渾濁其心若愚闇不通也渾音混百姓皆注其耳目注用也百姓皆用其耳目為聖

人視聽也。聖人皆孩之。聖人愛念百姓如孩嬰赤子，長養之而不責望其報。孩，胡來反。

貴生第五十

出生入死。出生謂情欲出於內，魂定魄靜，故生也。入死謂情欲入於胸臆，精神勞惑，故死。生之徒十有三，死之徒十有三。言死生之類各有十三，謂九竅四關也。其生也，目不妄視，耳不妄聽，鼻不妄香臭，口不妄言味，手不妄持，足不妄行，精神不妄施。其死也反是也。人之生，動之死地十有三。人之求生，動作反之十三死也。夫何故？問何故動之死地也。以其生生之厚。所以動之死地者，以其求生活之事太厚，違道忤天，妄行失紀。蓋聞善攝生者，攝，養也。陸行不遇兕虎，自然遠避害，不干也。兕，徐履反。入軍不避甲

兵不好戰以殺人兕無所投其角虎無所措其爪兵無所容其
刃養生之人虎兕無由傷兵刃無從加之也夫何故問虎兕兵甲何故不害之以其無死
地以其不犯十三之死地言神明營護之此物不敢害

養德第五十一

道生之道生萬物德畜之德一也一生布氣而畜養物形之一為萬物設形象也勢
成之一為萬物作寒暑之勢以成之是以萬物莫不尊道而貴德道德所為
無不盡驚動而尊敬道之尊德之貴夫莫之命而常自然道德不命名萬
物而常自然應之如影響故道生之德畜之長之育之成之熟之養

之覆之道之於萬物非但生之而已乃復長養成熟覆育全於性命人君治國治身亦當如是也生而不有道生萬物不有所取以為利也為而不恃道所施為不恃望其報也長而不宰道長養萬物不宰割以為利也是謂玄德道之所行恩德玄闇不可得見

歸元第五十二

天下有始始有道也以為天下母道為天下萬物之母既知其母復知其子子一也既知道已當復立一也既知其子復守其母已知一當復守道反無為沒身不殆不危殆也塞其兌兌目也目不妄視也閉其門門口也使口不妄言終身不勤人當塞目不妄視閉口不妄言則終身不勤苦開其兌開目視情欲也濟其事

濟益也益情欲之事終身不救禍亂成也見小曰明萌芽未動禍亂未見為小昭然獨見為明守柔曰強守柔弱日以強大也用其光用其日光於外視時世之利害復歸其明復當反其光明於內無使精神泄也無遺身殃內視存神不為漏失遺去聲是謂習常人能行此是謂習修常道

益證第五十三

使我介然有知行於大道介大也老子疾時王不行大道故設此言使我介然有知於政事我則行於大道躬無為之化唯施是畏唯獨也獨畏有所施為失道意欲賞善恐偽善生欲信忠恐詐忠起大道甚夷夷平易也而民好徑徑邪不平正也大道甚平易而民好從邪

徑也好去聲朝甚除高臺榭宮室修田甚蕪農事廢不耕治蕪音無倉甚虛五穀傷害國無儲也服文綵好飾偽貴尚華帶利劍尚剛強武且奢厭飲食財貨有餘多嗜欲無足時是謂盜夸百姓不足而君有餘者是由劫盜以為服飾持行夸人不知身死家破親戚并隨也非道哉人君所行如是此非道也復言哉者痛傷之辭

修觀第五十四

善建者不拔建立也善以道立身立國者不可得引而拔也善抱者不脫善以道抱精神者終不可拔引解脫子孫祭祀不輟為人子孫能修道如是長生不死世世以久祭祀先祖宗廟無絕時修之於身其德乃真修道於身愛氣養神益壽延年其德如是乃為真人

修之於家其德乃餘修道於家父慈子孝兄友弟順夫信妻貞其德如是乃有餘慶及於來世子孫修之於鄉其德乃長修道於鄉尊敬長老愛養幼小教誨愚鄙其德如是乃無不覆及也修之於國其德乃豐修道於國則君信臣忠仁義自生禮樂自興政平無私其德如是乃為豐厚也修之於天下其德乃普人主修道於天下不言而化不教而治下之應上信如影響其德如是乃為普博故以身觀身以修道之身觀不修道之身孰亡孰存也以家觀家以修道之家觀不修道之家也以鄉觀鄉以修道之鄉觀不修道之鄉也以國觀國以修道之國觀不修道之國也以天下觀天下以修道之主觀不修道之主也吾何以知天下之然哉以此老子言吾何知天下修道者昌背道者亡以此五事

觀而知之也

玄符第五十五

含德之厚謂含懷道德之厚也比於赤子神明保祐含德之人若父母之於赤子也毒蟲不螫蜂蠆蛇虺不螫螫音適猛獸不據玃鳥不搏赤子不害於物物亦不害之故太平之世人無貴賤之心有剌之物還反其本有毒之蟲不傷於人玃音矍搏音博骨弱筋柔而握固赤子筋骨柔弱而持物堅固以其意心不移也筋音斤未知牝牡之合而朘作精之至也赤子未知男女之合會而陰作怒者由精氣多之所致也朘音韵終日號而不啞和之至也赤子從朝至暮啼號聲不變易者和氣多之所致也號平聲

知和曰常人能知和氣之柔弱有益於人者則為知道之常也知常曰明人能知道之常行則日以明達於玄妙也益生曰祥祥長也益生言欲自生日以長大心使氣曰強心當專一和柔而氣實內故形柔而反使妄有所為和氣去於中故形體日以剛強也物壯則老萬物壯極則枯老也謂之不道老不得道不道早已不得道者早已死也

玄德第五十六

知者不言知者貴行不貴言也言者不知駟不及舌多言多患塞其兌閉其門塞閉之者欲絕其源挫其銳情欲有所銳為當念道無為以挫止之挫子卧反解其紛紛結恨不休當念道無為以解釋之和其光雖有獨見之明當和之使闇昧不使曜眩同其塵

不當自別殊也是謂玄同玄天也人能行此上事是謂與天同道也故不可得而親不以榮譽為樂獨立為哀亦不可得而疏志靜無故與人無怨不可得而利身不欲富貴口不欲五味亦不可得而害不與貪爭利不與勇爭氣不可得而貴不為亂世主不處闇君位亦不可得而賤不以乘權故驕不以失志故屈故為天下貴其德如此天子不得臣諸侯不得屈與世沈浮容身避害故為天下貴也

淳風第五十七

以正治國以至也天使正身之人使至有國也以奇用兵奇詐也天使詐為之人使用兵也以無事取天下以無事無為之人使取天下為之主吾何以知其然哉

以此此今也老子言我何以知天意然哉以今日所見知天下多忌諱而民彌貧天下謂人主也忌諱者防禁也令煩則姦生禁多則下詐相殆故貧民多利器國家滋昏利器者權也民多權則視者眩於目聽者惑於耳上下不親故國家昏亂人多伎巧奇物滋起人謂人君百里諸侯也多知技巧謂刻畫宮觀彫琢服章奇物滋起下則化上飾金鏤玉文繡綵色日以滋甚法物滋彰盜賊多有法物好物也珍好之物滋生彰著則農事廢飢寒並至故盜賊多有也故聖人云謂下事也我無為而民自化聖人言我修道承天無所作為而民自化成也我好靜而民自正聖人言我好靜不言不教民皆自忠正也我無事而民自富我無徭役征召之事民安其業故皆自富我無欲而民自朴我常無欲

去華飾民則隨我為多質朴也

順化第五十八

其政悶悶其政教寬大悶悶昧昧似若不明也其民醇醇政教寬大故民醇醇富貴相親睦也其政察察其政教急疾言決於口聽決於耳也其民缺缺政教急民不聊生故缺缺日以疎薄禍兮福之所倚倚因也夫禍因福而生人遭禍而能悔過責己修善行道則禍去而福來福兮禍之所伏禍伏匿於福中人得福而為驕恣則福去禍來孰知其極禍福更相生誰能知其窮極時其無正無不也謂人君不正其身其無國也正復為奇奇詐也人君不正下雖正復化上為詐也善復為訞善人皆復化上為訞祥也民之迷其日固

久言人君迷惑失正以來其日已固久是以聖人方而不割聖人行方正者欲以率下不以割截人也廉而不害聖人廉清欲以化民不以傷害人也今則不然正己以害人也直而不肆肆申也聖人雖直曲己從人不自申之也光而不曜聖人雖有獨知之明常如暗昧不以曜眩人也

守道第五十九

治人謂人君欲治理人民事天事用也當用天道順四時莫若嗇嗇貪也治國當愛民財不為奢泰治身者當愛精氣不放逸嗇音色夫惟嗇是謂早服早先也服得也夫獨愛民財愛精氣則能先得天道也早服謂之重積德先得天道是謂重積德於己也重平聲

重積德則無不剋剋勝也重積德於己則無不勝無不剋則莫知其極無不剋勝則莫有知己德之窮極也莫知其極可以有國莫知己德有極則可以有社稷為民致福有國之母可以長久國身同也母道也人能保身中之道使精氣不勞五神不苦則可以長久是謂深根固蔕人能以氣為根以精為蔕如樹根不深則技蔕不堅則落言深藏其氣固守其精使無漏泄蔕音帝長生久視之身深根固蔕者乃長生久視之道

章句四

居位第六十

治大國若烹小鮮鮮魚烹小魚不去腸不去鱗不敢撓恐其糜也治國煩則下亂治身煩則

精散

以道莅天下其鬼不神以道德居位治天下則鬼不敢見其精神以犯人也非其鬼不神其神不傷人其鬼非無精神也邪不入正不能傷自然之人非其神不傷人聖人亦不傷人非鬼神不能傷害人以聖人在位不傷害人故鬼不敢干之也夫兩不相傷鬼與聖人俱兩不相傷也故德交歸焉夫兩不相傷人得治於陽鬼得治於陰人得全其性命鬼得保其精神故德交歸焉

謙德第六十一

大國者下流治大國當如居下流不逆細微天下之交大國天下士民之所交會天下之牝牝者陰類也柔謙和而不昌也牝常以靜勝牡女所以勝屈於男陰勝陽以安

靜不先求之也以靜為下陰道以安靜為謙下故大國以下小國則取小國能謙下之則常有之下去聲取平聲又去聲小國以下大國則取大國此言國無大小能執謙畜人則無過失也故或下以取或下而取下者謂大國以下小國小國以下大國更以義相取大國不過欲兼畜人大國不可失則兼并人國而牧畜之過平聲又去聲小國不過欲入事人使為臣僕夫兩者各得其所欲大者宜為下大國小國各欲得其所大國又宜為謙下

為道第六十二

道者萬物之奧奧藏也道為萬物之藏無所不容也奧音懊又音傲善人之寶

善人以道為身寶不敢違不善人之所保道者不善人之保倚也遭患逢急猶自知悔卑下

美言可以市美言者獨可於市耳夫市交易而退不相宜善言美語求者欲急得賣者欲疾售也

尊行可以加人加別也人有尊貴之行可以別異於凡人未足以尊道行去聲人之不善何棄之有人雖不善當以道化之蓋三皇之前無有棄民德化淳也故立天子置三公欲使教化不善之人雖有拱璧以先駟馬不如坐進此道雖有美璧先駟馬而至故不如坐進此道先去聲古之所以貴此道者何不日以求得古之所以貴此道者不日日遠行求索近得之於身有罪以免耶有罪謂遭亂世闇君妄行刑誅修道則可以解死免於罪耶故為天下貴道德洞遠無不覆濟全身治國恬然

無為故可為天下貴也

恩始第六十三

為無為因成修故無所造作事無事豫有備除煩省事也味無味深思遠慮味道意也大小多少陳其戒令也欲大反小欲多反少自然之道也報怨以德修道行善絕禍於未生也圖難於其易欲圖難事先於易者未及成也易去聲為大於其細欲為大事必作於小禍亂從小來也天下難事必作於易天下大事必作於細是以聖人終不為大故能成其大天下共歸之也夫輕諾必寡信不重言也多易必多難不慎患也難去聲是以聖人猶難之聖人動作

舉事猶進退重難之欲塞其源故終無難聖人終身無患難之事猶避害深也

守微第六十四

其安易持治身治國安靜者易守持也其未兆易謀情欲禍患未有形兆時易謀正也其脆易破禍亂未動於朝情欲未見於色如脆弱易除破脆七歲反其微易散其未彰著微小易散去也為之於未有欲有所為當於未有萌芽之時塞其端也治之於未亂治身治國於未亂之時當豫閉其門也合抱之木生於毫末從小成大九層之臺起於累土從卑至高千里之行始於足下從近至遠為者敗之有為於事廢於自然有為於義反於仁有為於色廢於精神也執者失之執利遇患執道

全身堅持不得推讓反還聖人無為故無敗聖人不為華文不為色利不為殘賊故無壞敗無執故無失聖人有德以教愚有財以與貧無所執藏故無所失於人也民之從事常於幾成而敗之從為也民之為事常於功德幾成而貪位好名奢泰盈滿而自敗也慎終如始則無敗事終當如始不當懈怠是以聖人欲不欲聖人欲人所不欲人欲彰顯聖人欲伏光人欲文飾聖人欲質朴人欲色聖人欲於德也不貴難得之貨聖人不眩為服不賤石而貴玉學不學聖人學人所不能學人學智計聖人學自然人學治世聖人學治身守道真也復衆人之所過衆人學問反過本為末過實為華復之者使反本也以輔萬物之自然教人反本實者欲以輔助萬物自然之性也而不敢為聖人動作因循不敢

有所造為恐遠本也

淳德第六十五

古之善為道者謂古之善以道治身及治國者非以明民不以道教民明知巧詐也將以愚之將以道德教民使朴質不詐偽民之難治以其智多以其智多故為巧偽以智治國國之賊使智惠之人治國之政事必遠道德妄作威福為國之賊不以智治國國之福不使智惠之人治國之政事則民守正直不為邪飾上下相親君臣同力故為國之福也知此兩者亦楷式兩者謂智者不智者當知智者為賊不智者能為福是治身治國之法式也常知楷式是謂玄德玄天也能知治身及治國之法式是謂與天同德也

玄德深矣遠矣玄德之人深不可測遠不可極也與物反矣玄德之人與萬物反異萬物欲益己玄德施於人也乃至於大順玄德與萬物反異故能至大順順天理也

後己第六十六

江海所以能為百谷王者以善下之江海以卑故衆流歸之若民歸就王下去聲故能為百谷王以卑下故能為百谷王也是以聖人欲上民欲在民上必以言下之法江海處謙虛下去聲欲先民欲在民之前也必以身後之先人而後己也是以聖人處上而民不重聖人在民上為主不以尊貴虛下故民戴而不為重處前而民不害聖人在民前不以光明蔽後民親之若父母無有欲害之心也

是以天下樂推而不厭（聖人恩深愛厚視民如赤子故天下樂推進以為主無有厭也）（厭去聲）以其不爭（天下無厭聖人時是由聖人不與人爭先後也）故天下莫能與之爭（言人皆有為無爭與吾爭無為）

三寶第六十七

天下皆謂我大似不肖（老子言天下謂我德大我則佯愚似不肖）夫唯大故似不肖（唯獨名德大者為身害故佯愚似若不肖無所分別無所割截不賤人而自貴）若肖久矣（肖善也謂辨惠也若夫辨惠之人身高者貴行察察之政所從來久矣）其細（言辨惠者唯如小人也非長者）夫我有三寶持而寶之（老子言我有三寶把持而保倚）一曰慈（愛百

姓若赤子二曰儉賦斂若取之於己也三曰不敢為天下先執謙退不敢倡始也

慈故能勇以為仁故能勇於忠孝也儉故能廣天子身能節儉故民日用廣矣不敢為天下先不為天下首先故能成器長成器長謂得道人也我能為道人之長也長上聲

今捨慈且勇今世人舍慈仁但為勇武也舍儉且廣舍其儉約但為奢泰舍後且先舍其後已但為人先死矣所行如此動入死地夫慈以戰則勝以守則固夫慈仁者百姓親附并心一意故以戰則勝敵以守衛則堅固天將救之以慈衛之天將救助善人必與慈仁之性使能自當助也

配天第六十八

善為士者不武言貴道德不尚武力善戰者不怒善以道戰者禁邪於胷心絕禍於未萌無所誅怒也善勝戰者不與善以道勝敵者附近以仁來遠以德不與敵爭而敵自服也善用人者為下善用人自輔佐者常為人執謙下也是謂不爭之德上謂為人下也是乃不與人爭之道德也是謂用人之力能身為人下是謂用人臣之力是謂配天能行此者德配天也古之極是乃古之極要道也

玄用第六十九

用兵有言陳用兵之道老子疾時用兵故託已設其義也吾不敢為主主先也不敢先舉兵而為客客者和而不倡用兵當承天而後動不敢進寸而退尺侵人境界利人

財寶為進閉門守城為退是謂行無行彼遂不止為天下賊雖行誅之不行誅也無行音抗攘無臂雖欲大怒若無臂可攘也攘音穰仍無敵雖欲仍引之心若無敵可仍也執無兵雖欲執持之若無兵刃可持用也何者傷彼之民罹罪於天遭不道之君愍忍喪之痛也禍莫大於輕敵夫禍亂之害莫大於欺輕敵家侵取不休輕戰貪財輕敵幾喪吾寶幾近也寶身也欺輕敵者近喪身也幾音祈音機抗兵相加兩敵戰也哀者勝矣哀者慈仁士卒不遠於死

知難第七十

吾言甚易知甚易行老子言吾所言省而易知約而易行易並去聲天

下莫能知莫能行人惡柔弱好剛強也言有宗事有君我所言有宗祖根本事有君臣上下世人不知者非我之無德不與我反夫唯無知是以不我知夫唯聖人也是我德之暗不見於外窮極微妙故無知也知我者希則我者貴希少也惟達道者乃能知我故為貴也是以聖人被褐懷玉被褐者薄外懷玉者厚內匿寶藏懷不以示人也褐音曷

知病第七十一

知不知上知道言不知是乃德之上不知知病不知道言知是德之病夫唯病病是以不病夫唯能病苦衆人有強知之病是以不自病也聖人不病以其病

病聖人無此強知之病者是以不病以此非人也故不達之知託於不知者欲使天下質朴忠正各守純性小人不知道意而妄行強知之爭以自顯著內傷精神減壽消年也

愛己第七十二

民不畏威大威至矣威害也人不畏小害則大害至謂死亡也畏之者當愛精神承天順地也無狹其所居謂心居神當寬柔不當急狹也無厭其所生人所以生者為有精神託空虛喜清淨飲食不節忽道念色邪僻滿腹為伐本厭神厭去聲夫唯不厭是以不厭夫唯獨不厭精神之人洗心濯垢恬泊無欲則精神居之不厭也是以聖人自知自知

己之得失不自見不自顯見德美於外藏之於內見音現自愛自愛其身以保精氣也不自貴不自貴高榮名於世故去彼取此去彼自見自貴取此自知自愛去上聲

任為第七十三

勇於敢則殺勇敢有為即殺身也勇於不敢則活勇於不敢有為則活其身此兩者謂敢與不敢也或利或害活身為利殺身為害天之所惡惡有為也惡去聲孰知其故誰能知天意之故而不犯是以聖人猶難之言聖人之明德猶難於勇敢況無聖人之德而欲行之乎難去聲天之道不爭而善勝天不與人爭貴賤而人自畏之不言而善應天不言萬物自動應以時不名而自來天不呼名萬物皆負陰而

向陽繟然而善謀繟寬也天道雖寬博善謀慮人事修善行惡各蒙其報也繟音闡天網恢恢疏而不失天所網羅恢恢甚大雖疏遠司察人善惡無有所失

制惑第七十四

民不畏死治國者刑罰酷深民不聊生故不畏死也治身者嗜欲傷神貪財殺身民不知畏之也奈何以死懼之人君不寬刑罰教民去情欲奈何設刑法以死懼之若使民常畏死當除己之所殘剋教民去利欲也而為奇者吾得執而殺之孰敢以道教化而民不從反為奇巧乃應王法執而殺之誰敢有犯者老子傷時王不先道德化之而先刑罰常有司殺者司殺者天居高臨下司察人過天網恢恢疏而不失也夫代司殺者是謂

代大匠斲天道至明司殺者常猶春生夏長秋收冬藏斗杓運移以節度行之人君欲代殺之是猶拙夫代大匠斲木勞而無功也斲音卓夫代大匠斲者希有不傷手者矣人君行刑罰猶拙人代大匠斲則方圓不得其理還自傷代天殺者失紀綱不得其紀綱還受其殃也

貪損第七十五

民之饑以其上食稅之多人民所以饑深者以其君上稅食下太多是以饑民皆化上為矣叛道違德故饑民之難治以其上之有為民之不可治者以其君上多欲好有為也是以難治是以其民化上有為情偽難治民之輕死以其求生之厚人民輕犯死者以其求生活之道太厚貪利以自危是以輕死以求生太厚之故輕入死

地也夫唯無以生為者是賢於貴生夫唯獨無以生為務者爵祿不干於意財利不入於身天子不得臣諸侯不得使則賢於貴生也

戒強第七十六

人之生也柔弱人生含和氣抱精神故柔弱也其死也堅強人死和氣竭精神亡故堅強也強上聲舊平聲萬物草木之生也柔脆和氣存也其死也枯槁和氣去也故堅強者死之徒柔弱者生之徒以其上二事觀之知堅強者死柔弱者生也是以兵強則不勝強大之兵輕戰樂殺毒流怨結衆弱為一強故不勝木強則共木強大枝弱共生其上也強大處下柔弱處上興物造工大木處下

小物處上大道抑強扶弱自然之妙

天道第七十七

天之道其猶張弓乎天道暗昧舉物類以為喻也高者抑之下者舉之有餘者損之不足者與之言張弓和調之如是乃可用夫抑高舉下損強益弱天之道也天之道損有餘而補不足天道損有餘而益謙常以中和為上人之道則不然人道則與天道反也損不足以奉有餘世俗之人損貧以奉富奪弱以益強也孰能有餘以奉天下唯有道者言誰能居有餘之位自省爵祿以奉天下不足者乎唯有道之君能行也是以聖人為而不恃聖人為德施不恃其報也功

成而不處功成事就不處其位其不欲見賢不欲使人知己之賢匿功不居榮畏天損有餘也

任信第七十八

天下柔弱莫過於水圓中則圓方中則方擁之則止決之則行而攻堅強者莫知能勝水能懷山襄陵磨鐵消銅莫能勝水而成功也其無以易之夫攻堅強者無以易於水易入聲弱之勝強水能滅火陰能消陽柔之勝剛舌柔齒剛齒先舌亡天下莫不知知柔弱者長久剛強者折傷也莫能行恥謙卑好強梁故聖人云謂下事也受國之垢是謂社稷主君能受國垢濁者若江海不逆小流則能長保其社稷為

一國君主也垢音茍受國之不祥是謂天下王君能引過自與代民受不祥之殃則可以王有天下正言若反此乃正直之言世人不知以為反言

任契第七十九

和大怨殺人者死傷人者刑以相和報必有餘怨任刑者失人情必有怨及於良人也安可以為善言一人吁嗟則失天心安可以和怨為善也是以聖人執左契古者聖人執左契合符信也無文書法律刻契合符以為信也而不責於人但刻契之信不責人以他事也有德司契有德之君司察契信而已無德司徹無德之君背其契信司人所失天道無親常與善人天道無有親疏唯與善人則與司契者也

獨立第八十

小國寡民聖人雖治大國猶以為小儉約不奢泰民雖衆猶若寡少不敢勞之也使有什伯使民各有部曲什伯貴賤不相犯也人之器而不用器謂農人之器而不用不徵名奪人良時也使民重死君能為民興利除害各得其所則民重死而貪生也而不遠徙政令不煩則安其業故不遠遷徙離其常處雖有舟轝無所乘之清淨無為不作煩華不好出入游娛也雖有甲兵無所陳之無怨惡於天下使民復結繩而用之去文反質信無欺也甘其食甘其蔬食不漁食百姓也美其服美其惡衣不貴五色安其居安其茅茨不好文飾之屋樂其俗樂其質朴之俗不轉多也樂音各鄰國相望

雞狗之聲相聞相去近也民至老死不相往來其無情欲

顯質第八十一

信言不美信者如其實不美者朴且質也美言不信滋美之言者孳孳華詞不信者飾偽多空虛也善者不辯善者以道修身不綵文也辯者不善辯者謂巧言也不善者舌致患也山有玉掘其山水有珠濁其淵辯口多言亡其身知者不博知者謂知道之士不博者守一元也博者不知博者多見聞不知者失要真也聖人不積聖人積德不積財有德以教愚有財以與貧也既以為人已愈有既以為人施設德化已愈有德既以與人已愈多既以財賄布施與人而財益多如日月之光無有盡時也天之道利而不害天生

萬物愛育之令長大無所傷害也聖人之道為而不爭聖人法天所施為化成事就不與下爭功名故能全其聖功也

老子道德經注卷下

欽定四庫全書　　子部十四

道德指歸論　　道家類

提要

臣等謹案道德指歸論六卷舊本題漢嚴遵撰隋志著録十一卷晁公武讀書志曰唐志有嚴遵指歸四十卷馮廓注指歸十三卷今考新舊唐書均載嚴遵老子指歸十四卷馮廓老子指歸十三卷無嚴遵書四十卷之說

疑公武所記為傳寫誤倒其文也此本為胡震亨所刊後以板歸毛晉編入津逮秘書止存六卷錢曾讀書敏求記云曾得錢叔寶抄本自七卷至十三卷前有總序後有人之饑也至信言不實四章今皆失去又引谷神子序云道德指歸論陳隋之閒已逸其半今所存者止論德篇近代嘉興刊本與卷一之卷六與序文大相逕庭云云此本亦題卷一之

卷六然則震亨所刻即據嘉興本也曹學佺作元羽外編序稱近刻嚴君平道德指歸論乃吳中所僞作今案通考引晁氏之言（案此條通考所引與今本讀書志不同）稱其章句頗與諸本不同如以曲則全章末十七字為次章首之類則是書原有經文陸游集有是書跋稱為道德經指歸古文亦以經文為言此本乃不載經文體則互異又谷神子注本晁氏尚著錄十三

卷不云佚闕此本載谷神子序乃云陳隋之間已逸其半今所存者止論德篇因獵其訛舛定為六卷與晁氏所録亦顯相背觸以是推求則學佺之説不為無據錢曾所辨殊逐末而遺其本矣以其言不悖于理猶能文之士所贋託故仍著于録備道家之一説焉乾隆四十九年閏三月恭校上

總纂官臣紀昀臣陸錫熊臣孫士毅

總校官臣陸費墀

道德指歸論原序

嚴君平者蜀郡成都人也姓莊氏故稱莊子東漢章和之間班固作漢書避明帝諱更之為嚴莊嚴亦古今之通語君平生西漢中葉王莽簒漢遂隱遁煬和蓋上世之真人也其所著有道德指歸論若干卷陳隋之際已逸其半今所存者止論德篇因獵其訛舛定為六卷而以其說目冠於端庶存全篇之大義爾谷神子序

欽定四庫全書

道德指歸論卷一

漢　嚴遵　撰

說目

莊子曰昔者老子之作也變化所由道德為母效經列首天地為象上經配天下經配地陰道八陽道九以陰行陽故七十有二首以陽行陰故分為上下以五行八故上經四十而更始以四行八故下經三十有二而終

矣陽道奇陰道偶故上經先而下經後陽道大陰道小故上經衆而下經寡陽道左陰道右故上經覆來下經覆往反覆相過淪為一形冥冥混沌道為中主重符列驗以見端緒下經為門上經為戶智者見其經效則通乎天地之數陰陽之紀夫婦之配父子之親君臣之儀萬物數矣

上德不德篇

天地所由物類所以道為之元德為之始神明為宗太

和為祖道有深微德有厚薄神有清濁和有高下清者為天濁者為地陽者為男陰者為女人物禀假受有多少性有精粗命有長短情有美惡意有大小或為小人或為君子變化分離剖判為數等故有道人有德人有仁人有義人有禮人敢問彼人何行而名號殊謬以至於斯莊子曰虛無無為開導萬物謂之道人清靜因應無所不為謂之德人兼愛萬物博施無窮謂之仁人理名正實處事之義謂之義人謙退辭讓敬以守和謂之

禮人凡此五人皆樂長生尊厚德貴高名任其聰明道其所長歸其所安趨務舛馳或否或然變化殊方建號萬差德有優劣世有盛衰風離俗異民命不同故或有溟涬元寥而無名或濛澒芒芒而稱皇或汪然漭沉而稱帝或廓然昭昭而稱王或遠通參差而稱伯此其可言者也然而伯非伯而王非王而帝非帝而皇非皇而有非有而無非無千變萬化不可為計重累億萬不可為名何以明之夫易姓而王封於泰山禪於梁父者七

十有二君其有形兆圻堮髣髴不可識者不可稱言此其性命不同功名不齊者耶非也是故上德之君體道而存神與化倫德動元冥天下王之莫有見聞德歸萬物皆曰自然下德之君體德而行神與化遊德配皇天天下王之或見或聞德流萬物復反其君夫何故哉上德之君性受道之纖妙命得一之精微性命同於自然情意體於神明動作倫於太和取舍合乎天心神無所思志無所慮聰明元遠寂泊空虛動若無形靜若未生

功若天地事如嬰兒遺形藏志與道相得溟涬濛洪天下莫知潼溶方外翱翔至遠陰陽為使鬼神為謀身與道變上下無窮進退推移常與化俱故恬淡無為而德盈於元域元默寂寥而化流於無極恩不可量厚不可測無包大營澤及萬國知不足以倫其化言不足以導其俗天下咮咮喁喁皆蒙其化而被其和若此者元無絕而不知為之者何誰也下德之君性受道之正氣命得一之下中性命比於自然情意幾於神明動作近於

太和取舍體於至德託神於太虛隱根於元冥動反柔弱靜歸和平戴規履矩鏡視太清變化恍惚因應無形希夷茫昧幾無謚號方地隨天與化為常德盛澤流洋溢萬方美德未形天下童蒙四海為一蕩蕩元默與民俯仰與物相望當此之時大道未分醇德未剖六合之內一人獨處其務損而不益其事修而不作所為者寡所守者約民敦厚而忠信世和慎而寂泊水草為稸積裘褐為盛服巨木為廊廟巖穴為室宅主如天地民如

草木被道合德恬淡無欲陰陽和洽萬物蕃殖無有制令宇内賔伏嘉禾朱草匀藥並生神龍鳳凰與人相託甘露降而不霽祥風動而不息無義無仁六合之内和合天親無節無禮四海之内親為兄弟親而不和敬而不恭天地人物混沌元通上仁之君性醇粹而清明皓白而博通心意虛静神氣和順管領天地無不包裹覩微得要以有知無養生處德愛民如子照物遭變響應影隨經天之分明地之理别人物之宜開知故之門生

事起福以益萬民錄内畧外導之以親積恩重厚以招殊方法禁平和號令寛柔舉措得時天下歡喜雷霆不暴作風雨不卒起草木不枯瘁人民不夭死跂行喙息皆樂其生蜎飛蠉動盡得其所老弱羣遊壯者耕桑人有元孫黄髮兒齒君如父母民如嬰兒德流四海有而不取上義之君性和平正而達通情察究利害辯智聰明心如規矩志如尺衡平静如水正直如繩好舉大功以建鴻號樂為福始惡為禍先秉權操變以度時世崇

仁勵義以臨萬民因天地之理制萬物之宜事親如奉神履民如臨深兼聽萬國折之以中威而不暴和而不淫嚴而不酷察而不刻原始定終立勢御民進退與時流屈伸與化俱事與務變禮與俗化號令必信制分別明綱要而不踈法正而不淫萬事決於臣下權勢獨斷於君延正以慎道顯善以發姦作五刑刻肌膚敬元貴始常與名俱因節而折循理而割權起勢張威震海內去已因彼便民不苛纖芥之惡貶秋毫之美舉內施王

室外及人物承弊通變存亡接絶扶微起幼仁德復發有土傳嗣子孫不絶上禮之君性和而情柔心疎而志欲舉事則陰陽發號順四時紀綱百變網羅人心尊寵君父卑損臣子正上下明差等序長幼別夫婦合人倫循交友歸奉條貫事有差品拘制者褒録不羈者削貶優游强梁包裹風俗導以中行順心從欲以和節之迫情禁性防隄未萌牽世繫俗使不得淫絶人所不能已强人所不能行勞神傷性事衆費煩亂得以治危得以寧知故

通達醇懿消亡大道滅絶仁德不興天心不洽四位失常雷霆毀折萬物夭傷父子有喪而天不為之和晝夜悽悽而世不為之化鐘磬喤喤而俗不為之變沈吟雅韻而風不為之移謙退辭讓天下不信守柔伏雌天下不親懸爵設賞賢人不下攘臂執圭君子不來夫何故哉辭豐貌美而誠心不施故也是故帝王根本道為元始道失而德次之德失而仁次之仁失而義次之義失而禮次之禮失而亂次之凡此五者道之以一體而世

主之所長短也故所為非其所欲也所求非其所得也不務自然而務小薄夫禮之為事也中外相違華盛而實毀末隆而本衰禮薄於忠權輕於威信不及義德不逮仁為治之末爲亂之元詐僞所起忿爭所因故制禮作樂改正易服進退威儀動有常節先識來事以明得失此道之華而德之末一時之法一隅之術也非所以當無窮之世通異方之俗者也是故禍亂之所由生愚惑之所由作也何以明之莊子曰夫天地之應因於事

事應於變變無常時是以事不可預設變不可先圖猶痛不可先摩而痒不可先折五味不可以升斗和琴瑟不可以尺寸調也故至微之微微不可言而至眇之眇眇不可傳忠信之至非禮之所能飾而時和先後非數之所能存也故聰明博達智慮四起覩陰之綱得陽之紀明鬼神之道通萬物之理仰則見天之裏俯則見地之裏教民不休事至不止以此致平非所聞也比夫萬物之託君也猶神明之居身而井水之在庭也水不可

以有為清也神不可以思慮寧也夫天地之間萬物並興不可以有事平也是以大丈夫之為化也體道抱德太虛通洞成而若缺有而若亡其靜無體動而無聲忠信敦慤不知為首元默暗昧朴素為先損心棄意不見威儀無務無為若龍若蛇違禮廢義歸於無事因時應變不豫設然秉微統要與時推移取舍屈伸禍亂患咎求之於己百祥萬福無情於人

得一篇

一者道之子神明之母太和之宗天地之祖於神為無於道為有於神為大於道為小故其爲物也虛而實無而有圓而不規方而不矩繩繩忽忽無端無緒不浮不沈不行不止爲於不爲施於不與合囊變化負包分理無無之無始始之始無內無外混混沌沌芒芒汎汎可左可右虛無爲常清靜爲主通達萬天流行億野萬物以然無有形兆窅然獨存元妙獨處周密無間平易不改混冥晧天無所不有陶冶神明不與之同造化天地

不與之處稟而不損收而不聚不曲不直不先不後高大無極深微不測上下不可隱議旁流不可揆度潢爾舒與皓然鋝生鋝生而不與之變化變化而不與之俱生不生也而物自生不為也而物自成天地之外毫釐之内稟氣不同殊形異類皆得一之一以生盡得一之化以成故一者萬物之所導而變化之至要也萬方之準繩而百變之權量也一其名也德其號也無有其舍也無為其事也無形其度也反其大數也和其歸也弱

其用也故能知一千變不窮萬輪不失不能知一時亾時吉持國者亡守身者沒是故昔之得一者天之性得一之清而天之所爲非清也無心無意無為無事以順其性元元默默無容無式以保其命是以陰陽自起變化自正故能剛健運動以致其高清明大通皓白和正純粹眞茂不與物糅確然大易乾乾光耀萬物資始雲蒸雨施品物流行元首性命元元蒼蒼無不盡覆地之性得一之寧而地之所為非寧也無知無識無為無事

以順其性無度無數無愛無利以保其命是以山川自起剛柔自正故能性順柔弱直方和正廣大無疆深厚清靜萬物資生無不成載神之性得一之靈而神之所爲非靈也不思不慮無為無事以順其性無計無謀無嚮無首以保其命是以消息自起存亡自正故老能復壯死能復生困能復達廢能復榮變化不極反覆不窮物類託之不失其中谷之性得一之盈而谷之所為非盈也不欲不求無爲無事以順其性不仁不義不與不

施以保其命是以實虛自起盛衰自正故能蒸山流澤
以為通德涓涓不息綿綿不絕皓皓洋洋脩遠無極以
盈江海深大不測侯王之性得一之正而侯王之所為
非正也去心去志無為無事以順其性去聽去明虛無
自應以保其命是以和平自起萬物自正故能體道合
德與天同則抱神履和包裹萬物聲飛化物盈溢六合
德導天地明照日月制世御俗宇內為一凡此五者得
一行之興而不廢成而不缺流而不絕光而不滅夫何

故哉性命自然動而由一也是故使天有為動不順一為高得卑為清得裂陰陽謬戾綱弛紀絶和氣隔塞三光消滅雷霆妄作萬物皆失使地有為動不順一為直得枉為寧得發山川崩絶剛柔卷折氣化不通五行毁缺百穀枯槁羣生疾疫使神有為動不順一為達得困為靈得歇變化失序締滯消竭盛衰者亡弛張者歿使谷有為動不順一為有得亡為盈得竭虛實反覆流澤不入侯王有為動不順一為貴得賤為正得覆亂擾迷

惑事由己出百官失中喪其名實萬民不歸天地是絶

凡此五者性命淳美變化窮極進退屈伸不離法式得

一而存失一而沒況乎非聖人而王萬民廢法式而任

其心者哉是故天人之道物類化變為寡者衆為賤者

貴為高者卑為成者敗益之者損利之者害處其反者

得其覆為所求者失所欲是以賢君聖主勢在民上爵

尊天下澤連萬物德懷四海道之所祐天之所助萬物

所歸鬼神所與厲身起節自謂孤寡處卑守微躬涉勞

苦損心挫志務設民下不爲貴故擅民之命不爲高故常在民上不欲也故無所不有不爲也故無所不宰萬物紛紜身無所與故能爲之本非獨王道萬事然矣夫工之造輿也爲圓爲方爲短爲長爲曲爲直爲縱爲横終身揳揳卒不爲輿故能成輿而令可行也夫玉之爲物也微以寡而石之爲物也巨以衆衆故賤寡故貴玉之與石俱生一類寡之與衆或求或棄故貴賤在於多少成敗在於爲否是以聖人爲之以反守之以和與時

俯仰因物變化不爲石不爲玉當在玉石之間不多不少不貴不賤一爲綱紀道爲楨幹故能專制天下而威不可勝全活萬物而德不可量貴而無憂賤而無患高而無殆卑而愈安審於反覆歸於元默明於有無反於太初無以身爲故神明不釋無以天下爲故天下與之俱夫何故哉因道而動循一而行道之至數一之大方變化由反和纖爲常起然於否爲存於亡天地生於太和太和生於虛冥

上士聞道篇

道德天地各有所章物有高下氣有短長各樂其所樂患其所患見其所見聞其所聞取舍殊謬畏喜殊方故鶤鷄高飛終日馳騖而志在乎蒿苗鴻鵠高舉逕歷東西通千達萬而志在乎陂池鸞鳳翱翔萬仞之上優游太清之中而常以為卑延頸舒翼凌蒼雲薄日月高翔遠逝曠時不食往來九州棲息八極乃得其宜三者殊便皆以為娛故無窮之原萬尋之泉神龍之在歸小魚

之所去高山大丘深林巨壑茂木暢枝鴻鳥虎豹之所喜而雞犬之所惡悲夫三代之遺風儒墨之流文誦詩書修禮節歌雅頌彈琴瑟崇仁義祖潔白追觀往古通明術數變是定非已經得失身寧名榮鄉人傳業中士之所道上士之所廢也閒居幽思强識萬物設僞飾非虛言名實趨翔進退升降跪集治閨門之禮偶時俗之際傾側偃仰務合當世阿富順貴下衆耳目獲尊蒙寵流俗是則此下士之所履而中士之所棄故規矩不相

害殊性孰相安賢聖不爲匹愚智不爲羣大人樂恬淡小人欣於戚戚堂堂之業不喻於衆庶棲棲之事不悅於大丈夫鳥獸並興各有所趨羣士經世各有所歸是以捐聰明棄智慮反眞歸朴遊於太素輕物傲世卓爾不污喜怒不嬰於心利害不接於意貴賤同域存亡一度動於不爲覽於无眇精神平靜無所章載抱德含和帥然反化大聖之所尚而上士之所務中士之所眩惀而下士之所大笑也是故中士所聞非至美也下士所

見非至善也中士所眩下士所笑乃美善之美善者也夫陳大言舒至論表自然窮微眇則中士眩而下士笑浮言游説生息百變起福興利成功遂事則中士論而下士覺彼非喜玄而惡吉貴禍而賤福也性與之遠情與之反若處黄泉聽視九天遼遠絶滅不能見聞而已矣故聖人建言曰有之有之者言道之難知惟柄自然之歸以統萬方之指者能有之非庸庸者之所能聞也夫何故哉聖人之道深微浩遠魁魁忽忽冥冥昭昭虚

無寂泊萬物以往纖微高大無有形象窮而極之則知不能存也要而約之則口不能言也推移離散則書不能傳也何則進道若退亡道若存欲治天下還反其身靜為虛户虛為道門泊為神本寂為和根嗇為氣容微爲事工居無之後在有之前棄捐天下先有其身養神積和以治其心心爲身主身為國心天下應之若性自然是故夷道若纇使正元起除其法物去其分理從民之心聽其所有滅其文章平其險阻折關破鍵使姦自

止壞城散獄使民自守休卒偃兵爲天下市萬方往之如川歸海德如谿谷不施不與不愛不利不處不去無爲而恩流不仁而澤厚長育羣生爲天下母大白青青常如驚恐無制而勢隆無寄而權重德交造化與天下爲友出白入黑不爲美好逐功逃名乃長昭昭盛德之人敦敦悾悾若似不足無形無容簡情易性化爲童蒙無爲無事若癡若聾身體居一神明千之變化不可見喜欲不可聞若閉若塞獨與道存建德若偷無所不成

塗民耳目餙民神明絶民之欲以益民性滅民之樂以
延民命損民服色使民無爭塞民心意使得安寧質眞
若渝爲民元則生之以道養之以德導之以精神和之
以法式居以天地照以日月變以陰陽食以水穀制以
無形繫以無極天下喁喁靡不賓服宇内康寧萬物蕃
殖若非其功而非其德大而似小醇而似薄大方不矩
無所不包方於不方直於不直無圻無堮無法無式不
方不直萬物自得不直不方天地自行在爲之陰居否

之陽和爲中主分理自明與天爲一與地爲常是故大器晚成無所不有變於無形化於無朕動而無聲爲而無體威德不可見功業不可視禍生於冥冥福生於窅窅寂泊而然是謂至巧萬物生之莫知所以勉勉而成故能長久是以大音希聲告以不言言於不言神明相傳默然不動天下大通無聲而萬物駭無音而萬物唱天地人物無期俱和若響應聲大象無形大狀無容進而萬物存退而萬物喪天地與之俯仰陰陽與之屈伸

效之象之若影隨形是知道盛無號德豐無謚功高無量而天下不以爲大德彌四海而天下不以爲貴光耀六合還反芒昧夫何故哉道之爲化也始於無終於末存於不存貸而不貸動而萬物成靜而天下遂也

道德指歸論卷一

欽定四庫全書

道德指歸論卷二

漢　嚴遵　撰

道生一篇

有虛之虛者開導稟受無然然者而然不能然也有虛者陶冶變化始生生者而生不能生也有無之無者神明不能改造存存者而存不能存也有無者纖微元眇動成成者而成不能成也故虛之虛者生虛虛者無之

無者生無無者無者生有形者故諸有形之徒皆屬於物類物有所宗類有所祖天地物之大者人次之矣夫天之生人也形因於氣氣因於和和因於神明神明因於道德道德因於自然萬物以存故使天為天者非天也使人為人者非人也何以明之莊子曰夫人形腐何所取之聰明感應何所得之變化終始孰者為之由此觀之有生於無實生於虛亦以明矣是故無無無始不可存在無形無聲不可聽視稟無授有不可言道無無

無之無始未始之始萬物所由性命所以無有所名者謂之道道虛之虛故能生一有物混沌恍惚居起輕而不發重而不止陽而無表陰而無裏既無上下又無左右通達無境爲道綱紀懷裹空虛包裹未有無形無名芒芒瀕瀕混混沌沌冥冥不可稽之亡於聲色莫之與比指之無嚮摶之無有浩浩無窮不可論諭潢然大同無終無始萬物之廬爲太初首者故謂之一一以虛故能生二二物並興玅玅纖微生生存存因物變化滑淖

無形生息不衰光耀元冥無嚮無存包裹天地莫覩其元不可逐以聲不可逃以形謂之神明存物物存去物物亡智力不能接而威德不能運者謂之二二以無之無故能生三三物俱生渾渾芒芒視之不見其形聽之不聞其聲搏之不得其緒望之不覩其門不可揆度不可測量冥冥窅窅潢洋堂堂一清一濁與和俱行天人所始未有形眹圻堮根繫於一受命於神者謂之三三以無故能生萬物清濁以分高卑以陳陰陽始別和氣

流行三光運羣類生有形臠可因循者有聲色可見聞者謂之萬物萬物之生也皆元於虛始於無背陰向陽歸柔去剛清靜不動心意不作而形容修廣性命通達者以含和柔弱而道無形也是故虛無無形微寡柔弱者天地之所由興而萬物之所因生也衆人之所惡而侯王之所自名也萬物之源泉成功之本根也故賢君聖主以至尊之位强大之勢處孤寡居不轂逐所來逃所欲去大爲小安卑樂損出無迹入無朕動於福先靜

於禍始無爲無事天下自己不視不聽抱和以靜神明生息形容自正進退有常不變其行德化淩風理於蒸庶天地是祐萬物是歸衆人則不然見聞知病見聞知病合於成事不覩未然之變故貴堅剛大權造勢衆務不制深度柔弱遠絶微寡動與道絆靜與天連神明潰濁衆事並興思慮迷惑妄喜妄怒福禧出門妖孽入户天網以發不可解之也滂然禍生愴爾覺悟屈約而言卑將死而辭善雖欲改過爲新反於微寡自然不釋與

生路遠破國亡家禍及子孫故衆人之教變愚爲智化
弱爲强去微歸顯背隱爲彰暴寵爭逐死於榮名聖人
之教則反之愚之以智辱之以榮微之以顯隱之以彰
寡之以衆弱之以强去心釋意務於無名無知無識歸
於元冥殊塗異指或存或亡是以强秦大楚專制而滅
神漢龍興和順而昌故强者離道梁者去神生主以退
安得長存不求於己怨命尤天聖人悲之以爲教先書
之竹帛明示後人終世反之故罹其患

至柔篇

道德至靈而神明賓神明至無而太和臣清濁太和至柔無形包裹天地含囊陰陽經紀萬物無不維綱或在宇外或處天內人物借之而生莫有見聞毳不足以為號弱不足以爲名聖人以意存之物也故字曰至柔名曰無形是以無形之物不以堅堅不以壯壯故能敝天地銷銅鐵風馳電騁經極日月周流上下過飄歷忽安固翱翔淪於無物何以効其然也夫響以無聲不可窮

影以無形不可極水以淖弱貫金石沈萬物地以柔順成大功勝草木舌耳無患角齒傷折由此觀之柔者敝堅虛者馳實非有爲之自然之物也是以地狹民少兵寡食鮮意妙欲微神明是守與天相參視物如子德盛化隆恩深澤厚吏忠卒信主憂將恐累柔積弱常在民後被羞蒙辱國爲雖下諸侯信之比於赤子天下往之若歸父母人物同欲威勢自起强者不能凌智者不能取終始反覆强弱變化天地爲助神明爲輔時至不制

爲天下主夫何故哉以道柔弱而體微寡也故地廣民衆國富兵强吏勇卒悍主能將嚴賞重罰峻削直刻深百官戰慄若在君前勢便地利爲海内雄輕敵樂戰易動師衆合變生奇凌天侮地諸侯執服靡不懸命威震境外常爲梟俊人憂物恐威動天地道德不載神明是離衆弱同心萬民不附身死國亡族類流散夫何故哉體堅剛而積憍吝也夫道以無有之有通無間遊無理光耀有爲之室澄清無爲之府出入無外而無圻經歷殊

玉而無眹何以效其然也夫有形鎌利不入無理神明在身出無間入無孔俯仰之頃經數千里由此言之有爲之爲有廢無功無爲之爲成遂無窮天地是造人物是興有聲之聲聞於百里無聲之聲動於天外震於四海言之所言異類不通不言之言陰陽化天地感且道德無爲而天地成天地不言而四時行凡此二者神明之符自然之驗也是以聖人虛心以原道德靜氣以存神明損聰以聽無音棄明以視無形覽天地之變動觀萬

物之自然以覩有爲亂之首也無爲治之元也言者禍之户也不言者福之門也是故絶聖棄智除仁去義發道之心揚德之意順神養和任天事地陰陽奉職四時馳騖亂原以絶物安其處世主恬淡萬民無事教以不言之言化以不化之化示以無象之象而歸乎元玅奄民情欲順其性命使民無知長生久視故我無言而天地無爲天地無爲而道德無爲三者並興總進相乘和氣洋溢太平滋生人物集處宇内混同禍門以閉天下

蒙童世無恥辱不覩吉凶知故窒塞自然大通家獲神明之福人有聖智之功當此之時主如天地民如嬰兒飲主之德食主之和陽出陰入與道卷舒君父在上若有若無天下惘惘味味喁喁不知若縠無爲若雛生而不喜死而不憂閔閔輓輓性命有餘莫有求之萬福自來夫何故哉人主不言而道無爲也無爲之關不言之機在於精玅處於神微神微之始精玅之宗生無根蔕出入無門常於爲否之間時和之元故可聞而不可顯

也可見而不可聞也可得而不可傳也可用而不可言也柄而推之要而歸之易爲智者陳難爲淺聞者言也何則廣大深遠而衆人莫能及也上而若反而衆人莫能入也淡淡濫濫而世人莫能聞也窅窅冥冥而俗主莫能行也

名身孰親篇

我性之所稟而爲我者道德也其所假而生者神明也其所因而成者太和也其所託而形者天地也凡此數

者然我而我不能然也故法象莫崇乎道德稽式莫高乎神明表儀莫廣乎太和著明莫大乎天地道德神明常生不死清濁太和變化無窮天地之道存而難亡陰陽之事動而難終由此觀之禍極於死福極於生是以聖人上原道德之意下揆天地之心崇高顯榮吉祥盛德深閎浩大尊寵窮極莫大乎生萬物陳列奇怪珍寶金玉珠璧利深得巨莫大乎身禍世之匠亂國之工絶逆天地傷害我身莫大乎名生憍長溢困民貧國擾濁

精神使心多欲叛天違道爭為盜賊天下不親世多兵革一人為之傷敗萬國主死民亡物蒙其毒莫大乎貨故得之與亡或病或利得名得貨道德不居神明不留大命以絶天不能救失名失貨道德是祐神明是助名顯自然富配天地故細身大名未可與論至道也輕身重國未可與圖利也夫無名之名生我之宅也有名之名喪我之槖也無貨之貨養我之福也有貨之貨喪我之賊也是故甚愛其身至建榮名爲之行之力之勞之

强迫性情以損其神多積貨財日以憍盈憍亡之道貨名俱終故神明不能活天地不能全也夫何故哉道德之化天地之數一陰一陽分爲四時離爲五形綸爲羅網設爲無間萬物之性各有分度不得相干造化之心和正以公自然一概正直平均無所愛惡與物通同劑長續短損盈益虛不足者養有餘者喪貪叨多積自遺禍殃不足不止利心常起智以詐愚强以大取自然均之名利歸主失之而憂得之而喜一喜一憂魂魄浮游

一憂一喜神明去矣身死名滅禍及子孫故名利與身若炭與氷形性相反勢不俱然名終體極身存世昌者天下無之是故擾心猾意用情事神夙夜趨務飾容治辭憂懷衆庶創事立功勵身起節以顯榮名是損所以有身而益所以亡身也竭筋力忍饑渴犯寒暑踐危狹薄衣惡食不適口腹迎朝送夜被恥蒙辱情奔神馳汲汲不止遂道干榮多入爲有危身以寧貨積神亡禍患自來憍亡俱至則是爲福以亡福求利以去利故成敗

之事在爲與否存亡之道在去與來是以知足之人體道同德絶名除利立我於無身養物而不自生與物而不自存信順之間足以存神室家之業足以終年常自然故不可殺處虚無故不可中細名輕物故不可污欲不欲故能長榮知止之人貴爲天子不以枉志貧處巖穴不以幽神進而不以爲顯退而不以爲窮無禍無福無得無喪不爲有罪不爲有功不求不辭若海若江游揚元域神明是通動順天地故不可危殊利異害故能

常然是以精藏而不拔神固而不脱魁如天地照如日月既精且神以保其身知足而止故能長存此謂遁名而名我隨逃利而利我追者也

大成若缺篇

道德無爲而神明然矣神明無爲而太和自起太和無爲而萬物自理或無根而生或無足而走或無耳而聽或無口而鳴殊類異倫皆與之市母愛其子子愛其母男女相兼物尊其主巢生而啄胎生而乳鳥驚而散獸

驚而聚陰物宂居陽物巢處火動炎上水動潤下萬物青青春生夏長秋成冬熟皆歸於土非有政教物自然也由此觀之爲不生爲否不生否明不生明晦不生晦不爲不否不明不晦乃得其紀故大道坦坦不出門户其出彌遠其知彌寡道在於身不在於野化自於我不由於彼萬物常治智慧不起是以聖人柄和履正治之無形遊於虚廓以鏡太清遺魂亡魄休精息神無爲而然元默而信窅然蕩蕩昭曠獨存髣髴輓逮其事素真

其用不弊莫之見聞夫何故哉微眇周密清靜以眞未
有形聲變化其元開導如陽閉塞如陰堤壖如地運動
如天文武元作盛德自分是以盈而若冲實而若虛不
顯仁義不見表儀不建法式不事有為上欲不欲天下
自化敦厚樸素民如嬰兒蒙蒙不知所求茫茫不知所
之其用不窮流而不衰不耕自有食不織自有衣暑則
靜於裸寒則躁於裘無有忌諱與麋鹿居被髮含哺相
隨而遊主有餘德民有餘財化襲萬物無所不為光景

不見獨元有奇天地人物與之俱化乘空載虛與道徘徊厲度四海周流六虛浩洋無窮棲息至無夫何故哉直而若屈正而若枉世主爲聲天下爲響世主爲形天下爲影故不郊祀而天心和不降席而正四海故曰大巧若拙天道自畢無律歷而陰陽和無正朔而四時節無法度而天下賓無賞罰而名實得隱武藏威無所不勝棄捐戰伐無所不克無號令而民自正無文章而海内自明無符璽而天下自信無度數而萬物自均是以

贏而若詘得之若喪無鐘鼓而民娛樂無五味而民食甘無服色而民美好無畜積而民多盈夫何故哉因道任天不事知故使民自然也天地之道一進一退而萬物成遂變化不可閉塞屈伸不可障蔽故陰之至也地裂而氷凝清風飋冽霜雪嚴凝魚鱉蟄伏萬物宛拳當此之時處溫室臨鑪火重狐貉襲毳綿猶不能禦也及至定神安精動體勞形則是理泄汗流捐衣出室暖有餘身矣陽之至也煎砂爛石飛鳥絶水蟲疾萬物枯槁

江湖消竭當此之時入沈清泉出衣絺綌燕高臺服寒石猶不能任也及至解心釋意託神清靜形捐四海之外游志無有之内心平氣和涼有餘矣夫知故之爲術也治人事育羣形德延天地功配陰陽及其生亂也發於無形起於無聲與政卷舒與化推移得人如濕逮人若陰猶響應言影不離形爲之愈亂治之益煩明智不能領嚴刑不能禁是無爲者有爲之君而成功之主也政教之元而變化之母也其餘禍亂猶躁之勝寒而靜

之勝暑也是以聖人去智去慮虛心專氣清靜因應則天之心順地之意政舉化流如日之光禍亂消滅若雲之除天下象之無所不爲萬物師之無所不事

天下有道篇

人之生懸命於君君之立懸命於民君得道也則萬民昌君失道也則萬民喪萬民昌則宗廟顯萬民喪則宗廟傾故君者民之源也民者君之根也根傷則華實不生源衰則流沫不盈上下相保故能長久是以世主得

道宇内不擾諸侯賓服百蠻雍喜四海同風兵革不起徼捍之人無所効其言果壯之士無所施其功聰明辯智隨澤而耕騏驥騂騮嬰輿而作天下冥閒各樂其業世惇俗厚民人專一總織而衣總耕而食天心和洽萬物豐熟嘉祥屢臻吉符並集非天降福世主道德也天子失道諸侯不朝谿異谷別法制舛殊四方背叛力政相凌舉兵爭權弱者爲虜强者爲君是以天下選將簡士砥礪甲兵懸烽烈火四面相望深姦大詐謀於廟堂

作變生奇結縱連横輕車梟騎興敵相當士馬生郊歷年不還化高詐力政當首功當此之時飾養戎馬不遑親戚奔郊先至常食菽粟貪夫坐而爲宰庸僕之徒畜而爲賊百姓罷極財殫力倦長徭兵役久而不息時念歸家悽愴慷慨想親罷老涕泣於外慈父惠母憂愁傷心肝膽氣志摧折於内士卒椎頭結踵骸骨暴露流離於中野者不可勝計道路憧憧皆爲孤子思慕號呼踊泣而起何罪蒼天遭罹此咎牝者無夫幼稚無父怨慟

悲痛不期而聚大者爲率中者爲宰上下相護中外相保非有血脈親如兄弟總萬爲旌穿地爲鼓操兵便械趨行案伍常集戰鬭意議其主至精相感氣化相動是以天地鈐結陰陽隔閉星辰散亂日月鬭蝕詐逆萌生災變並發非天降禍世主無道夫遭天之鴻命繼先聖之後貴爲天子富有四海爵尊寵極莫與比列布衣麤衰而天下以爲好蔬食藜羹而天下謂之美變世化俗猶風之靡草民之從化猶魚之赴水不務崇道廣德修

身正己憂勞元元以承祭祀光顯祖考業傳子孫德與神明爭流名與天地相保反以驕奢取名求勢不止逆天迕地無不凌侮是以不訾之士相矯而起輕舉深入先到爲右敵人遠至莫與之交黨離朋絶中外不恃身死國亡宗廟崩弛可欲之故非天下之罪也是故威勢尊寵窮極民上名號顯榮覆葢天下而不知足者獵禍之具而危亡之大數也夫道德神明陶冶變化已得爲人保合精神而有大形動作便利耳目聰明遊於昭曠

之域聽眡天地之間上觀自然之法式下察古將之得失鑿井而飲耕田而食長妻生子與命相極是足之足者也何況乎萬乘之主千乘之君或其可足亦明矣故不在於道也利心常起貪人壤土欲人財寶兼并不休增加不已者追患之大數而得咎之至要也自今及古飛鳥走獸含氣有類之屬未有不欲得而全其性命者也故居君者爲虎居虎者爲鼠名在青雲之上身處黄泉之下居牛馬之位者無牛馬之患託犬羊之列者無

犬羊之咎是以得道之士建心於足遊志於止辭威讓勢孤特獨處捐棄萬物唯神是秉身存名榮久而不殆天下歸之無有不制

不出户篇

道德變化陶冶元首稟受性命乎太虛之域元冥之中而萬物混沌始焉神明交清濁分太和行乎蕩蕩之野纖妙之中而萬物生焉天圓地方人縱獸橫草木種根魚沈鳥翔物以族別類以羣分尊卑定矣而吉凶生焉

由此觀之天地人物皆同元始共一宗祖六合之内宇宙之表連屬一體氣化分離縱横上下剖而爲二判而爲五或爲白黑或爲水火或爲酸鹹或爲徵羽人物同類或爲牝牡凡此數者親爲兄弟殊形别鄉利害相背萬物不同不可勝道合於喜怒反於死生情性同生心意同理何以言之莊子曰一人之身俱生父母四支九竅其職不同五臟六腑各有所受上下不相知中外不相覩頭足爲天地肘膝爲四海肝膽爲胡越眉目爲齊

楚若不同生異軀殊體動不相因靜不相待九天之上黄泉之下未足以喻之然而頭有疾則足不能行胸中有病則口不能言心得所安則耳目聰明屈伸調利百節輕便者以同形也人生動於邇則人物應於遠人物動於此則天地應於彼彼我相應出入無門往來無户天地之間虛廓之中遼遠廣大物類相應不失毫釐者同體故也是以聖人不出户上原父母下據子孫危寧利害反於死生之說察於是非之理通於利害之元達

於治亂之本以已知家以家知彼事得其綱物得其紀動知所之靜知所守道德爲父神明爲母清靜爲師太和爲友天下爲家萬物爲體視彼如已視已如彼心不敢生志不敢舉棄捐知故絶滅三五因而不作巖居穴處不殺羣類不食生草未成不服未終不采天地人物各保其有夫原我未兆之時性命所以精神所由血氣所始身體所基以知實生於虛有生於無小無不入大無不包也本我之生在於道德孕而未育所以成形至

於出冥以知深微纖玅和弱潤滑之大通也無知無識無爲無事之大有功也視我之爲嬰兒至於壯大有知以覩柔之生剛弱之生强小之生大短之生長愚之生智晦之生明也察我呼吸屈伸以知損爲益首益爲損元進爲退本退爲進根福爲禍始禍爲福先也上陵仰阪歴阻過嶮形疲喘悸勞而靜處則神平氣和中外相保以知清靜虛無無爲變化之大功也四肢九竅趨務舛馳異能殊形皆原一心以知百方萬物利害之變皆

生於主稽之天地驗之古今動不相違以知天地之道畢於我也故家者知人之本根也身者知天之淵泉也觀天不由身觀人不由家小近大遠小知大迷去家出戶不見天下去身窺牖不知天道其出愈遠其知益少周流四海其迷益甚求之益大功名益小不視不聽求之於己天人之際大道畢矣故聖人不見一家之好惡而命萬家之事無有千里之行而命九州之變足不上天而知九天之心身不入地而知九地之變陰陽進退

四時變化深微隱匿窅冥之事無所遁之何則審内以知外原小以知大因我以然彼明近以喻遠也故聖人之爲君也猶心之於我我之於身也不知以因道不欲以應天無爲以道世無事以養民元元默默使化自得上與神明同異下與萬物同心動與之反靜與之存空虛寂泊使物自然

道德指歸論卷二

欽定四庫全書

道德指歸論卷三

漢 嚴遵 撰

爲學日益篇

道德之化變動虛元蕩蕩默默汎汎無形潢漭慌忽渾沌無端視之不見聽之不聞開導稟授無所不存功成遂事無所不然無爲之爲萬物之根由此觀之不知之知知之祖也不教之教教之宗也無爲之爲爲之始也

無事之事事之元也凡此數者神明所因天地所歸元聖所道處士所傳也逮仁義淺薄性命不真不覩大道動順其心陷溺知故漸漬愛恩情意多欲神與物連深謀逆耳大論迂心非道崇知上功貴名是以作術治數集辭著文載之篇籍以教萬民綱紀天下經緯陰陽剖判人事離散祖宗淳樸變化設僞萬方轉移風俗傾正敗常改正易服萬事盡彰鐘鼓琴瑟間以竽笙升降進退飾象趨翔禮儀三百威儀三千分外並爭興事儛文

以辯相詘以巧相勝毫舉毛起益以無窮是以天下背本去根嚮末歸文博學深問家知户賢甚者擬聖以立君臣同意者無能而官異心者功大而亡是以天下騷騷不遑其親追習纖纖務順其君故和五味以養其口肥香甘脆不顧羣生變五色以養其目元黄纖紗不計民貧調五音以養其耳極鐘律之功不憂世淫高臺榭廣宫室以養其意不懼民窮馳騁田獵以養其志多獲其上不順天心凡此數者非以爲善務也以悦其君也

天下相放養僞飾姦消滅和睦長暴之原浸以爲俗巧利爲賢損民大命以增民勞傷人美性以益民煩當此之時谿谷異君四海各主尊名貴勢強大爲右忿爭相踰力正任武強者拘弱衆者制寡以亂代治以非圖是臣弑其君子弑其父爭之愈大莫之能守求者甚衆得之者寡道路悲憂盡言軍旅訩訩謷謷至相烹煮夫何故哉飾文益事務以相序也是以聖人釋仁去義歸於大道絶智廢教求之於己所言日微所爲日寡消而滅

之日夜不止包以大冥使民無恥滅文喪事天下自己損之損之使知不起遁名亡身保我精神秉道德之要固存亡之機不為事主不為智師寂若無人至於無為天地自作羣美相隨萬物自象百蠻自和萬物蚩疑不知所之隨明出入託於四時優游精神不外心志意中空虛如水之浮如壤之休不識仁義不達禮儀心不知欲志不知為行步蹎蹎瞻視顛顛語言默默意氣元元外似禽獸中獨異焉寂而不為若無君臣不為而治敦

厚忠慤至於大安神休精息性命自全萬物相襲與道德隣夫何故哉主無教令而民無聞也是以將取天下常於無事不言爲術無爲無教無欲爲寶不知爲要能行以道無不開導釋虛反實以極爲事上知天高下知地厚明陰陽之分知萬物之數晝見星於天夜見魚於淵耳比八風之調目領羣獸之毛此思慮之極也無益於存力什烏獲勢百孟賁勇千夏育威執三軍進若光景退若浮雲擊如雷霆不動若陰此强之極無益於勝

使日下之民皆執禮易通詩書明律比知詔令家一吏里一令鄉一倉亭一庫明察折中强武求盜天下重足而立側目而視父子不相隱兄弟不相容此事之極無益於治是故以知知與天相離以爲爲與天相奇以事事失天之意爲國日益百錢盡備爲而不成求而不得天下相驅歸之於亂

聖人無常心篇

道德無形而王萬天者無心之心存也天地無爲而萬

類順之者無慮之慮運也由此觀之無心之心心之主也不用之用用之母也何以明之莊子曰我之所以爲我者豈我也哉我猶爲身者非身身之所以爲身者以我存也而我之所以爲我者以有神也神之所以留我者道使然也託道之術留神之方清淨爲本虛無爲常非心意之所能致非思慮之所能然也故知者之居也耳目視聽心意思慮飲食時節窮適志欲聰明並作不釋晝夜經歷百方籌策萬事定安危之始明去就之路

將以全身體而延大命也若然則精神爲之損血氣爲之敗魂魄離散大命傷夭及其寐也心意不用聰明蔽塞不思不慮不飲不食精神和順血氣生息心得所安身無百疾遭離凶害大瘡以瘳斷骨以續百節九竅皆得所欲夫以一人之身去心則危者復寧用心則安者將亡而况乎奉道德順神明承天心養羣生者哉是以聖人建無身之身懷無心之心有無有之有託無存之存上含道德之化下包萬民之心無惡無好無愛無憎

不與忠人爲讎不與吉人爲親不與誠人爲嫌不與詐人爲怨載之如地覆之如天明之如日化之如神物無大小視之如身爲之未有治之未然絶禍之首起福之元去我情欲取民所安去我智慮歸之自然動之以和導之以冲上含道德之意下得神明之心光動天地德連萬民民無賦役主無職員俱得其性皆有其神視無所見聽無所聞遺精忘志以主爲心與之俯仰與之浮沈隨之卧起放之屈伸不言而天下應不爲而萬物存

四海之内無有號令皆變其心善者至於大善日深以明惡者性變浸以平和信者大信至於無私僞者性變日以至誠殘賊反善邪僞反真善惡信否皆歸自然當此之時溷沌太虛霑溺至和民忘心意芒洋浮游失其所惡而獲其所求與天進退與道周流非迫禁而去惡非拘散而後遺也無爲爲之而變化不自知也夫何故哉世主之化虛無寂寞容如枯槁心如橐籥志如江海施如谿谷不别東西不異南北不辨甘苦不嫌黑白不

正方圓不定曲直詳於元玅務自隱匿與物無治浮游無極麽我之所欲爲裏天之所欲得萬物紛紛皆注其耳目世主無爲渙如儼客天地爲爐太和爲槖神明爲風萬物爲鐵德爲大匠道爲工作天下青青靡不潤澤故能陶冶民心變化時俗上無不包下無不克成遂萬物無不斟酌感動羣生振駭八極天下芒芒不識美惡元玅昧象自成法式

出生入死篇

道德神明清濁太和渾淪而爲體萬物以形形之所託英英榮榮不覩其字號之曰生生之爲物不陰不陽不可揆度不可測量深微不足以爲稱元妙不足以爲名光耀恍惚無有形聲無狀無象動靜無方游於虛寂之野處於無有之鄉得之者存失之者亡夫生之於形也神爲之蔕精爲之根營爽爲宮室九竅爲戶門聰明爲候使情意爲乘輿魂魄爲左右血氣爲卒徒進與道推移退與德卷舒翱翔柔弱棲息虛無屈伸俯仰與時和

俱輕死與之友欲生與之仇無以爲利則不可去有以爲用則不可留故無爲生之宅有爲死之家也夫立則遺其身坐則忘其心澹如赤子泊如無形不視不聽不爲不言變化消息動靜無常與道俯仰與德浮沈與神合體與和屈伸不賤爲物不貴爲人與王侯異利與萬姓殊患死生爲一故不别存亡此治身之無為也春生夏長秋收冬藏奉主之法順天之命内慈父母外絶名利不思不慮不與不求獨往獨來體和襲順辭讓於人

不與時爭此治家之無爲也尊天敬地不敢忘先修身正法去己任人審實定名順物和神參伍左右前後相連隨時循理曲因其當萬物並作歸之自然此治國之無爲也冠無有被無形抱空虛履太清載道德浮神明秉太和驅天地馳陰陽騁五行從羣物涉元冥游乎無功歸乎無名此治天下之無爲也貪生利壽唯恐不得强藏心意閉塞耳目導引翔步動握百節吐故納新吹呴呼吸被服五星飲食日月形神並作未嘗休息此治

身之有爲也廢釋天時獨任人事賤强求貴貧强求富饑名渴勢心常載求衣食奢泰事過其務此治家之有爲也富國兼壤輕戰樂兵底威起節名顯勢隆形嚴罰峻峭直刻深法察網周憯毒少恩諸侯畏忌常爲俊雄公强求伯伯强求王此治國之有爲也祖孝悌宗仁義修禮節飾名教脩治色味以順民心鐘鼓琴瑟以和民志主言臣聽主動臣隨表功厲行開以恩厚號令聲華使民親附諸事任己百方仰朝此治天下之有爲也是

故虛無清靜微寡柔弱卑損時和嗇凡此十三生之徒實有濁擾顯衆剛强高滿過泰費此十三者死之徒也夫何故哉聖人之道動有所因靜有所應四肢九竅凡此十三死生之外具也虛實之事剛柔之變死生之內數也故以十三言諸夫虛生充實無生常存清則聰達靜則內明微生章顯寡則生衆柔生剛健弱生堅强卑則生高損則生益時則通達和則得中嗇則有餘是謂益生能行此道與天地同爲身者久爲國者長雖欲不

然造化不聽實生空虛有生消忘濁則聽塞擾則失明顯則生徽衆則生寡剛生柔韏强生弱殃高生卑賤滿生損空過則閉塞泰則困窮費則招禍是俱不祥有行此道動而之窮爲身不久爲國不平雖欲不然天地不從而民皆有其生而益之不止皆有其身而愛之不已動歸有爲智慮常起故去虛就實絕無依有出清入濁背靜作擾變徽爲顯化寡爲衆離柔及剛廢弱興强損卑歸高棄損取盈縱時造過釋和作泰將以有爲除害

施費夫何故哉大有其身而忘生之道也是故攝生之士超然大度卓爾遠逝不拘於俗不繫於世損形於無境游神於無内不以生爲利不以死爲害兼施無窮物無細大視之如身無所憎愛精神隆盛福德並會道爲中主光見於外自然之變感而應之天地人物莫之能敗陸行則虎兕不能傷入軍則五兵不能害非加之而不能克投之而不能制也神氣相通傷害之心素自爲廢夫何故哉聲響相應物從其類兕虎不加無形而五

兵不擊無質攝生之士賊害之心亡於中而死傷之形亦亡於外也

道生篇

聖智之術不自天下不由地出内在於身外在於物督以自然無所不通因循効象無所不竭故道虛德無不失其心天尊地卑不違其節何則以有知無由人識物物類之無者生有虛者生實見微知著觀始覩卒非有巧能自然之物聖人因之與天周密是故知道以太虛

之虛無所不稟知德以至無之無無所不授道以無為之為品於萬方而無首德以無設之設遂萬物之形而無事故能陶性命治情意造志欲化萬事何謂性命情意志欲所稟於道而成形體萬物殊類人物男女聖智勇怯小大修短仁廉貪酷強弱輕重聲色狀貌精粗高下謂之性所授於德富貴貧賤夭壽苦樂有宜不宜謂之天命遭遇君父天地之動逆順昌衰存亡及我謂之遭命萬物陳列吾擇有事舉錯廢置取舍去就吉凶來

禍福至謂之隨命因性而動接物感寤愛惡好憎驚恐喜怒悲樂憂恚進退取與謂之情因命而動生思慮定計謀決安危通萬事明是非別同異謂之意因於情意動而之外與物相連常有所悅招麾禍福功名所遂謂之志順性命適情意牽於殊類繫於萬事結而難解謂之欲凡此六者皆原道德千變萬化無有窮極唯聞道德者能順其則性精命高可變可易性麤命下可損可益若得根本不滯有無是故天地人物含心包核有類

之屬得道以生而道不有其德得一而成而一不求其福萬物尊而貴之親而愛之而無報其德夫何故哉道高德大深不可言物不能富爵不能尊無爲爲物無以物爲非有所迫而性常自然故道之爲物窺之無户察之無門指之無體象之無容意不能盡而言不能通萬物以生不爲之損萬物歸之不爲之盈上下不窮廣大無涯消息贏詘不可度訾遊於秋毫不以爲少包裹萬天不以爲多青紫光耀不爲易志幽冥枯槁不爲變化

運行並施無所愛好稟受性命無所不爲德流萬物而不可復恩結澤締而不可歸贍足天下而不費成功遂事而不衰其於萬物也豈直生之而已哉生之形之設而成之品而流之停而就之終而始之先而後之既而託其後又在其前神明以處太和以存清以上積濁以下凝天以之圓地以之方陰得以陰陽得以陽日月以照星辰以行四時以變化五行以相勝火以之熱水以之寒草木以柔金石以剛味以甘苦色以元黄音以高

下變以縱橫山陵以滯風雨以行鱗者以游羽者以翔獸以之走人以聰明殊類異族皆以之存變化相背皆以之亡萬天殊狀水土異形習俗相違利害不同容貌詭謬意欲不通陰陽所不能及日月所不能明皆以之始皆以之終開口張目屈伸傾側俯仰之頃喘息之間神所經歷心意所存恩愛所加雌雄所化無所不導無所不爲生之而不以爲資爲之而不以有求長之而無以爲有天下迷惑莫之能知或曰道德天地之神明也

天地道德之形容也何以明之道德包萬天也莊子曰夫天地有類而道德無形有類之徒莫不有數無形之物無有窮極以有數之物託於無窮若草木離土衆星離天不足以喻焉而謂之不然則是不通乎有無相包虛實相含猶瓜瓠之瓣不覩區蔓之有隣也蟣虱藏於裘褐不知都邑之多人也是故宇宙之外營域之內拘以無禁束以無制安危消息無有中外同風共指和順仰制全活姣好靡有傷敗百祥萬福道爲之蓋功元事

冥不聞於世天下莫見爲而不廢

天下有始篇

夫道之爲物無形無狀無心無意不忘不念無知無識無首無向無爲無事虚無澹泊恍惚清靜其爲化也變於不變動於不動反以生覆覆以生反有以生無無以生有反覆相因自然是守無爲爲之萬物興矣無事事之萬物遂矣是故無爲者道之身體而天地之始也無爲微眇周以密矣滑淖安靜無不制矣生息聰明巧利

察矣通達萬方無不漑矣故曰有爲之元萬事之母也聖人得之與物反矣故能達道之心通天之理生爲之元開事之戶因萬方之知窮衆口之辯盡異端之巧竭百家之伎王道人事與時化轉因之修之終而復始變化忽然通神使鬼形於無形事無不理窮於無窮極乎無有以能雕琢復反其母既覆又反爲天下本遊於元冥終身不殆故能塞其聰明閉其天門闔之以舌鍵之以心非時不動非和不然國家長久終身無患夫何故

哉不聽之聞與天同聰不視之見與天同明不言之化與天同德不爲之事與天同功所守者要所然者詳道德之明不蔽而天地之慮達通故能響應影隨照物不窮爲福元始爲化祖宗周流蔓延淪於大中身存物順天下不勤故力視損明力聽損聰疾言阻德功僞敗功是故口以大開耳目急張知故並起萬物孳蕃奮心揚慮顯遂功名名成功遂禍至福終動羅天網靜陷地殃神明不能祐造化不能生庶人殁命國家以喪是以聖

人退爲之爲去事之事體道之心履德之意統無窮之機秉自然之要翔於未元集於元眇聰作未聞明作未見萌芽未動朕坼未判昭然獨覩無形之變通於無表達於無境毫毛之惡不得生赫赫之患不得至爲之行之絶言滅慮積柔體弱反於無識誅暴求寡與神同化無敵之不勝無事之不爲知力不得加天下不得謀治人理物與陰陽配内用其光而外不違衣食耕穫桑織有餘福積禍消人給家贍心不載求賤不望貴貧不幸

冨纖微尊儉内外不過奉上養下人道盡備復歸其内神明不耗槃積固畜不敢以爲智如江海與天同慮絶滅三五害之以事塡而塞之使不可識爲瘖爲聾與天地同爲元爲默與道窮極去㐫離咎違患廢賊浮德載和無所不尅故人能入道道亦入人我道相入淪而爲一守靜致虚我爲道室與物俱然混沌周密反初歸始道爲我襲

行於大道篇

道德不爲智巧故能陶冶天地造化陰陽而天地不能欺也天地不爲智巧故能含吐變化殺生羣類而萬物不能逃也道釋自然而爲智巧則心不能自存而何天地之所造陰陽之所能然也天地釋自然而爲智巧則身不能自生而何變化之所包何萬物之所能全故虚無無爲無知無欲者道德之心而天地之意也清静效象無爲因應者道德之動而天地之化也何以明之莊子曰道之所生天之所興始始於不始生生於不生存

存於不存亡亡於不亡凡此數者自然之驗變化之常也故人之動作不順於道者道不祐也不順於德者德不助也不順於天者天不覆也不順於地者地不載也夫道德之所不祐助天地之所不覆載此禍患之所不遠而福德之所不近也是以元聖處世負達抱通提聰挈明順道奉德棄知亡身厲志憂畏唯恐蹉跌故勉於巧不巧之巧務於明不明之明信順柔弱躬耕而食常於止足歸乎無名戰戰慄慄恐失自然患至天地禍及

人民是以吉祥之應福德之至如影之於形響之應聲非有期會動若俱生是故大道甚夷其化無形若遠而近若晦而明平夷而無穢要約而易行無爲而功成無事而福盈天地由之萬物以生而民背之用其聰明任僞廢道反地逆天尊知貴巧欺鬼侮神飾治邪淫歸僞去眞創作改制起事遂功豐屋榮觀大户高門飾以奇怪加以采文以知爲準以巧爲繩詐爲之斧僞爲之斤秉術操數簡織賤耕田穢不修莨莠並生田苗不起囷

倉虛空衣重五采錦繡元黃氷紈綺縠靡麗輝光利劒堅甲強弩勁弓輕車駿馬多俠㐫人權重名顯威勢流行伐殺鄉里臣役細民妬廉嫉讓疾忠毒信結邪連僞尚爭貴武無不侵凌使通境外常議弒君食重五味殘賊羣生刳胎殺鷇逆天之心居常醉飽取求不取多藏金玉畜積如山所有珍寶擬於人君出入奇異榮盛光顯離衆絕俗超然獨存亂世高之稱爲大人過衆惡大罪重禍深賢父不畜明主不臣道所不祐神所不在天

所不覆萬物所怨有人若此喪之受禍生之受患身苟不獲事及子孫

善建篇

天地之間廣大脩遠殊風異俗物類衆巨變化無窮利害謬詭故能不能制而爲不能爲也我爲天下而天下亦爲我彼我相遇則彼衆而我寡以寡遇衆則衆寧而寡殆故以己知立則知奪之以己巧立則巧伐之以己力立則力威之唯無所爲莫能敗之何以効其然也夫

默而求響響不我應託陰求影影不我從畏響而扣金響愈我應惡影而處陽影益我從由此觀之無為不能遁福有為不能逃患是以聖人去力去巧去知去賢建道抱德攝情畜神體和襲弱履地載天空虛寂泊若亡若存中外俱默變化於元無為無事反朴歸真無法無度與變俱然抱小託大牧養萬民方圓先後常與身存體正神寧傳嗣子孫德積化流洋溢無窮衰而復盛與天俱終故治之於身則性簡情易心達志通遠所不遠

明所不明重神愛氣輕物細名思慮不惑血氣和平筋骨便利耳目聰明肌膚潤澤面理有光精神專固生生青青身體輕勁美好難終治之於家則夫信婦貞父慈子孝兄順弟悌九族和親耕桑時得畜積殷殷六畜蕃殖事業修治常有餘財鄉邑願之治之於鄉則睹綱知紀動合中和名實正矣白黑分明曲直異理是非自得姦邪不起威嚴尊顯令行禁止奉上化下公若父子敬愛信嚮上下歡喜百性和集官無留負職修名榮稱爲

君子常有餘德沒身不殆治之於國則主明臣忠朝不壅賢士不妬功邪不蔽正讒不害公和睦順從上下無怨百官樂職萬事自然遠人懷慕天下同風國富民實不伐而彊宗廟尊顯社稷永寧陰陽永合禍亂不生萬物豐熟境內大寧鄰家託命後世蕃昌道德有餘與天為常治之於天下則主陰臣陽主靜臣動主員臣方主因臣唱主默臣言正直公方和一大通平易無為寂泊無聲德馳相告神騁相傳運動無端變化若天不行而

知不為而成功與道倫宇內反真無事無憂太平自興是故我身者彼身之尺寸也我家者彼家之權衡也我鄉者彼鄉之規矩也我國者彼國之準繩也人主者天下之腹心也天下者人主之身形也故天下者與人主俱利俱病俱邪俱正人主相連茍能得已天下自然故可以知我者無所不知可以治我者無所不治便於我者無所不可利於我者無所不宜不可於我而可於彼者天下無之

道德指歸論卷三

道德指歸論卷四

漢 嚴遵 撰

含德之厚篇

道德虛無神明寂泊清靜深微太和滑淖聽之寂寞視之虛易上下不窮東西無極天不能裹地不能囊規不能員矩不能方度不能度而量不能量金玉不能障蔽水火不能壅落萬物莫之能領禍患莫之能作沈浮翱

翔渾沌磅礴心無所棲形無區宅陶冶稟授萬天以作羣物得之滋滋啞啞知慮不能得有爲不能獲思之愈遠爲之益薄執之不我擒縱之不我釋唯無欲者身爲之宅藏之於心故曰含德夫德之在人猶父母之於身也其於萬物猶珠玉之與瓦鉛也是以含德之士重身而輕天下猶慈父孝子不以其有易其鄰大身而細物者猶良賈察商不以珠玉易瓦鉛也其無欲也非惡貨而好廉也天下之物莫能悅其心也其爲虛也非好靜

而惡擾也天下之事莫足爲也夫何故哉所有重而天下輕也明於輕重之稱通於利害之變故萬物不能役而天下不能傜也故不爲虛而虛自起不爲靜而靜自生不休神而神自定不和氣而氣自平是以不聽而聞無聲之聲不視而見無形之形不思而領是非之意不慮而達同異之鄉神淪天地德遵陰陽不請福而天地祐之不辭禍而患害去之不殺戮而天下畏之不施與而天下愛之鼓腹而樂俯仰而娛食草而美飲水而甘

喬木之下精神得全巖穴之中心意常欣貧樂其業賤忘其卑窮而恬死困而忘危功與地配德與天齊反愚歸昧比於嬰兒是故建身爲國誠以赤子爲容則是天下尊道貴德各重其身名勢爲垢萬物爲塵貪夫逃爵殘賊反仁積柔集弱唯德是修而作福生亂者有何由然悲夫天地之道深以遠訬以微能誠之者寡行之者希智慧不能得唯赤子爲體之夫赤子之爲物也知而未發通而未達能而未動巧而居拙生而若死新而若

弊為於不為與道周密生不生之生身無身之身用無用之用聞無聞之聞無為無事無意無心不求道德不積精神既不思慮又無障截神氣不作聰明無識柔弱虛靜魂魄無事樂無樂之樂安無欲之欲生不枉神死不繼志故能被道含德與天地同則蜂蠆蟲蛇無心施其毒螫攫鳥猛獸無意加其攫搏骨弱筋柔握持堅固不睹牝牡陰陽以化精神充實人物並歸啼號不嗄可謂志和為之行之與道為常執之守之時曰聰明自然

生息動合百祥心意互作氣順堅強無所爲故無所不克無所欲故動無所作自然通達衆美萌生天地愛祐禍亂素亡夫何故哉以含德和神而體童蒙也及其有知也去一而之二去晦而之明身日飾而德日消智愈多而迷益深故重天下而輕其神貴名勢而賤其身深思遠慮離散精神背棄弱力進堅剛陷於欲得溺於求生開於危殆塞於萬全故福如天地視而不能見禍若雷霆聽而不能聞出無入有日造禍殃動而之窮爲

而之亡修身愛國爲國不祥祭燎而天地是伐禱祀而鬼神是喪非命之罪事物自當也

知者不言篇

道無常術德無常方神無常體和無常容視之不能見聽之不能聞既不可望又不可捫故達於道者獨見獨聞獨爲獨存父不能以授子臣不能以授君猶母之識其子嬰兒之識其親也夫子母相識有以自然也其所以然者知不能陳也五味在口五音在耳如甘非甘如

若未若如商非商如羽非羽而易牙師曠有以别之其所以别之者口不能言也故無狀之狀可視而不可見也無象之象可效而不可宣也無爲之爲可則而不可陳也無用之用可行而不可傳也故得道之人見之如手之識親履之如地戴之如天被之服之體之如身爲之行之與之浮沈與之臥起與之屈伸神與化游志與德運聰明内作外若聾盲思慮互起狀若癡狂故口不能言而意不能明也譬猶夢爲君王履危臨深憂喜相

反中心獨然覺而道之不能以喻其鄰也失道之人則不然見其外不覩其内識其流不獲其源秉其末不窮其根然其所以然不然其所不然故道在於外不在於身中主不定守不固堅心狐志疑情與物連聰明眩耀以僞爲眞若是若非若亡若存和氣易動若病在人陽泄神越惡默好言方言之時心有所慮志有所思聰明並外精神去之音聲内竭外實有餘道德離散日日遠之言之益疾而已愈不見造之益衆而已愈不知是故

言者逆道之要也而距德之數也反天之匠覆地之具也是故得道之士損聰棄明不視不聽若無見聞閉口結舌若不知言挫其銳釋其所之意無所守廓似無身解其所思散其所慮奄若不知匿若獨存滅禍無首反於太素容貌不異服色不詭因循天地與俗變化深入大道與德徘徊無言以言言無爲以爲爲清靜以治己平和以應時與世渾沌與俗元同要物之本秉事之根獨與衆異天下莫聞遊於親疏之戶翱翔利害之門浮

於貴賤之野固守我之精神遁隱無形之境放佚荒蕩之鄉貧賤不以爲辱富貴不以爲榮欲隱而隱欲彰而彰陰陽不能損益人主不能蔽明魁然獨立卓爾無雙聲色不能悅五味不能甘萬物不能與之爭知力不能與之訟無取無與無得無去閉門杜户絶端滅緒神明爲制道爲中主動與化鄰靜與然交和順時得故能長久佚蕩無常莫能先後故好之不能近惡之不能遠賞與不能加賦稅不能取爵禄不能高貧賤不能下無奈

萬物何故萬物不能役無以天下爲故天下不能有也

以正治國篇

道德之情正信爲常變化動靜一有一亡覆載天地經緯陰陽紀綱日月育養羣生逆之者死順之者昌故天地之道一陰一陽陽氣主德陰氣主刑刑德相反和在中央春生夏長秋收冬藏終而復始廢而復興陽終反陰陰終反陽陰陽相反以至無窮故王道人事一柔一剛一文一武中正爲經剛柔相反兵與德連兵終反德

德終反兵兵德相保法在中央法數相參故能大通是以明王聖主損欲以虛心虛心以平神平神以知道得道以正心正心以正身正身以正家正家以正法正法以正名正名以正國正國綱紀分明察理元元本本牽左連右參伍前後物如其所正名以覈實審實以督名一名一實平和周密方員曲直不得相失賞罰施行不贏不縮名之與實若月若日一名正而國家昌一名奇而國家役養國之密無有所常屈伸取與與時俱行繼

亂任法遭遂任兵守平以道體德爲常大小相遇以正相望失正則化之不從則禁之不止則制之不伏則伐之若夫小國迫於大國之間遭無道之君以正事之不可則去之去之不可則割地而予之予之不可則率衆而避之避之不可則杖策而遁之遁之不可則患及萬民禍將及我故奮計而圖之是爭之所爲起而兵之所爲生也吾欲選將練士砥礪甲兵積糧高壘營而自守百姓糜弊國家空虛是戰之所爲作也而正之所爲興

也吾欲以正入則我寡而彼衆我弱而彼强如卵投石爲敵受殃三軍必敗士卒死傷天心不得宗廟滅亡下悲萬民之命上畏天地之心是權之所爲動也而奇之所爲運也故建往反之計招覆來之事開萬民之心生諸侯之謀明我道德之祐開我天地之助以運四海之心同萬國之意百姓應我若響鄰國隨我若影飛鳥走獸與我俱往是計之所為用而奇之所為行也上順道德之意下合天地之心危寧利害視民若身體無形之

形處太陰之陰發無為之為揚無聲之聲異彼滅化之罪明彼逆天之功顯天之所降見地之所生有名無實有實無名名實相違或正或傾縱横反覆合於冥冥天災自起妖孽自生離其父子絶其弟兄殺其雄將戮其忠臣天下怨恨莫與同心魁然獨立受天之兵戰勝大喜四海安寧此用奇之上也慉天下之怨積能奇之人飛耳游目延聰益明游士四達結友合親生息變怪因道應姦飾權養勢以實其民飛言僻事以惑敵人卑辭

降下以閑其君輕使重利以閑其臣君臣有隙因制其神變作於陰權動於微懸其死命因其樞機使敵狂惑不得有為隨時進退無有常儀不攻而敵自詘不戰而敵自危尅其君不及其臣誅其將不及其師戰勝民喜諸侯畏之此用奇之次也制其地形御其君臣卑體重賞以順其外陰謀雲布以亂所親姦從彼來道從此興數城而封將連國以予姦姦來如鬼謀計如神方略不測奇變不窮分彼之力疑彼之心如出於地若生於天

離其左右散其相連起權生變以制其死阻其計謀使不得信折其強輔以孤其志因形立勝如環無端乘時而發和之爲恒動攻其害靜絶其糧褫而奪之饑而渴之重而累之水而火之勞而苦之凍而暍之利而誘之狂而惑之卒而迫之窘而薄之從高擊下以衆制寡堅校部曲官隊相伍上護其下下求其上三軍相保親如父子奇陣分合隱伏參處營前經後凌左敗右耀以旌旗惑以金鼓進如波騰退如風雨發如崩潰合戰如虎

守不可攻攻不可守戰勝威行天下大恐此用奇之下也禍亂既夷萬物豐寧天心大得宇內欣欣藏奇損智忠信爲務清靜簡易退事止言夫何故哉道德變化無所不生物有高下指嚮不同趨舍殊謬或西或東各推其性以活其身吉人以善足亾人以惡傳誠人以信顯邪人以僞容各効其知以避禍亾求而不贍智者詐生勞而不息忠者起姦拘迫慘怛信者馳謾窮困不已賢者不仁故主好智則民僞主好利則民禍主好賞則民

困主好罰則民怨何則事由於主行之在臣賞出於主財出於民法出於主受之在臣主有所欲天下嚮風故用心思公不若無心之大同也有欲禁過不若無求之得忠也喜怒時節不若無爲之有功也思慮和德不若無事之大通也明於俞跗之術岐鵲之數以治之不若使世無病之德豐也挾黃帝太公之慮秉孫吳氏之要以勝之不若使天下不事智力之不營也故道德之所生愛不能利也天地之所成爲不能致也唯無愛者能

利之唯無爲者能遂之是故明王聖主無欲無求不創不作無爲無事無載無章反初歸朴海内自寧何以明之莊子曰夫起福生利成功遂事備物致用使人大富天下奢僭財貨不足民人愈醜福滿山澤金玉成積國愈不安民益少利飾智相愚以詐相要防隄邪淫姦僞之路密分别同異是非之變衆則國家昏而政事衰作方遂伎雕琢文彩奇變異怪以褒有德以别尊卑巧故滋起俊出愈奇令速賞深罰峻刑嚴鑿肌膚斷四肢蹠

遠不隱親近不和罪至夷滅賞至封侯天地振慄盜賊愈多故聖人之言云我無爲而民自化夫何故哉主者天下之心也氣感而體應心動而身隨聲響相應形影相隨不足以爲喻是故人主誠爲無爲之爲則天下之心皆無所之被道含德無思無求無令無法萬民自化人主誠能事無事之事則天下無效無象無知無識不賞不與萬民自富人主誠能安無静之静樂無清之清則天下不學不問無聞無見無刑無罰萬民自正人主

誠能欲不欲之欲則天下心虛志平大身細物動而反正靜而歸足不拘不制萬民自樸故人主之政不孝不仁不施不予閔閔縵縵萬民愚輓墨墨偆偆好惡不別是非不分故得所欲性命以全人主之政布德施利明目察察萬民昭昭皆知禍福孝悌仁義萬事差别偟偟儳儳知僞缺缺故失所安性命夭絶福生於禍禍生於福福之與禍同營異域俱亡俱存異情同服相隨出入同來異極非有聖人莫能獨得故去福則無禍無禍則

無福無福之福至微元默天下好智莫能窮極唯無爲者能順其則正在禍福之間無所不起失正則奇生奇生而民惑善人爲妖是非反覆天下大迷而不復也

方而不割篇

道無不有而不施與故萬物以存無所不能而無所爲故萬物以然何以明之夫道體虛無而萬物有形無有狀貌而萬物方圓寂然無音而萬物有聲由此觀之道不施不與而萬物以存不爲不宰而萬物以然然生於

不然存生於不存亦明矣故王者興師動利則民欲民欲而以方方則割以割爲方則邪者進而方者退忠臣蒙其毒萬民受其害貴貨則民求民求而以廉廉則劌以劌爲廉則貪者顯而廉者廢忠臣蒙其咎而萬民受其敗開爭則民曲民曲而以直直則肆以肆爲直則枉者翺翔直者深伏忠臣蒙其禍萬民受其敗上好名則民僞民僞而以光光則耀以耀爲光則大德隱而小惠章忠臣蒙其死而萬民受其殃數者以施貨流情通所

以謂方者不方廉者不廉直者不直光者不光名繆實易正失德亡人主獨立臣下雙身養主之意阿主之心塞主之聽蔽主之明此國之所以危而宗廟之所以喪也是以明王聖主獨有而不與也獨知而不教也獨能而不使也方於已而不以也廉於物而不有也直秉天心而不恃也德光四海而不怙也夫何故哉去福以方使下自公割於不割使民不訟事情自達萬物以通莫爲之吉莫爲之凶天下蕩蕩莫云其常非不割也割剥

伐擊誅驕制暴而無瘢創也去貨以廉使下自平劌於不劌使人無爭貪叨者息潔白自生莫之爲濁莫之爲清名不虛諡實不倚傾非不劌也善廉美讓章含顯盜而辨無藏也去爭以直使下自剋肆於不肆使民自伏匡邪振亂化淫矯俗莫之爲禍莫之爲福天下荒荒萬物自得非不肆也舉正揚直表過章惡貶邪削枉明人之失天下盡正而動無聲也去名以光使下自當耀於不耀使民自明莫之爲照莫之爲冥天下渾渾萬物資

生德與天比化與道同非不耀也德光四海照萬物而化無形也上下相象中表相應出入無朕往來無間若影之與形響之與聲故治國之道生民之本壽爲祖宗是故明王聖主損形容卑宮室絶五味滅聲色智以居愚明以語默建無狀之容立無象之式恐彼知我藏於不測故未動而天下應未命而萬民集未戰而素勝之未攻而天下服是以不勤勞而民有功不分爭而得其職不刑戮而萬民畏不徼紗而得天福禍亂不生羣祥

並集無爲而無不成不爭而無不尅故萬物元同天下和洽浮沈軋軮與道相得若終而始若亂而紀虛而實無而有疏而密遲而疾無形影無根朕彷彿渾沌莫知所以獨知獨見獨爲獨不變化無常畜積無府陰陽離合屈伸張弛冥冥窅窅芒昧元默魁如天地不可窮極自修有餘故能有國治人理物子孫不絶夫何故哉以其壽也爲壽之道不施不予儉愛微妙盈若無有誠通其意可以長久形小神大至於萬倍一以載萬故能輕

舉一以物然與天同道根深蒂固與神明處真人所體聖人所保也

治大國篇

日昃陰生燥至風起谿谷小動海波大興高以相臨差以百尋者以其形大故也千仞之岸萬丈之崖物類登之崖隤下顛蚑蚉螻蟻適足以游翔而犀象虎豹之糜骸者以其形重也飄風風隆盛發屋折木石鐵飛揚山陵崩弛而人血脈不爲之傷者以其暴大也隙冗之風不

動鬢眉及其中人也生百病而成死亡者以其纖芥也夫大國者江海犀象之徒也而德化者飄風隙穴之類也故其福不可大生也其利不可暴興也其善不可大處也其惡不可大喪也大生之則大亡暴興之則暴傾大處之則大去大喪之則大至何以明之莊子曰夫饑而倍食渴而大飲熱而投水寒而入火所苦雖除其身必死胃中有瘕不可鑿喉中有疾不可剥也蝨蚤著面不可射也蟣蝨著膚不可斫也何則欲除小患而生大

賊也是以明王聖主之治大國也若柄纖微若通小水若察秋毫如聽無有若亡若存若非若是如行如留如爲如休爲在爲不爲之域化在有無有之野福微利鮮言希禁寡動於無形功流四海夫何故哉以道爲父以德爲母神明爲師太和爲友清靜爲常平易爲主天地爲法陰陽爲象日月爲儀萬物爲表因應爲元誠信爲首殊分異職繩繩元默引總紀綱舉大要而求之於己是以民如胎鷇主如赤子智僞無因而生巧故無由而

起萬物齊均莫有盈損和洽順從萬物豐茂鬼神與人合而俱市動於自然各施所有寂如無君泊如無鬼萬物盡生民人盡壽終其天年莫有傷夭主若不仁鬼若不神主非不仁也無施博愛德運六合而無阿憐也鬼非不神浮於恍惚載於纖微經歷萬方與時變化神全萬物不以傷人也非不傷人聖人在上與天相參人物順比大化流行知故不作奇物不生莫之爲滿莫之爲盈天下喁喁萬物齊均旣不起高又不造深不攻金石

不壅水泉人不遠徙食不煞生世皆可賞莫之可刑草木黄而後落人化盡而後終是故天之所胞地之所函太一之所生天一之所將四時所歸五行所監羣臣毒害變化運行各有分部不得相干周流萬物莫之可傷是故鬼神治陰聖人治陽治陰者殺偶治陽者殺奇虚無清静鬼神養之纎微寡鮮鬼神輔之盛壯有餘鬼神害之盈滿亢極鬼神殺之不屬其類聖人奉之忠信順善聖人與之雄俊豪特聖人察之作變生奇聖人殺之

故動於陰者鬼神周之動於陽者聖人制之唯無所動者莫能敗之聖人在上奇不得起詐不得生故鬼以其神養物於陰聖人以其道養物於陽福因陰始德因陽終鬼神降其澤聖人流其恩交歸萬物若性自然流道沇德洽和同眞

大國篇

天地並起陰陽俱生四時共本五行同根憂喜共户禍福同門故所以爲寧者所以爲危者也而所以爲危者

所以爲寧者也所以爲存者所以爲亡者也而所以爲亡者所以爲存者也何以明之夫虎豹以其形容修廣牙爪堅强肌膚盛大毛物豐文章明故執百獸而制於人榮華香草以其所有光曜芬香故悅於衆俗而傷其根大國之君以其地廣民衆勢尊形寵威隆名顯故張其鄰國而危其身有道則固於盤石寧於太山失道則危於累卵輕於鴻毛俱弱則先困俱亂則先亡是故大國者霸王之梯而亡滅之階也是以大國之君獨立無

偶名山四塞三面成阻鴻川並流萬物浮下爲諸侯轂膏腴之府强大之尸權勢之主偕不測之固要阨狹之口肥饒廣易方數千里珍寶奇怪無所不有民鮮徭役牛馬從處舟輿萬數兵食陵衆居者安樂過者留止人如草木畜滿山野耕桑田獵得獲深倍故天下之所欲歸將相之所欲附車騎奮擊帶甲百萬處易守險形便地利順天而攻順地而守懸人之命制人之死與之則有勢背之則失宗廟故諸侯之所欲交天下之所畏也

施道足以并兼尊寵足以發號伐之足以崇仁治之足以明義兼之足以廣地得之足以爲富故諸侯之所好而將相之利也是故自古及今天下之牝以靜勝牡千世不易萬世不變夫何故哉以虛受實以無應有不以爲大務以爲小不以爲高常以爲卑也是故明王聖主之處大國也施而不以置下而不以求地裏諸侯之國而無所不畏德包諸侯之力而無所不事折節下之以附人意忠廉誠信以先士吏割地東西以招賢俊疾耕

力織以衰畜積結縱連横以戒不虞發倉庾散財幣養耆老食孤寡振窮達困顯巖穴之士受而不取授而不予柔弱簡易無爲而處諸侯雖有貪鄙殘賊驕矜恃力不好順從欲圖逆者猶以文武之勢威德之重靜而下之則彼修身慎行改過自新割地獻寶歸命殺身請爲子弟之國藩墻之臣其處小弱也因道而動修理而行富以舟輿實以甲兵忠順誠素尚樸貴耕耕織有分不取民有上下和集親如父子君如腹心民如形體國專

和一可與俱死上下順從可與鄰市大國之君雖貧衆强上權右勢左德下仁心如饑虎怒如湧泉不好施予常欲吞人猶以得天之心獲民之意將相誠信鄰人之助發源泉之敵揚不測之威辱身厚體竭誠懸命欵欵惓惓事以清靜彼神感精喻心釋意壞怒移禍從與我爲妖上而取人者形大勢豐德博權重人之所利也下而取於人者地狹民少權重德鮮人之所易也故不戰而壞人之邑不攻而降人之城地廣號尊宗廟顯功德

流是大國之所期也友於大國接和結親歳有災害則大國憂之鄰國難至則大國求之屈一人之下伸萬人之上社稷尊宗廟顯國富兵强人物全濟延於無窮小國之所願也故接地鄰境懸權不動先下先得卑者制倨静者勝躁處大之勢小下大得夫何故哉自然之道不可强制水動流下人動趨利釋下任事衆弱爲一出於不意此强大之所以亡也故大宜下之

道德指歸論卷四

欽定四庫全書

道德指歸論卷五

漢 嚴遵 撰

萬物之奥篇

木之生也末因於條條因於枝枝因於莖莖因於本本因於根根因於天地天地受之於無形華實生於有氣有氣生於四時四時生於陰陽陰陽生於天地天地受於無形吾是以知道以無有之形無狀之容開虛無導

神通天地和陰陽寧調四時決萬方殊形異類皆得以成變化終始以無爲爲常無所愛惡與物大同羣類應之各得所行善人得之以翕以張清靜柔弱默默沌沌仁宛和淖潤澤虛平大小周密纖微無形元達萬事以歸無名終始反覆萬福自生動得所欲靜失所患在人之上威德自明攻堅勝大莫與爲雙凶人得之以發以張堅剛以疏實動以先驕溢以壯夭盛滿以強極廣脩大以無彊照察察以熒熒顯的的以彰彰彊大終小不

禍自生動失所欲靜得所傷心憂志削乃反正常神氣煩促趨翕去張攣約而辭卑拘制而體降迫險而實伏憏怛而忠信改容而易節與君子同罪定而言善臨死而愛身一奉天數變性易情安貧樂困卑賤爲常尊天敬鬼視人如王上比牛馬下列犬羊天網以發自然不聽吁嗟痛哉爲戒甚明二者殊途皆由道行在前在後或存或亡故言行者治身之獄也時和先後大命之所屬也是以君子之立身也如喑如聾若樸若質藏言於

心常處元默當言深思發聲若哭和順時適成人之福應對辭讓直而不飾故言滿天下而不多振動四海而不速連接萬物而不有辭動天下各得所欲其經世也氣志窅冥而形容隱匿居如驚恐貌似不足偆偆漻漻消如冰釋遇時而伸遭世而伏與天同憂中心惻惻計晝不行隨時反側謙虛止足卑損自牧樂下如水久而不忒下之又下之至於無極天下應之故能有國夫何故哉人之情性樂尊寵惡卑恥損之而怨益之而喜下

之而悅止之而鄙古今之通道而人心之正理也賢者既然小人尤甚是故尊美言行事無患矣古之將民何棄之有桀紂之吏可令順信秦楚之卒可令順善故能得其心天下可有不得其意妻妾不使何以効其然也夫爵尊天下富有四海威勢無量專權擅柄人之所畏也去徒步離卒伍鴻舉龍興起佐天子發道揚德施行所有恩流萬姓光顯祖考人之所利也以人之所畏求人之所利言不美行不敬雖執大璧操珍物而進之安

車駟馬而載之則是賢者之心疑惑下否元聖深隱君子不來言行修於内則神氣踰於外無有駟馬之勞寶璧之費海内之士響應風起俊雄英豪輻至蜂止聖人下之朝多君子古之所以貴此道者夫何故哉言順天地而不以行合人心而不恃名成而不顯功遂而不有情性自然不以爲取將以順道不以爲己萬物歸之爲天下宰

爲無爲篇

神明之數自然之道無不生無有不生有不無不有乃生無有由此觀之憂不生憂喜不生喜不憂不喜乃生憂喜故居禍者得福居福者得禍禍福之主在於無首爲之無形聽之無聲無形聲則深遠故無功之功大而有功之功小有德之德薄而無德之德厚是以聖人不爲有不爲無不爲死不爲生游於無有之際處於生死之間變化因應自然爲常故不視而明不聽而聰扶安天地飾道養神提挈萬物帝國治民解情釋意俱反始

眞不爲生業不爲起事不加以仁不施以利教以不能導以無識絶民所樂以順民情縱民所惡以得民意也出夭傷之户入長生之路翱翔元冥優游太素眛眛芒芒莫知其故敦若昬晦天下無事味之於無味察之於無形故能分同異之類明是非之情爲之未有定之未傾勇功不見智名不稱福不得起禍不得生無福之福興於無聲無禍之禍息於無名主安民樂天下太平故生患而憂之長福而求之戮君而死之辱父而雠之造

難而折之作亂而滅之召寇而殺之招逆而伐之勇功見而與天違智名興而與道反動而民悅者勞而德小爲而民喜者爲而恩少是以忠信沮壞正事消亡自然伏竄知故翺翔竊功者顯偷權者彰暴亂者利邪僞者昌是非覆逆天下大傾物失其命家國以喪故善除患者不若無患之大也起事致治者不若默然者之貴也是以君子動未始之始靜無無之無布道施德變化於无怒於不怒言於不言攻於不敢守於無端威於不武

報怨未萌圖難於易治其本根絶之未兆使不得然事不愀毫功如太山爲大於細治之緜緜敬而慎之若始若新不爲所欲不求所便常與事反獨守其元與時俱益日進無疆雖欲不大事物自然是故大難之將生也猶風邪之中人未然之時慎之不來在於皮毛湯熨去之入於分理鍼箴取之在於藏府百藥除之入於骨髓天地不能憂而造化不能治夫大事之將興也猶水之出於山也始於潤濕見於漣漣綿綿涓涓流爲溪谷汩

汩湯湯濟舟漂石以成江海深大不測是以聖人之建功名也微故能顯幽故能明小故能大隱故能彰志在萬民之下故為君王威振宇内四海盡�懸命受制莫有能當德與天地相參明與日月同光故言多諾者事衆而信不可然也心多所易者難積而變不可推也是以聖人心默而不動口默而不言目默而不視耳默而不聽動如天地静如鬼神不為而成不言而信進則無極退則不窮身無纖芥之憂國無毛髪之患夫何故哉

危於不危亡於不亡昭然獨見運於無形

其安易持篇

未疾之人易爲醫也未危之國易爲謀也萌牙之患易事也小弱之禍易憂也何以効之莊子曰任車未虧僮子行之及其傾覆也顛高隨谷千人不能安卵之未剖也一指麾之及其爲蜚鴻也奮翼凌雲罾繳不能連也胎之新乳也一繩制之及其爲壯也羅網不能禁也虎也執羣獸食牛馬劍戟不能難也故漣滴之流久久而

成江海小蛇不死化爲神龍積微之善以至吉祥小惡不止乃至滅亡是故繼體之君無怨無惡將相和一百姓賓伏鄰國交市無有讒賊平易不動上下和集當此之時守之不用威持之不用力無爲無事莫之能克及至國家將危萬民將殆患害將興萌而未兆當此之時安危在己不在於彼謀之不必聖人憂之不必力士正之於枕席而患禍已亡矣及至人君失道大臣怨懟鄰國不市百官衰廢禍患已生小弱柔毳當此之時賢人

深謀生事起勢未動而患危不加而禍碎及至人君失正大臣謀誤鄰國怨恨百姓猶豫禍患已起根本末據姦雄將興未得人助或合而不結或結而不固當此之時尊賢下衆折肝膽聽微諫求過於己患心不怨謀士底兵未發而散故禍福作於無名存亡生於微妙二者雲錯變動風號屈伸波渾進退殽亂聽之不可聞視之不可見機巧不能事智慧不能判是故聖人化之以道教之以身為之未有治之未然不置而物自安不養而

物自全動與福同室靜與禍異天窅窅冥冥莫覩其源

治之未亂正之未傾禁奸之本制僞之端閉邪之户塞

枉之門萌芽未動形兆未生絶之未見滅之未存教以

無教道以無名知以無知狀以無形治不得起亂不得

生天下無爲性命自然夫太山之木本據於陰末託於

陽垂枝布葉華實青青大而合抱高連百尋者生於無

大成於不爲九重之臺廣大擬於丘陵百仞之高昭昭

冥冥干於青霄者以爲卑小不爲高大也故爲大者不

大爲小者不小爲高者不高爲卑者不卑不大不小乃生大小不高不卑乃生高卑故爲之者不爲之跡也不爲者爲之塗也是以爲成者敗爲利者害爲生者死爲興者廢執所欲者所欲亡執所思者所思逝執其身者其身歿執其神者其神退故聖人無爲爲之以生萬物無執執之以制所欲猶工匠之造高臺而天地之生巨木自然而已夫道德不嫉神明不賊和無不通大無不克存亡自從吉凶自得人窮事敗者釋自然而任智力

去其反而處其覆夫何故哉以求所求而欲所欲夫誠能慎終如始爲所不欲守所不處動於未元反於未始爲若不爲有若不有雖若不成物自然也夫使神擾精濁聰明不達動失所求靜喪所欲者貨與學也唯能鍊情易性變化心意安無欲之欲樂無事之事者道與德也是故想道如念親惡貨如失身思無思之思求無求之求明白四達以學不知巧雕萬物以學不能反衆人之所務而歸乎虛無欲不欲而造虛元學不學而窮玅

極達人之所不能通窮人之所不能測成人之所不能爲有人之所不能得心志元元形容睦睦卧如死尸立如槁木不思不慮若無所識使物自然令事自事空虛寂泊身無所與萬物紛紛各如其處魁如皐褐澹如巨表舉措廢置常與物反萬物應之故能深遠天下大覆與神運轉輔天助地不敢生善

善爲道者篇

道德神明清濁太和天地人物若末若根數者相隨氣

化連通逆順昌衰同於吉凶道德之意天地之心安生樂息憎惡殺傷故命聖人爲萬物王利物受其福不利則獲其恐聖人大懼恐後有患深原所由莫善自然自然之福要在無形何以明之莊子曰夫天地不知道德之所爲故可爲然也萬物不覩天地之所以故可存也萬民不識主之所務故可安也四肢九竅不諭心之所導故可全也夫萬物之有君猶形體之有心也心之於身何後何先流行血脈無所不存上下表裏無所不然

動與異事虛以含神中和外否故能俱全是以昔之帝王經道德紀神明總清濁領太和者非以生知起事開世導俗務以明民也將以塗民耳目塞民之心使民不得知歸之自然也是以立民於昭昭而身處乎混冥教以不知導以無形孝悌不顯仁義不彰君王無榮知者無名無教之教洽流四海無爲之爲通達八方動與天地同節靜與道德同容萬物並興各知其所名實俱起各知其當和氣流通宇宙童蒙無知無欲無事無功心

如水土志如死灰不覩同異不見吉凶故民易治而世可平也是故安者民之所利也生者民之所歸也民之所以離安去生而難治者以其知也民知則欲生欲生則事始事始則功名作功名作則忿爭起忿爭起則大姦生大姦生則難治矣故以知爲國則天下智巧詐僞滋生奇物並起嗜欲無窮奢淫不止邪枉纖纖豪特爭起溪谷異名大禍興矣臣惑其主子亂其父以白爲黑以亡爲有名變實異刼殺生矣恍恍不可安易易不可

全卷甲輕舉海内相攻死者無數血流成川悲痛怨恨氣感皇天星辰離散日月不光陰陽失序萬物盡傷山枯谷竭赤地數千天下窮困至於食人非天之辜上好智能而教萬民也廢棄智巧元德淳樸獨知獨慮不見所欲因民之心塞民耳目不食五味不服五色主如天地民如草木巖居穴處安樂山谷飲水食草不求五穀知母識父不覩宗族沌沌偆偆不曉東西男女不相好父子不相戀不賤木石不貴金玉叢生雜處天下一心

八極共㫖九州同風蠹蟲不作毒獸不生神龍與人處麟鳳游於庭翔風嗡嗡醴泉涓涓甘露漠漠朱草榮榮嘉禾豐茂萬物長生非天之福主知不知而名無名也是以覩知識愚與道同符知愚知智與道同㫖政教由之或病或利明於病利太平自至明於利病萬物自正是故愚智之識無所不免清天寧地爲類陰福衆庶莫見故曰元德元德深矣不可量測逺矣不可窮極與物反矣莫有能克元德之淪罔蕩軼逌恍惚無形反物之

務和道德導神明含萬國總無方六合之外毫釐之内靡不被德蒙仁以存性命命終天年保自然哉

江海篇

道德不生萬物而萬物自生焉天地不含羣類而羣類自託焉自然之物不求爲王而物自王焉故天地億萬而道王之衆陽赫赫而天王之陰氣滲滲而地王之倮者穴處而聖人王之羽者翔虚而神鳳王之毛者蹢實而麒麟王之鱗者水居而神龍王之介者澤處而靈龜

王之百川並流而江海王之凡此九者不爲物主而物自歸焉無有海式而物自治焉不爲仁義而物自附焉不任智力而物自畏焉夫何故哉體道合和無以物爲而物自爲之化是故江海之王也非積德政累仁愛流神明加恩愛以懷之又非崇禮義廣辭讓飾智故設巧能以悦之也又非出奇行變起權立勢奮武揚威重生累息百事以制之也清靜處下虛以待之無爲無求而百川自爲來也百川非聞海之美被其德化歸慕之也

又非拘禁束教有界道畫東西而趨之也然而水之所以貫金觸石鑽崖潰山馳騁丘阜以赴隨江海無有還者形偶性合事物自然也由此觀之卑損之爲道大矣百害不能傷智力不能取不戰而强不威而武默然無爲與萬物市夫溪谷爲卑不爲東西故能達而不窮江海處下不爲廣大故能王而不休是以明王聖主之欲尚民也以自然之性盛德之容恩卑辭敬比於庶人視身如地奉民若天昭然獨知而不可測卓爾獨能而不

可源深察博達而不可塞聰明並流而不可壅不以役物反以後民故民履之如地託之若神常在民上王土配天其欲先人處窮寵秉至尊長生久視樂以無患則去志無身以安萬民身勞而民佚身後而民先在上而民以生在前而民以安民以生故戴之而不以爲重民以安故後之而不以爲患是以天下推而上之引而先之喜而不倦樂而不厭故聖人之王也非求民也民求之也非利民也民利之也非尚民也民尚之也非先民

也民先之也故能極敝通變捄衰匡亂以至太平上配道德下及神明淪唐唐含冥冥馳天地騁陰陽夫何故哉以去心意而後其身也是故不爭之德因人之力與道變化與神窮極唯棄知者能順其則故王事自然不得妄起得之全命持之有理聖知有性治之有道失其理則王事不成去其道則性情不則是以聖人信道不信身順道不順心動不爲己先以爲人無以天下爲天下爭爲之臣

天下謂我篇

物有同而異有異而同有非而是有是而非此君子之所以無患而衆庶之所以憂悲也何以效之莊子曰夫日月之出入也同明人之死生也同形春秋之分也同利元聖之與野人也同容通者之與閉塞也同事道士之與赤子也同功凡此數者中異而外同非有聖人莫之能明是以天下嫌疑眩耀結構紛謬是非是以聖人似不肖夫何故哉得道之士外亡中存學以變情爲以

治己實而若虛渾渾冥冥若無所以容疏言訥貌樸而鄙情達虛無性通無有寂泊無爲若無所止遁名逃世與神卧起執道履和物無不理不合時俗與天地友衆人僭爲以直爲醜殊途異指謂之病矣夫小人則不然博學多識以釣智名異行顯功以疑仁賢詐世治俗飾辭盛容卑體阿順以揄愛恩先指承意以獲衆心朋黨相結多挾賊人勞鮮而禄重功寡而爵尊國貧而家富主微而身貴勤權生變竊乘盛勢名號隆盛震動境外

憍奢暴逆縱恣不制順心而畢情忤而奪動喪民命靜生物織張目而物傷開口而民害此時俗之所榮而世之所謂肖者也若然者道德所離神明所去天地所憎陰陽所惡物類不比民人不附動無所不終靜無所不得生為患害死為福喜衆俗迷妄漫以相導所患者微其日甚久故得道之士則不然體虛積慈視物如已檢形促容歸於纖微元默託後不為物先合和順理以應自然動靜與衆反出入異門户不以勇勇故不怒而天

下恐不以廣廣故不施而天下往不以先先故不言而天下長是故出慈入勇出儉入廣釋後且先反和逆神動違自然福與之遠禍與之鄰大命以絶神氣散分天地不能安道德不能存臨死不覺怨命尤天非命薄也非人賊也安憍樂勢廢道而尚力也夫慈之爲行也甚和以真動得人力靜合天心卑損弱小爲萬物君匡世救俗和順天人戰不可敗守不可攻夫何故哉天地並生變化無窮方戰之日地爲之動天爲之震天降變怪

地出風盲鬼神並見爲敵起殃祐我將相助我萬民怒

我士卒以至羣生牛絕其糿馬絕其糧飛禽拊翼獸下

而行虎兕可戰玃鳥可將敵人驚恐伏甲受兵故賢佐

聖將之立身也不強不大不堅不剛柔弱畏武敵即消

亡戰則損心外意崇體和平辭小託後動靜應天不以

慍起怒不以武興兵其欲勝敵常以反行計運無形以

收敵神動因彼之所有變因彼之所爲反之覆之以處

其奇故使彼邪我正彼言我聽彼怒我喜彼動我靜開

其所利以利其命用人則下之以言示之以利陳之以誠使之自至是以不爭不求以得民意以順民心秉其要忌彼人離散而我順比敵欲不亡而不能我欲不存而不得當此之時道爲之無德爲之始神明爲經太和爲紀清濁爲家萬物爲子三光爲佐四時爲輔靜爲物根動爲化首物類託之無有患咎德與天齊久而不殆自今及古聖智之道變化終始自天而王皆由此矣

道德指歸論卷五

欽定四庫全書

道德指歸論卷六

漢　嚴遵　撰

用兵篇

道無不有有無不爲體和服弱括囊大威生育羣類莫有能違無有形象爲萬物師得之者安失之者危天地體之久而不衰何以效之莊子曰夫陰而不陽萬物不生陽而不陰萬物不成由此觀之有威無德民不可治

有德無威宗廟必傾無德無威謂之引殃遭運時變身死國亡故人主者國之腹心也兵者國之威神也夫天地之間萬國並興小大愚智皆願爲君智盡而服力屈乃窮非有餘力而屈膝樂爲人臣也是以明王聖主放道效天清靜爲首和順爲常因應爲始誠信爲元名實爲紀賞罰爲綱左德右威以應不祥天下仰制莫能毀傷故國可保而民可全也夫德之與兵若天之與地陰之與陽威德文武表裏相當隱之元域不得已而後行

故人君失道好戰自損正事不修邪事作起强大憍奢紀滅綱弛雕琢宫室盈飾狗馬高臺大囿聲色在後剹屠忠諫尊寵姣好簡傲宗廟欺侮諸父殘賊暴虐孤人稚子反逆天地刑戮陰陽黥劓道德破碎神明和順潰濁變化不通冬雷夏霜萬物大傷縱横擊搏謀圖不祥大國驚怖小國奔亡老弱離散啼哭而行天下憤怨萬民思兵相卒而起我爲後行夫何故哉唯彼先祖皆有神明之德通於天地聖智之勞加於萬民故剖符丹書

受土賜姓列爲君王光顯祖考業流子孫是天地之心
萬載之功而繼體者不務屈身厲節摩精鍊神修道行
德以奉其先乃忽小善而易小惡日以消息月以陵遲
宗廟崩弛國爲丘墟族類離散長無所依鬼神孤魂無
所棲息乎嗟夫豈不哀哉是以喻我豪俊說我士卒卷
甲釋兵且令休息激役心移幸於反覆改過自新變容
易則遂往不反爲天下賊百姓窮極財殫力屈海内之
憂日以長息蒼天降應禍集其國雖欲未誅自然不得

天人同心我不能尅故事爲而神否身往而志還形反我志事逆我身悲彼先聖傷彼萬民無罪於天遇此何辜雖曰忽然民命在兵發號申令敎以信誠先服者賞後服者傷小下者利大下者昌壞邑者爵降城者封城邑不下未尅勿喪有罪者免有能者官老弱得養死者得葬德澤洽潤恩愛流行慈惠和結衆情發揚默然爲之神氣相通彼三軍與我同心姦爲我使盜爲我工敎我以其計慮告我以其地形因彼所有奇變乃通法律

不苟險阻虛空天人相得勝出若神前無留敵計謀不喪敵雖衆多與我搆因兩軍相距前若無人我雖萬金敵不可易易敵生姦亡時失利福去禍來爲天所疾是故雖獲天祐得人之助猶守之以憂持之以畏出險乘虛宿舍有備休息處便必依水草塡隙塞惡與敵相距變運無形奇出無朕錯勝無窮攻戰無有深微窅窅變化無始自我親近不知我之所爲彼之知力何得於己故在家者晏然而樂在師者欣然而喜人懷至誠若爲

其子去家越境若衆趨市疾耕力織暮休早起奇入模列不敢獨有以供師徒如奉父母懸權爭勝敵人不起未戰而海内正不攻而諸侯下天地所覆載日月所照覩皇皇莫莫各安其土夫何故哉慈哀發動因天之心不敢由於我也

言甚易知篇

夫無形無聲而使物自然者道與神也有形有聲而使物自然者地與天也神道蕩蕩而化天地默默而告蕩

而無所不化默而無所不告神氣相傳感動相報反淪虛無甚微以妙歸於自然無所不導故言言之言者自然之賊也爲爲之爲者喪真之數也無爲無言者成功之至而長存之要也是以聖人言不言之言爲不爲之爲言以絕言爲以止爲絕言之道去心與意止爲之術去人與智爲愚爲慧無知無欲無欲則静静則虛虛則實實則神動歸太素静歸自然保身存國富貴無患羣生得志以至長存此言之易知而事之易行者也而天

下莫能知莫能行也夫何故哉世主好知務順其心不覩大道不識自然以爲爲爲以言言言息知生事以趣所安寢以爲俗終世被患性變情易深感遠迷精濁神擾外實内虚强黙生咎强静生患故視之而不見告之而不聞非以自嫉以爲不然夫聖人之言宗於自然祖於神明常處其反在黙言之間甚微以玅歸於自然明若無見聽若無聞通而似塞達而似窮其事始於自然流於神明常處其和在爲否之間清静柔弱動作纖微

閒易退損歸於無爲虛無以合道恬泊以處生時和以固國元教以畜民養以無欲導以自然贈以天地賜以山川富以年歲貴以有身虞以無憂寧以無患無欲之不得無榮之不存民若無主主若無民忘於智力依道倚天萬國和順并爲一君是事之盛而業以隆者也而天下謂之不然夫世之莫我知者非我道小而不足以知也又非我之事薄而不足爲也又非世之好敗惡成喜禍樂患而故不我從也天性於我無情欲與我殊智

陷於情欲終世溺於所聞神氣不我我而心意不我然故其明不我能見聰不我能聞是以深言反而受謗大行遠而得毁獨見之明不用於世獨聞之聰見羞於民事順神明者不合於俗功配天地者不悅於衆夫至論大言者總百變要萬方剖判毫釐之内明顯虚無恍惚之外周密無間歸於滯昧此乃小節之士所不能聞而隅曲之人所不能逮也夫鴻鵠高飛終日馳騖而不知宇宙之外制法之人拘教之士累年學問終日談論而

不知道德之大也且神明有所不能領天地有所不能理況乎守衆庶之論不覩大要之所由不亦宜乎是故衆俗之所薄賤而得道者之所獨遵也是以聖人知而弗爲能而不任仁義而不以爲號通達而不以爲名堅强而不以爲顯高大而不以爲榮言不可聞動不可形心若江海志若蒼天廢爲以立道損善以益性寂然蕩蕩莫之能明皎然昭昭莫覩其情頽然默默魁然獨存薄外厚内賤己卑名去衆離俗與道爲常

知不知篇

道德之教自然是也自然之驗影響是也凡事有形聲取舍有影響非獨萬物而已也夫形動不生形而生影聲動不生聲而生響無不生無而生有覆不生覆而生反故道者以無爲爲治而知者以多事爲擾嬰兒以不知益高年以多事損由此觀之愚爲智巧之形也智巧爲愚之影也無爲遂事之聲也遂事爲無之響也智巧擾亂之羅也有爲敗事之網也故萬物不可和也天地

不可適也和之則失和適之則失適弗和也而後能和之弗適也而後能適之故安世不知危亂世不知治若影隨形無所逃之也不動求響無所得之也故知而絶知不困於知不知用知亦不困於知其所以不困則異矣而於爲不困則一是故聖人操通達之性遊於元默之野處無能之鄉託不知之體寂若虛空奄忽如死心無所圖志無所治聰明運動光耀四海塗民耳目示以無有庖廚不形聲色不起知故不生禍亂息矣不言而

守內治無爲而天下已民俯而無放仰而無效敦愨中正各守醇性惘惘洋洋皆終天命死者無謚生者無號若此相繼億萬無量其次情無所樂性無所喜心無所安志無所利疾不知孝病不知弟旣不睹仁又不識義無有典禮守其眞幹一如麋鹿一如鴻鴈不在憂喜亦不離亂若盲若聾無所聞見主無宮室民無城郭國無制令世無恥辱病故不病與道相託不言不爲威德自作天地和順渾沌磅礴溷若濁流煥若儼客人物皆愚

歸於寂寞動無形響静無圻堮生民俱昌天下啞啞亡於小利而享大福默而治者計不能計而度不能度何以救之夫道德𠫊淳朴亡奇物並作知故流行禮節起分度明萬物有條貫百事有紀綱封疆畫界治邑屋州鄉里國有忠臣家有孝子録内畧外雙身爲友損彼益此務以相厚疆大重壘小弱亡有郊祀天地名山大水封於太山禪於梁父流漸相承或然或否斷獄萬數黥人滿道臣殺其君子殺其父亡國破家不可勝數天下

享其知故之利獲其死亡之咎由此觀之絶知爲福好智爲賊亦明矣故使有德之君變志易心生息萬事以教民禱祝請福以至大治者自然不聽也使彼亡國之君廢智去欲絶爲止事修道行德棄其心意而欲死亡者形亦不從也是故趨舍廢置王道之形聲也吉凶存亡趨舍之影響也夫聖人所以能動與天和靜與道合旣能保身又能全國翱翔乎有爲之外優游乎無事之内取福於纖眇之中而舒之於四海之外喪明者之目

杜知者之口窒聰者之耳斬巧者之手與時相隨與和俯仰不爲而自成不教而民治恩加走獸澤及飛鳥者以其損聰棄智廢爲而任道也是以順情從欲窮極心意動導天地靜陶萬事神靈在己不察不燎身不降席而萬國自備雖欲不亡自然不置也

民不畏威篇

道德之旨神明之務太和之心天地之意禍莫甚乎亡福莫甚乎存非獨天道人物亦然故存身之道莫急乎

養神養神之要莫甚乎素然常體憂畏慄慄震震失神之術本於縱恣喪神之數在於自專故太上畏道其次畏天其次畏地其次畏人其次畏身昌衰吉凶皆由己出不畏於微必畏於章患大禍深以至滅亡憂畏元始至於無形戒慎未兆其道大光動得所欲靜得所安福禄深微論於無方正言若反明而若昏遼遠潢洋莫之能聞伺命在我何求於天至福似禍大吉若凶天下醉飽莫之能明是以世俗見近聞淺不識窅冥之道蔽於

徼妙之常塞於神明之理察於毫毛之利不覩丘山之
禍肆情行態無所畏忌言順所然行順所善力能而取
心順安與憍奢恣睢自專損己忠信所愛欺殆父母侵
凌天地簡傲其主將順情欲以違天道故起巧立名以
代其身施惠流恩以獲大咎遁福天外追患四海福德
求之不能得矣患奔禍馳無所逃矣大威以至乃始爲
善當此之時道德不能求天地不能解非天之罪也樂
高喜大負威任勢忘憂失畏不求於己也故憂於身者

不恐於人畏於己者不制於彼順於小者不懼於大誠於近者不悔於遠是以不小其位而居之以敏不薄所處而厚修其禮不苦卑微而華其大始不厭困危而絶其所以樂窮如達安死如壽雖欲且留亦不得久何以明之莊子曰天地之道始必有終終必有始陽氣安於潛龍故能鑠金陰氣寧於履霜故能凝氷木善秋毫故能百尋水樂涓涓故能成海飛禽逸於卵轂故能高翔羣獸預於胎䴠故能遠走是以聖人智達無窮能與天

連變化運動洞於大常猶以積德重厚釋心意隱聰明
憂於溷輓畏於無形竄端匿迹遁顃逃情反於虛無歸
於元冥身重天地而不自高德大陰陽而不自彰託微
處寡後下萬民飲食無味衣服無文亡於自飾志不敢
淫秉道操德與物浮沈養民如子遇衆若君德歸之天
功移於人天下辭讓恩厚固深故禍不能禍而患不能
患福不能逃而德不能遁非道有私而天地偏也戒始
慎微和弱忠信奉道順天與物相參憂畏得意安樂困

窮成敗存亡求之於身

勇敢篇

天地之道生殺之理無去無就無奪無與無爲爲之自然而已正直若繩平易如水因應効象與物俱起損益取舍與事終始深淺輕重萬物自取殊形異類各反其所生爲殺元殺爲生首二者相形吉亾著矣故知生而不知殺者逆天之道也知殺而不知生者反地之道也故喜怒有分生殺有節受天之殃得地之罰當怒不怒

子為豺狼弟為兕虎當鬭不鬭妻為敵國妾為大寇當殺不殺受天之害為物所制當喜不喜蒙天之災獲地之咎當生不生人君失國庶人没命故君子殺民如殺身活人如活已執德體正不得已而後然存身寧國在於生殺之間生殺得理天地佑之喜怒之節萬物歸之故剛柔質直操擊深酷疾邪養正勇敢先失達於守戰明於開塞長忿美快安静樂殺便國利民不避彊大威振百蠻權傾境外得善之半也柔弱畏敬恐情損言深

思遠慮臨正討怨務長寡和博厚積恩利而不害以明其善與而不奪以顯其名賞而不罰以立其惠生而不殺以成其仁得善之半凡此二功勇敵敢均計策禁馳射身相非與天異意與地異心奮情舒志各肆所安或以千乘變爲亡人或以匹夫化爲君王故物或生之而爲福或生之而爲禍或殺之而爲福或殺之而爲賊二者深微莫能窮測故生之而爲福者天下之所佑生之而爲禍者天下之所惡也養天下之所惡者傷天下之所

佑養天下之所佑者傷天下之所惡一反一覆或爲元德一覆一反或爲元賊父事天地子孫是得故長養而後世昌者生當生也生物而後亡者生當亡也殺戮而福至者殺當亡也喪物而禍來者喪當生也天之所惡不敢活也天之所佑不敢殺也天之所損不敢與也天之所益不敢奪也是故敢於不敢者之敢動與天同符靜與地同極天心所惡莫之能辨夫天地之道一陰一陽分爲四時離爲五行流爲萬物精爲三光陽氣主德

陰氣主刑覆載羣類含吐異方元默無和正直以公不以生爲巧不以殺爲工因應萬物不敢獨行吉與之吉㐫與之㐫損損益益殺殺生生爲善者自賞爲惡者自刑故無爲而物自生無爲而物自亡影與之交響與之通不求而物自得不拘而物自從無察而物自顯無問而物自情故不爭而無所不勝不言而無所不應不召而無所不來寂然蕩蕩無所不圖惚恍之羅設而無狀之網施汎淫潢漭遼遠留遲密察無間與物推移故在

前而不可遠在後而不可先靜作而不可聞進退而不可見終始禍福吉凶自反非出天外莫之能遁也

民不畏死篇

人之情性不知而忠信有知而誕謾得意而安寧失意而圖非窮困而輕死安寧而愛身何以明之莊子曰夫嬰兒未知而忠信於仇讐及其壯大有識欺殆兄嫂三軍失意則下亡人窮谿之獸不避兕虎其性非易事理然也由此觀之民心不得性命不全則號令不能動也

憂愁懆怛樂非輕死則刑罰不能恐也是故好知之君憂世勞民祭燎天地除禍去患指善請福禱祝鬼神變化萬事動以悅民家知户辨里有仁賢違天之象專任人心以所見爲明以所論爲當廢名實背事情道理塞而非譽興天下大擾百姓遑遑勞苦疲極困窮生姦敢敗者榮而有功輕死者肥而安寧積善者瘦而多憂畏法者飢而多患寡弱者苦而思死衆强者樂而君王是以天下趨名爭勢不計是非析毫剖芒視死如歸乃始

告以峻法嚴刑則是禁以所易而制以所輕也故刑戮並作姦邪不止賞禄施行而大臣不使萬民不附諸侯不市國非其國身非其身也是以聖人之牧民也人主無爲而民無望民無獲而主無喪也其業易得而難失也其化難犯而易行也其衣易成而難敝也其食易足而難窮也故天下除嗜欲樂生惡死者皆重其神而愛其身故刑可制而勢可禁也是以俊雄英豪達道之人不敢作福不敢起威故法立而不用賞設而不施夫

何故哉身重天地物輕鴻毛法峻嚴刑知不敢淫也是故帝王之道無事無爲目無所見耳無所聽心無所圖口無所言前後左右各有所任因應以督安其成功授以所懷歸以所行爵加明主祿施進賢作福者身死竊威者宗亡百官趨職主無與焉釋臣任主則疏遠隱匿親近尊顯君道隔塞政事亡矣威嚴兩立邪僞並起陪臣陞進君子得咎君之威勢滅而不揚姦雄豪特令行禁止百姓寃結萬方失理忠臣悲憂佞巧大喜名實失

當賞罰妄舉是猶使屍起哭而代大匠斲也夫死人無爲而子弟悲者以爲死而不爲哭也不與方圓而處大堂者任大匠而身無作也使屍起哭則哭者亡主人代匠斲則功不成是以明王聖主正身以及天謀臣以及民法出於臣秉之在君令出於君飾之在臣臣之所名君之所覆臣之所事君之所謀也臣名不正自喪大命故君道在陰臣道在陽君主專制臣主定名君臣隔塞萬物自明故人君有分羣臣有職審分明職不可相代

各守其圓大道乃得萬事自明寂然無事無所不尅臣行君道則滅其身君行臣事則傷其國

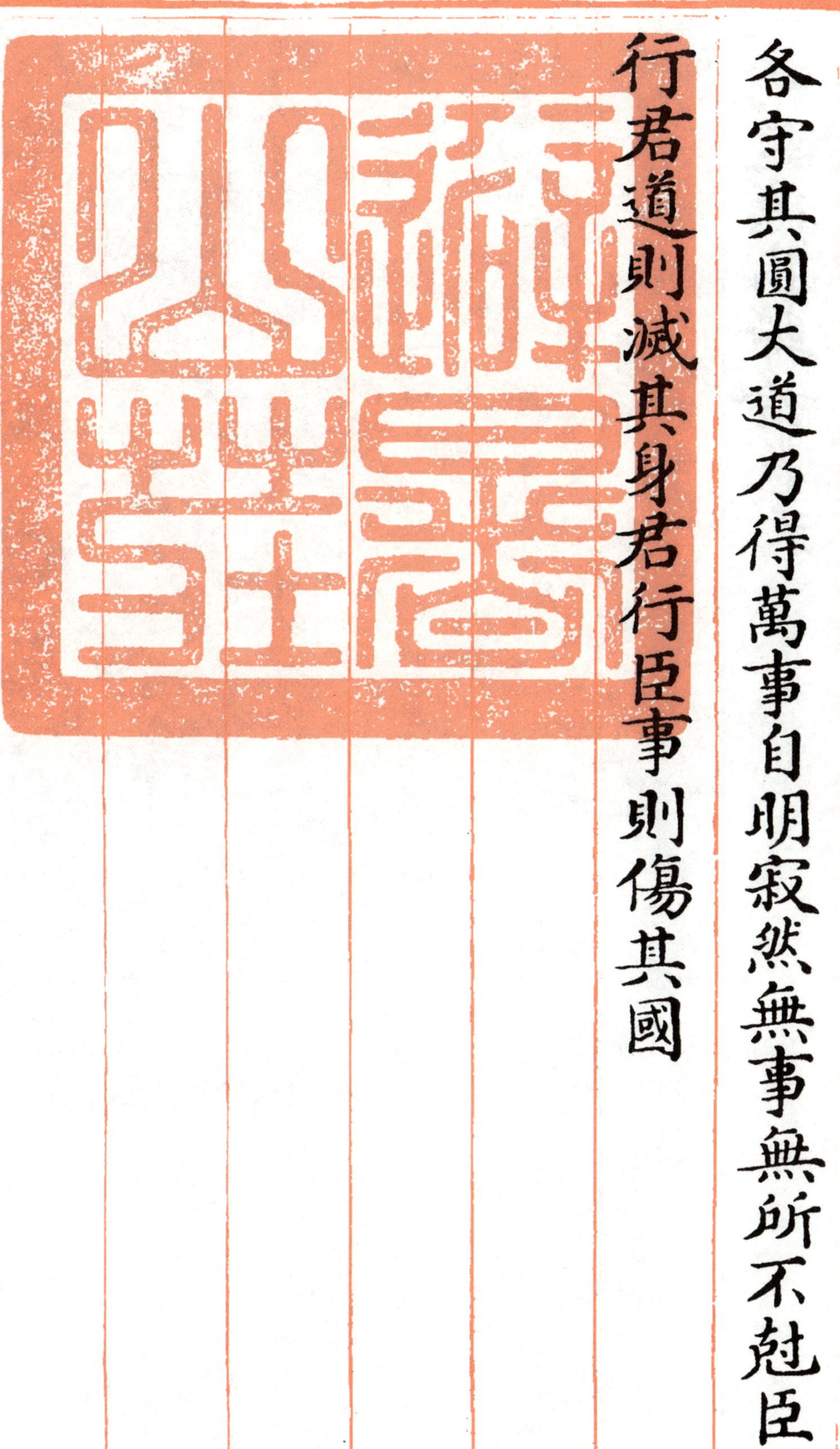

道德指歸論卷六

總校官舉人臣章維桓

校對官待詔臣胡士震

謄録監生臣黄士績

（漢）河上公等 撰

老子全書

（二）

吉林出版集團股份有限公司

欽定四庫全書　子部十四

老子道德經目録　道家類

上篇

一章至三十七章

下篇

三十八章至八十一章

臣等謹案唐書劉知幾傳稱易無子夏傳老子無河上公注請用王弼注爲宋璟所格僅廢

子夏易而弼注老子終不用然陸德明經典釋文所著音訓即弼此注是自隋以來已以弼書為重也後諸家之解日衆弼書遂微僅有傳本亦多訛謬此本乃從明華亭張之象本録出亦不免于訛脫而大致尚可辨别後有政和乙未晁以道跋稱文字多謬誤又有乾道庚寅熊克重刊跋稱近世希有蓋久而後得之則自宋已然矣然二跋皆稱不分道

經德經而今本經典釋文上卷雖不題道經下卷乃題曰老子德經音義與此本及跋皆不合殆傳刻釋文者反據俗本增入今謹據永樂大典所載本詳加參校考訂同異闕其所疑而仍依弼原本不題道經德經字以存其舊云乾隆四十九年九月恭校上

總纂官臣紀昀臣陸錫熊臣孫士毅

總校官臣陸費墀

欽定四庫全書

老子道德經上篇

魏 王弼 注

一章

案河上公注本此為體道章今依張之象所錄王注原本

道可道非常道名可名非常名

可道之道可名之名指事造形非其常也故不可道不可名也

無名天地之始有名萬物之母

凡有皆始於無故未形無名之時則為萬物之始及其有形有名之時則長之育之亭之毒之為其母也言道以無形無名始成萬物以始以成而不知其所以玄之又玄也

故常無欲以觀其妙案永樂大典此句上無故字

妙者微之極也萬物始於微而後成始於無而後生故常無欲空虛可以觀其始物之妙

常有欲以觀其徼

徼歸終也凡有之為利必以無為用欲之所本適道而後濟故常有欲可以觀其終物之徼也

此兩者同出而異名同謂之玄玄之又玄衆妙之門

兩者始與母也案永樂大典母作無誤同出者同出於玄也異名所施不可同也在首則謂之始在終則謂之母玄者冥也默然無有也始母之所出也不可得而名故不可言同名曰玄而言謂之玄者取於不可得而謂之然也謂之然則不可以定乎一玄而已則是名則

失之遠矣（案此二句疑有脫誤）故曰玄之又玄也衆妙皆從同而出故曰衆妙之門也

二章（案河上公注本此為養身章）

天下皆知美之為美斯惡已皆知善之為善斯不善已故有無相生難易相成長短相較（案各本俱作形陸德明經典釋文作較蓋用弼本）高下相傾音聲相和前後相隨

美者人心之所進樂也惡者人心之所惡疾也美惡猶喜怒也善不善猶是非也喜怒同根是非同門故

不可得而偏舉也案原本無而字今據永樂大典校補此六者皆陳自然不可偏舉之明數也

是以聖人處無為之事

自然已足案永樂大典足作定為則敗也

行不言之教萬物作焉而不辭生而不有為而不恃

智慧自備為則偽也

功成而弗居案永樂大典無而字弗作不

因物而用功自彼成故不居也

夫唯弗居案永樂大典弗作不是以不去

使功在己則功不可以也

三章案河上公注本此為安民章

不尚賢使民不爭不貴難得之貨使民不為盜不見可欲使民心不亂案原本及各本俱無民字惟永樂大典有之據弼注故可欲不見上承沒命而盜則經文本有民字今校補

賢猶能也尚者嘉之名也貴者隆之稱也案稱釋文云一本作號一本作名唯能是任尚也曷為唯用是施貴之何為尚

賢顯名榮過其任為而常校能相射貴貨過用貪者競趣穿窬探篋沒命而盜故可欲不見則心無所亂也

是以聖人之治虛其心實其腹

心懷智而腹懷食虛有智而實無知也

弱其志強其骨

骨無知以幹志生事以亂心虛則志弱也 案心虛則志弱也六字原本缺釋文有應在此注之下今校補

常使民無知無欲

守其真也

使夫智者不敢為也

智者謂知為也

為無為則無不治

四章　案河上公注本此為無源章

道沖而用之或不盈淵兮似萬物之宗挫其銳解其紛和其光同其塵湛兮似或存案或一作若吾不知誰之子象

帝之先

夫執一家之量者不能全家執一國之量者不能成國窮力舉重不能為用故人雖知萬物治也治而不以二儀之道則不能贍也（案贍原本作瞻今據永樂大典校改）地雖形魄不法於天則不能全其寧天雖精象不法於道則不能保其精沖而用之用乃不能窮滿以造實實來則溢故沖而用之又復不盈其為無窮亦已極矣形雖大不能累其體事雖殷不能充其量萬物舍此而

求主案永樂大典作求其生主其安在乎不亦淵兮似萬物之宗乎銳挫而無損紛解而不勞和光而不汙其體同塵而不渝其真不亦湛兮似或存乎地守其形德不能過其載天憮其象德不能過其覆天地莫能及之不亦似帝之先乎帝天帝也

五章案河上公注本此為虛用章永樂大典連後章至用之不勤也為第五章自天長地久至故能成其私為第六章以下章次俱異今悉依張之象所錄王注原本

天地不仁以萬物為芻狗

天地任自然無為無造萬物自相治理故不仁也仁者必造立施化有恩有為造立施化案原本脫此四字今據永樂大典校補則物失其真有恩有為則物不具存物不具存則不足以備載矣地不為獸生芻而獸食芻不為人生狗而人食狗無為於萬物而萬物各適其所用則莫不贍矣案贍原本作瞻今據永樂大典校改若慧由己樹案慧恵古通未足任也

聖人不仁以百姓為芻狗

聖人與天地合其德以百姓比芻狗也案比永樂大典作化

天地之間其猶橐籥乎虛而不屈案屈釋文作掘動而愈出

橐排橐也籥樂籥也橐籥之中空洞無情無為故虛而不得窮屈動而不可竭盡也天地之中蕩然任自然故不可得而窮猶若橐籥也

多言數窮不如守中

愈為之則愈失之矣物樹其惡事錯其言不濟不言不理必窮之數也橐籥而守數中則無窮盡棄己任

物則莫不理若橐籥有意於為聲也則不足以共吹者之求也

六章 案河上公注本此為成象章

谷神不死是謂玄牝玄牝之門是謂天地根緜緜若存用之不勤

谷神谷中央無谷也無形無影無逆無違處卑不動守靜不衰谷以之成而不見其形此至物也處卑而不可得名故謂天地之根緜緜若存用之不勤門玄

牝之所由也本其所由與極同體故謂之天地之根也欲言存耶則不見其形欲言亡耶萬物以之生故緜緜若存也無物不成用而不勞也故曰用而不勤也

七章　案河上公注本此為韜光章

天長地久天地所以能長且久者以其不自生

自生則與物爭不自生則物歸也

故能長生是以聖人後其身而身先外其身而身存非

以其無私耶故能成其私

無私者無為於身也身先身存故曰能成其私也

八章 案河上公注本此為易性章

上善若水水善利萬物而不爭處衆人之所惡

人惡卑也

故幾於道

道無水有故曰幾也

居善地心善淵與善仁言善信正善治 案永樂大典正作政古通用

事善能動善時夫唯不爭故無尤

言人皆應於治道也案永樂大典人作水台作此

九章案河上公注本此為運夷章

持而盈之不如其已

持謂不失德也既不失其德又盈之勢必傾危故不如其已者謂乃更不如無德無功者也

揣而梲之案梲各本俱作銳惟釋文作梲音銳不可長保

既揣末令尖又銳之令利勢必摧衄故不可長保也

金玉滿堂莫之能守

不若其已

富貴而驕自遺其咎

不可長保也

功遂身退案河上公注本及各本俱作功成名遂身退天之道

四時更運功成則移

十章案河上公注本此為能為章

載營魄抱一能無離乎

載猶處也營魄人之常居處也一人之真也言人能處常居之宅抱一清神能常無離乎則萬物自賓也

專氣致柔能嬰兒乎

專任也致極也言任自然之氣致至柔之和能若嬰兒之無所欲乎則物全而性得矣

滌除玄覽能無疵乎

玄物之極也言能滌除邪飾至於極覽能不以物介其明疵之其神乎（案二句疑有脫誤）則終與玄同也

愛民治國能無知乎

任術以求成運數以求匿者智也玄覽無疵猶絶聖也治國無以智猶棄智也能無以智乎則民不辟而國治之也

天門開闔能無雌乎案注義無似作為

天門謂天下之所由從也開闔治亂之際也或開或闔經通於天下故曰天門開闔也雌應而不倡因而不為言天門開闔能為雌乎則物自賓而處自安矣

明白四達能無為乎

言至明四達無迷無惑能無以為乎則物化矣所謂道常無為侯王若能守則萬物自化

生之

不塞其原也

畜之

不禁其性也

生而不有為而不恃長而不宰是謂玄德

不塞其原則物自生何功之有不禁其性則物自濟何為之恃物自長足不吾宰成有德無主非玄而何凡言玄德皆有德而不知其主出乎幽冥

案而永樂大典作如古文而如通用

十一章 案河上公注本此為無用章

三十輻共一轂當其無有車之用

轂所以能統三十輻者無也以其無能受物之故故能以實統衆也

埏埴以為器（案埏各本俱作挻惟釋文作埏）當其無有器之用鑿戶牖以為室當其無有室之用故有之以為利無之以為用

木埴壁所以成三者而皆以無為用也（案永樂大典無也字）言無者有之所以為利皆賴無以為用也

十二章（案河上公注本此為檢欲章）

五色令人目盲五音令人耳聾五味令人口爽馳騁畋獵令人心發狂

爽差失也失口之用故謂之爽夫耳目口心皆順其

性也不以順性命反以傷自然故曰盲聾爽狂也

難得之貨令人行妨

難得之貨塞人正路故令人行妨也

是以聖人為腹不為目故去彼取此

為腹者以物養己為目者以物役己故聖人不為目

也

十三章 宗河上公注本此為猒恥章

寵辱若驚貴大患若身何謂寵辱若驚寵為下得之若

驚失之若驚是謂寵辱若驚

寵必有辱榮必有患驚辱等榮患同也爲下得寵辱榮患若驚則不足以亂天下也

何謂貴大患若身

大患榮寵之屬也生之辱必入死之地故謂之大患也人迷之於榮寵返之於身故曰大患若身也

吾所以有大患者爲吾有身

由有其身也

及吾無身

歸之自然也

吾有何患故貴以身為天下若可寄天下案若可寄永樂大典作則

可以寄河上公注本作則可寄於天下

無以易其身故曰貴也如此乃可以託天下也

愛以身為天下若可託天下案若可託永樂大典作乃可以託河上公注本作乃

可以託於天下

無物可以損其身故曰愛也如此乃可以寄天下也

不以寵辱榮患損易其身然後乃可以天下付之也

十四章 案河上公注本此為贊玄章

視之不見名曰夷聽之不聞名曰希搏之不得名曰微此三者不可致詰故混而為一

無狀無象無聲無響故能無所不通無所不往不得而知更以我耳目體不知為名故不可致詰混而為一也

其上不皦其下不昧繩繩不可名案永樂大典繩繩下有兮字復歸

於無物是謂無狀之狀無物之象

欲言無耶而物由以成欲言有耶而不見其形故曰

無狀之狀無物之象也

是謂惚恍

不可得而定也

迎之不見其首隨之不見其後執古之道以御今之有

有有其事

能知古始是謂道紀

無形無名者萬物之宗也雖今古不同時移俗易故莫不由乎此以成其治者也故可執古之道以御今之有上古雖遠其道存焉故雖在今可以知古始也

十五章（案河上公注本此為顯德章）

古之善為士者微妙玄通深不可識夫唯不可識故強為之容豫焉（案豫一作與）若冬涉川

冬之涉川豫然若欲度（案若原本訛作者今據永樂大典校改）若不欲度其情不可得見之貌也

猶兮若畏四鄰

四鄰合攻中央之主猶然不知所趣向者也上德之人其端兆不可覩德趣不可見亦猶此也

儼兮其若容（案容一本作客）渙兮若冰之將釋敦兮其若樸曠兮其若谷混兮其若濁

凡此諸若皆言其容象不可得而形名也

孰能濁以靜之徐清孰能安以久（案永樂大典無久字）動之徐生

夫晦以理物則得明濁以靜物則得清安以動物則

得生此自然之道也孰能者言其難也徐者詳慎也

保此道者不欲盈

盈必溢也

夫唯不盈故能蔽不新成案蔽永樂大典作敝

蔽覆蓋也

十六章案河上公注本此為歸根章

致虛極守靜篤

言致虛物之極篤守靜物之真正也

萬物並作

動作生長

吾以觀復（案觀下河上公注本及各本俱有其字）

以虛靜觀其反復凡有起於虛動起於靜故萬物雖並動作卒復歸於虛靜是物之極篤也

夫物芸芸各復歸其根

各返其所始也

歸根曰靜是謂復命復命曰常

歸根則靜故曰靜靜則復命故曰復命也復命則得性命之常故曰常也

知常曰明不知常妄作凶

常之為物不偏不彰無皦昧之狀案皦原本訛作激今據永樂大典校改温涼之象故曰知常曰明也唯此復乃案永樂大典無乃字能包通萬物無所不容失此以往則邪入乎分則物離其分案原本脫其字今據釋文校補故曰不知常則妄作凶也

知常容

無所不包通也

容乃公

無所不包通則乃至於蕩然公平也

公乃王

蕩然公平則乃至於無所不周普也

王乃天

無所不周普則乃至於同乎天也案也永樂大典作均

天乃道

與天合德體道大通則乃至於極虛無也

道乃久

窮極虛無得道之常案道永樂大典作物誤則乃至於不窮極也案窮原本訛作有今據永樂大典校改

沒身不殆

無之為物水火不能害金石不能殘用之於心則虎兕無所投其齒角案齒永樂大典作爪兵戈無所容其鋒刃何危殆之有乎

十七章 案河上公注本此為淳風章

太上下知有之 案下永樂大典作不吳澄注亦作不

太上謂大人也大人在上故曰太上大人在上居無為之事行不言之教萬物作焉而不為始故下知有之而已言從上也 案言從上也四字原本誤移於信不足焉甯注內永樂大典在有之而已下今校改

其次親而譽之 案而河上公注本及各本俱作之

不能以無為居事不言為教立善行施使下得親而

譽之也

其次畏之

不復能以恩仁令物而賴威權也

其次侮之（案永樂大典無其次二字）

不能法以正齊民而以智治國下知避之其令不從

故曰侮之也

信不足焉有不信焉

夫御體失性則疾病生輔物失真則疵釁作信不足

焉則有不信此自然之道也己處不足非智之所齊也案此節注夫御上有言從上也四字今據永樂大典移於前節注末永樂大典又誤以此注移寘其次觀而譽之三節注前仍以此本為長

悠兮其貴言案悠河上公注本及各本俱作猶功成事遂百姓皆謂我自然

自然其端兆不可得而見也其意趣不可得而覩也無物可以易其言言必有應故曰悠兮其貴言也居無為之事行不言之教不以形立物案形永樂大典作刑故功

成事遂而百姓不知其所以然也

十八章 案河上公注本此為俗薄章

大道廢有仁義

失無為之事更以施慧 案施原本作於今據永樂大典校改 立善道進物也

慧智出有大偽 案慧智各本俱作智慧河上公注本作智惠

行術用明以察姦偽趣覩形見物知避之故智慧出則大偽生也 案永樂大典脫生也二字

六親不和有孝慈案慈永樂大典作子國家昏亂有忠臣甚美之名生於大惡所謂美惡同門六親父子兄弟夫婦也若六親自和國家自治則孝慈忠臣不知其所在矣魚相忘於江湖之道則相濡之德生也

十九章案河上公注本此作還淳章永樂大典此章與上章合為一章

絶聖棄智民利百倍案永樂大典此二句在絶仁二句之下絶仁棄義民復孝慈絶巧棄利盜賊無有此三者以為文不足故令有所屬見素抱樸少私寡欲

聖智案永樂大典聖下有人字才之善也仁義人之善也巧利用之善也而直云絕文甚不足不令之有所屬無以見其指故曰此三者以為文而未足故令人有所屬屬之於素樸寡欲

二十章案河上公注本此為異俗章

絕學無憂唯之與阿相去幾何善之與惡相去若何案若何河上公注本及各本俱作何若人之所畏不可不畏

下篇為學者日益為道者日損然則學求益所能而

進其智者也若將無欲而足何求於益不知而中何求於進夫燕雀有匹（案燕原本作鷰今據永樂大典校改）鳩鴿有仇寒鄉之民必知旃裘自然已足益之則憂故續鳧之足何異截鶴之脛畏譽而進何異畏刑唯阿美惡相去何若故人之所敬吾亦畏焉未敢恃之以為用也

荒兮其未央哉

歎與俗相返之遠也（案永樂大典無此句）

衆人熙熙如享太牢如春登臺（案春登臺一本作登春臺）

衆人迷於美進惑於榮利欲進心競故熙熙如享太牢如春登臺也

我獨泊兮其未兆（案永樂大典無獨字）如嬰兒之未孩言我廓然無形之可名無兆之可舉如嬰兒之未能孩也

儽儽兮若無所歸（案儽儽河上公注本及各本俱作乘乘）若無所宅

衆人皆有餘而我獨若遺（案永樂大典無而字）

衆人無不有懷有志盈溢胸心故曰皆有餘也我獨

廓然無為無欲若遺失之也

我愚人之心也哉

絶愚之人心無所別析意無所好欲猶然其情不可

覩我頹然若此也

沌沌兮

無所別析不可為明案明原本作也今據永樂大典校改

俗人昭昭

燿其光也

我獨昏昏案昏昏河上公注本作若昏俗人察察

分別別析也

我獨悶悶澹兮其若海案澹兮永樂大典作漂乎一本作忽兮

情不可覩

飂兮若無止案飂河上公注本作漂永樂大典無下有所字

無所繫累

衆人皆有以

以用也皆欲有所施用也

而我獨頑似鄙案一本無而字

無所欲為悶悶昏昏若無所識故曰頑且鄙也

我獨異於人而貴食母

食母生之本也人者皆棄生民之本貴末飾之華故曰我獨欲異於人

二十一章案河上公注本此為虛心章

孔德之容惟道是從案是永樂大典作之

孔空也惟以空為德然後乃能動作從道

道之為物惟恍惟惚

恍惚無形不繫之歎

惚兮恍兮其中有象案此二句一本在下二句之下恍兮惚兮其中有物

以無形始物不繫成物萬物以始以成而不知其所以然故曰恍兮惚兮惚兮恍兮其中有象也

窈兮冥兮其中有精

窈冥深遠之歎深遠不可得而見然而萬物由之其可得見以定其真故曰窈兮冥兮其中有精也

其精甚真其中有信

信信驗也物反窈冥則真精之極得萬物之性定故曰其精甚真其中有信也

自古及今其名不去

至真之極不可得名無名則是其名也自古及今無不由此而成故曰自古及今其名不去也

以閱衆甫

衆甫物之始也以無名說萬物始也

吾何以知衆甫之狀哉 案狀各本俱作然 以此

此上之所云也言吾何以知萬物之始於無哉以此知之也

二十二章 案河上公注本此為益謙章

曲則全

不自見其明 案明原本作名今據永樂大典校改 則全也

枉則直

不自是則其是彰也

窪則盈

不自伐則其功有也

敝則新

不自矜則其德長也

少則得多則惑

自然之道亦猶樹也轉多轉遠其根轉少轉得其本

多則遠其真故曰惑也少則得其本故曰得也案此二句永樂大典作下節注誤

是以聖人抱一為天下式

一少之極也式猶則之也

不自見故明不自是故彰不自伐故有功不自矜故長

夫唯不爭故天下莫能與之爭古之所謂曲則全者豈虛言哉誠全而歸之

二十三章案河上公注本此為虛無章

希言自然

聽之不聞名曰希下章言道之出言淡兮其無味也視之不足見聽之不足聞然則無味不足聽之言乃是自然之至言也

故飄風不終朝案河上公注本及各本俱無故字驟雨不終日孰為此者天地天地尚不能久而況於人乎

言暴疾美興不長也

故從事於道者道者同於道

從事謂舉動從事於道者也道以無形無為成濟萬物故從事於道者以無為為君不言為教緜緜若存而物得其真與道同體故曰同於道

德者同於德

得少也少則得故曰得也行得則與得同體故曰同於得也

失者同於失

失累多也累多則失故曰失也行失則與失同體故

曰同於失也

同於道者道亦樂得之（案永樂大典無樂字下二句同）同於德者德亦樂得之同於失者失亦樂得之

言隨行其所故同而應之

信不足焉有不信焉

忠信不足於下焉有不信焉（案焉永樂大典作也）

二十四章（案河上公注本此爲苦恩章）

企者不立（案企河上公注本及各本俱作跂）

物尚進則失安故曰企者不立

跨者不行自見者不明自是者不彰自伐者無功自矜者不長其在道也案在河上公注本及各本俱作於曰餘食贅行

其唯於道而論之若郤至之行盛饌之餘也本雖美更可薉也本雖有功而自伐之故更為肬贅者也

物或惡之故有道者不處案處下河上公注本及各本俱有也字

二十五章案河上公注本此為象元章

有物混成先天地生

混然不可得而知而萬物由之以成故曰混成也不知其誰之子故先天地生

寂兮寥兮獨立不改案立下河上公注本及各本俱有而字

寂寞無形體也無物之匹故曰獨立也返化終始不失其常故曰不改也

周行而不殆可以為天下母

周行無所不至而免殆案免永樂大典作危能生全大形也故可以為天下母也

吾不知其名

名以定形混成無形不可得而定故曰不知其名也

字之曰道

夫名以定形字以稱可言道取於無物而不由也是

混成之中可言之稱最大也

强為之名曰大

吾所以字之曰道者取其可言之稱最大也責其字

定之所由則繫於大大有繫則必有分有分則失其

極矣故曰强為之名曰大

大曰逝

逝行也不守一大體而已周行無所不至故曰逝也

逝曰遠遠曰反

遠極也周無所不窮極不偏於一逝故曰遠也不隨於所適其體獨立故曰反也

故道大天大地大王亦大

天地之性人為貴而王是人之主也雖不職大亦復

為大與三匹故曰王亦大也

域中有四大

四大道天地王也凡物有稱有名則非其極也言道則有所由有所由然後謂之為道然則是道稱中之大也不若無稱之大也無稱不可得而名曰域也道天地王皆在乎無稱之內故曰域中有四大者也

而王居其一焉

處人主之大也

人法地地法天天法道道法自然

法謂法則也人不違地乃得全安法地也地不違天乃得全載法天也天不違道乃得全覆法道也道不違自然乃得其性法自然者在方而法方在圓而法圓於自然無所違也自然者無稱之言窮極之辭也用智不及無知而形魄不及精象精象不及無形有儀不及無儀故轉相法也道順自然天故資焉天法於道地故則焉地法於天人故象焉所以為主其一

之者主也

二十六章 宋河上公注本 此為重德章

重為輕根靜為躁君

凡物輕不能載重小不能鎮大不行者使行不動者制動是以重必為輕根靜必為躁君也

是以聖人終日行不離輜重

以重為本故不離

雖有榮觀燕處超然

不以經心也案永樂大典脫此句

奈何萬乘之主而以身輕天下輕則失本案本河上公注本作臣永樂大典作根躁則失君

輕不鎮重也失本為喪身也失君為失君位也案為永樂大典作謂古通用

二十七章案河上公注本此為巧用章

善行無轍迹

順自然而行不造不始故物得至而無轍迹也

善言無瑕讁

順物之性不別不析故無瑕讁可得其門也

善數不用籌策案數河上公注本作計

因物之數不假形也

善閉無關楗案楗原本作鍵今據釋文校改注同而不可開善結無繩約而不可解

因物自然案此句原本作自物因然今據永樂大典校改不設不施故不用關楗繩約而不可開解也此五者皆言不造不施因

物之性不以形制物也

是以聖人常善救人故無棄人

聖人不立形名以檢於物不造進向以殊棄不肖輔萬物之自然而不為始故曰無棄人也不尚賢能則民不爭不貴難得之貨則民不為盜不見可欲則民心不亂常使民心無欲無惑則無棄人矣

常善救物故無棄物是謂襲明故善人者（案永樂大典無者字）不善人之師

舉善以師不善故謂之師矣

不善人者（案永樂大典無者字）善人之資

資取也善人以善齊不善以善棄不善也故不善人

善人之所取也

不貴其師不愛其資雖智大迷

雖有其智自任其智不因物於其道必失故曰雖智

大迷

是謂要妙

二十八章 案河上公注本此為反樸章

知其雄守其雌為天下谿為天下谿常徳不離復歸於嬰兒 案永樂大典此節在復歸於無極之後據注仍宜在前

雄先之屬雌後之屬也知為天下之先也必後也是以聖人後其身而身先也谿不求物而物自歸之嬰兒不用智而合自然之智

知其白守其黑為天下式

式模則也

為天下式常德不忒

忒差也

復歸於無極

不可窮也

知其榮守其辱為天下谷為天下谷常德乃足復歸於樸

此三者言常反終後乃德全其所處也下章云反者道之動也功不可取常處其母也

樸散則為器聖人用之則為官長

樸真也真散則百行出殊類生若器也聖人因其分散故為之立官長以善為師不善為資移風易俗復使歸於一也

故大制不割

大制者以天下之心為心故無割也

二十九章 案河上公注本此為無為章

將欲取天下而為之吾見其不得已天下神器 案永樂

下有也字

神無形無方也器合成也無形以合故謂之神器也

不可為也為者敗之執者失之

萬物以自然為性故可因而不可為也可通而不可執也物有常性而造為之故必敗也物有往來而執之故必失矣

故物或行或隨或歔或吹案歔河上公注本作呴或强或羸或挫或隳案挫河上公注本作載是以聖人去甚去奢去泰

凡此諸或言物事逆順反覆不施為執割也聖人達自然之至暢萬物之情故因而不為順而不施除其所以迷去其所以惑故心不亂而物性自得之也

三十章 案河上公注本此為儉武章

以道佐人主者不以兵強天下

以道佐人主尚不可以兵強於天下況人主躬於道者乎

其事好還

為始者務欲立功生事而有道者務欲還反無為故云其事好還也

師之所處荆棘生焉大軍之後必有凶年

言師凶害之物也無有所濟必有所傷賊害人民殘荒田畝故曰荆棘生焉（案永樂大典焉作也）

善有果而已（案有永樂大典作者而已下有矣字）不敢以取强

果猶濟也言善用師者趣以濟難而已矣不以兵力取强於天下也（案也永樂大典作矣）

果而勿矜果而勿伐果而勿驕

吾不以師道爲尚不得已而用何矜驕之有也

果而不得已果而勿強

言用兵雖趣功果濟難然時故不得已當復用者但當以除暴亂不遂用果以爲強也

物壯則老是謂不道不道早已案不一本作非

壯武力暴興喻以兵強於天下者也飄風不終朝驟雨不終日故暴興必不道早已也

三十一章（案河上公注本此爲偃武章）

夫佳兵者（案一本無者字）不祥之器（案永樂大典無之器二字）物或惡之故有道者不處（案永樂大典處下有也字）君子居則貴左用兵則貴右兵者不祥之器（案自此句至言以喪禮處之似有注語雜入但河上公注本及各本俱作經文今仍之）非君子之器不得已而用之恬淡爲上（案恬淡河上公注本作恬惔一本作恬澹又作恬然）勝而不美而美之者（案永樂大典無而字）是樂殺人（案永樂大典人下有也字）夫樂殺人者（案永樂大典無夫字）則不可以得志於天下矣（案永樂大典無則字）吉事尚左凶事尚右偏將軍居左

案永樂大典居作處下句同上將軍居右言以喪禮處之案永樂大典無此句殺人之衆以哀悲泣之案哀悲河上公注本及各本俱作悲哀戰勝以喪禮處之

三十二章案河上公注本此為聖德章

道常無名樸雖小天下莫能臣也案河上公注本作天下莫敢臣前侯王若能守之案侯王釋文云梁武作王侯萬物將自賓

道無形不繫常不可名以無名為常故曰道常無名也樸之為物以無為心也亦無名一本或作樸之為物無心故無名

故將得道莫若守樸夫智者可以能臣也勇者可以武使也巧者可以事役也力者可以重任也樸之為物憒然不偏近於無有故曰莫能臣也抱樸無為不以物累其真不以欲害其神則物自賓而道自得也

天地相合以降甘露民莫之令而自均案民永樂大典作人

言天地相合則甘露不求而自降我守其真性無為則民不令而自均也

始制有名名亦既有夫亦將知止知止可以不殆案可河上

公注本及各本俱作所

始制謂樸散始為官長之時也始制官長不可不立名分以定尊卑故始制有名也過此以往將爭錐刀之末故曰名亦既有夫亦將知止也遂任名以號物則失治之母也故知止所以不殆也

譬道之在天下猶川谷之於江海

川谷之求江與海非江海召之不召不求而自歸者世行道於天下者不令而自均不求而自得故曰猶

川谷之與江海也

三十三章 案河上公注本此為辨德章

知人者智自知者明

知人者智而已矣未若自知者 案永樂大典無未若二字 超智之上也

勝人者有力自勝者强

勝人者有力而已矣未若自勝者無物以損其力用其智於人未若用其智於己也用其力於人未若用

其力於己也明用於己則物無避焉力用於己則物無改焉案永樂大典無力用於己則物無改焉九字

知足者富

知足自不失故富也

强行者有志

勤能行之其志必獲故曰强行者有志矣

不失其所者久

以明自察量力而行不失其所必獲久長矣

死而不亡者壽

雖死而以為生之道不亡乃得全其壽身沒而道猶存況身存而道不卒乎

三十四章 案河上公注本此為任成章

大道氾兮其可左右

言道氾濫無所不適可左右上下周旋而用則無所不至也

萬物恃之而生而不辭功成不名有 案永樂大典而生作以生不名有作

而不居

衣養萬物而不為主案衣養河上公注本作愛養永樂大典作衣被常無欲可名於小案永樂大典無常字小下有矣字

萬物皆由道而生既生而不知其所由案所由永樂大典作由所誤故天下常無欲之時萬物各得其所案原本脫其字今據永樂大典校補若道無施於物故名於小矣

萬物歸焉而不為主案為永樂大典作知可名為大案永樂大典為作於天下有矣字又有是以聖人能成其大也九字

萬物皆歸之以生而力使不知其所由此不為小故

復可名於大矣

以其終不爲大案河上公注本作是以聖人終不爲大永樂大典作以其不自大故

能成其大

爲大於其細圖難於其易

三十五章案河上公注本此爲仁德章

執大象天下往

大象天象之母也不寒不温不涼故能包統萬物無所犯傷主若執之則天下往也

往而不害安平太案平太河上公注本作太平永樂大典作平泰

無形無識不偏不彰故萬物得往而不害妨也

樂與餌過客止道之出口淡乎其無味視之不足見聽之不足聞用之不足既案足河上公注本及各本俱作可

言道之深大人聞道之言乃更不如案如原本訛知今據永樂大典校改樂與餌應時感悅人心也樂與餌則能令過客止而道之出言淡然無味視之不足見則不足以悅其目聽之不足聞則不足以娛其耳若無所中然乃用

之不可窮極也

三十六章 案河上公注本此為微明章

將欲歙之必固張之將欲弱之必固強之將欲廢之必固興之將欲奪之必固與之是謂微明

將欲除強梁去暴亂當以此四者因物之性令其自戮不假刑為大以除將物也故曰微明也足其張令之足而又求其張則衆所歙也與其張之不足而改其求張者愈益而已反危

柔弱勝剛強案永樂大典作柔勝剛弱勝強魚不可脫於淵國之利器不可以示人

利器利國之器也唯因物之性不假刑以理物器不可覩而物各得其所案所永樂大典作性則國之利器也示人者任刑也刑以利國則失矣魚脫於淵則必見失矣利國器而立刑以示人亦必失也

三十七章案河上公注本此為為政章

道常無為

順自然也

而無不為

萬物無不由為以治以成之也

侯王若能守之案永樂大典無之字萬物將自化化而欲作吾將

鎮之以無名之樸

化而欲作作欲成也吾將鎮之無名之樸不為主也

無名之樸夫亦將無欲案河上公注本及各本俱無夫字無欲作不欲

無欲競也

不欲以静天下将自定

老子道德經上篇

欽定四庫全書

老子道德經下篇

魏 王弼 注

三十八章

案河上公注本此為論德章永樂大典此章以下缺注張之象所錄王注脫誤甚多今無別本可校姑仍舊文

上德不德是以有德下德不失德是以無德上德無為而無以為下德為之而有以為上仁為之而無以為上義為之而有以為上禮為之而莫之應則攘臂而扔之

案扔各本俱作仍故失道而後德失德而後仁失仁而後義失義而後禮夫禮者忠信之薄而亂之首前識者道之華而愚之始是以大丈夫處其厚不居其薄處其實不居其華案焦竑云古本四句並作處故去彼取此

德者得也常得而無喪利而無害故以德為名焉何以得德由乎道也何以盡德以無為用以無為用則莫不載也故物無焉則無物不經有焉則不足以免其生是以天地雖廣以無為心聖王雖大以虛為主

故曰以復而視則天地之心見至日而思之則先王之至覩也故滅其私而無其身則四海莫不贍逺近莫不至殊其已而有其心則一體不能自全肌骨不能相容是以上德之人唯道其用不德其德無執無用故能有德而無不為不求而得不為而成故雖有德而無德名也下德求而得之為而成之則立善以治物故德名有焉求而得之必有失焉為而成之必有敗焉善名生則有不善應焉故下德為之而有以

為也無以為者無所偏為也凡不能無為而為之者皆下德也仁義禮節是也將明德之上下輒舉下德以對上德至於無以為極下德下之量上仁是也足及於無以為而猶為之焉為之而無以為故有為為之患矣本在無為母在無名棄本捨母而適其子功雖大焉必有不濟名雖美焉僞亦必生不能不為而成不興而治則乃為之故有弘普博施仁愛之者而愛之無所偏私故上仁為之而無以為也愛不能兼

則有抑抗正真而義理之者忿枉祐直助彼攻此物事而有以心為矣故上義為之而有以為也直不能篤則有游飾修文禮敬之者尚好修敬校責往來則不對之間忿怒生焉故上禮為之而莫之應則攘臂而扔之夫人之極也其唯道乎自此已往豈足尊哉故雖盛業大富而有萬物猶各得其德雖貴以無為用不能捨無以為體也不能捨無以為體則失其為大矣所謂失道而後德也以無為用德其母故能已

不勞焉而物無不理下此已往則失用之母不能無為而貴博施不能博施而貴正直不能正直而貴飾敬所謂失德而後仁失仁而後義失義而後禮也夫禮也所始首於忠信不篤通簡不陽責備於表機微爭制夫仁義發於内為之猶偽況務外飾而可久乎故夫禮者忠信之薄而亂之首也前識者前人而識也即下德之倫也竭其聰明以為前識役其智力以營庶事雖德其情姦巧彌密雖豐其譽愈喪篤實勞

而事昏務而治薉雖竭聖智而民愈害舍己任物則無為而泰守夫素樸則不順典制聽彼所獲棄此所守識道之華而愚之首故苟得其為功之母則萬物作焉而不辭也萬事存焉而不勞也用不以形御不以名故名仁義可顯禮敬可彰也夫載之以大道鎮之以無名則物無所尚志無所營各任其貞事用其誠則仁德厚焉行義正焉禮敬清焉棄其所載舍其所生用其成形役其聰明仁則誠焉義其競焉禮其

爭焉故仁德之厚非用仁之所能也行義之正非用義之所成也禮敬之清非用禮之所濟也載之以道統之以母故顯之而無所尚彰之而無所競用夫無名故名以篤焉用夫無形故形以成焉守母以存其子崇本以舉其末則形名俱有而邪不生大美配天而華不作故母不可遠本不可失仁義母之所生非可以為母形器匠之所成非可以為匠也捨其母而用其子棄其本而適其末名則有所分形則有所止

雖極其大必有不周雖盛其美必有憂患功在為之豈足處也

三十九章 案河上公注本此為法本章

昔之得一者

昔始也一數之始而物之極也各是一物之生所以為主也物皆各得此一以成既成而舍以居成居成則失其母故皆裂發歇竭滅蹶也

天得一以清地得一以寧神得一以靈谷得一以盈萬

物得一以生侯王得一以為天下貞其致之案河上公注本有者也二字焦竑云開元本無

各以其一致此清寧靈盈生貞

天無以清將恐裂

用一以致清耳非用清以清也守一則事不失用清則恐裂也故為功之母不可舍也是以皆無用其功恐喪其本也

地無以寧將恐發神無以靈將恐歇谷無以盈將恐竭

萬物無以生將恐滅侯王無以貴高案各本以下有貞字將恐蹶故貴以賤為本高以下為基是以侯王自謂孤寡不穀此非以賤為本耶非乎故致數輿無輿案兩輿字河上公注本作車釋文作輿原本誤作譽今據釋文校改不欲琭琭如玉珞珞如石案珞珞河上公注本作落落

清不能為清盈不能為盈皆有其母以存其形故清不足貴盈不足多貴在其母而母無貴形貴乃以賤為本高乃以下為基故致數輿乃無輿也玉石琭琭

珞珞體盡於形故不欲也

四十章 案河上公注本此為去用章

反者道之動

高以下為基貴以賤為本有以無為用此其反也動皆知其所無則物通矣故曰反者道之動也

弱者道之用

柔弱同通不可窮極

天下萬物生於有有生於無

天下之物皆以有為生有之所始以無為本將欲全有必反於無也

四十一章 案河上公注本此為同異章

上士聞道勤而行之

有志也

中士聞道若存若亡下士聞道大笑之不笑不足以為道故建言有之 案之下一本有曰字

建猶立也

明道若昧

光而不耀

進道若退

後其身而身先外其身而身存

夷道若纇 案纇河上公注本作類

纇坳也大夷之道因物之性不執平以割物其平不見乃更反若纇坳也

上德若谷

不德其德無所懷也

大白若辱案辱焦竑云古作黷

知其白守其黑大白然後乃得

廣德若不足

廣德不盈廓然無形不可滿也

建德若偷

偷匹也建德者因物自然不立不施故若偷匹

質真若渝案渝一作媮

質真者不矜其真故渝

大方無隅

方而不割故無隅也

大器晚成

大器成天下不持全別故必晚成也

大音希聲

聽之不聞名曰希不可得聞之音也有聲則有分有分則不宮而商矣分則不能統衆故有聲者非大音

也

大象無形

有形則有分有分者不温則炎不炎則寒故象而形者非大象

道隱無名夫唯道善貸且成

凡此諸善皆是道之所成也在象則為大象而大象無形在音則為大音而大音希聲物以之成而不見其成形故隱而無名也貸之非唯供其乏而已一貸

之則足以永終其德故曰善貸也成之不如機匠之裁無物而不濟其形故曰善成

四十二章 案河上公注本此為道化章

道生一一生二二生三三生萬物萬物負陰而抱陽沖氣以為和人之所惡唯孤寡不轂而王公以為稱故物或損之而益或益之而損

萬物萬形其歸一也何由致一由於無也由無乃一一可謂無已謂之一豈得無言乎有言有一非二如

何有一有二遂生乎三從無之有數盡乎斯過此以往非道之流故萬物之生吾知其主雖有萬形沖氣一焉百姓有心異國殊風而得一者王侯主焉以一為主一何可舍愈多愈遠損則近之損之至盡乃得其極既謂之一猶乃至三況本不一而道可近乎損之而益豈虛言也

人之所教我亦教之案二句焦竑云一作人之所以教我亦我之所以教人一作人之所教亦我義教之

我之非强使人從之也而用夫自然舉其至理順之必吉違之必凶故人相教違之自取其凶也亦如我之教人勿違之也

强梁者不得其死吾將以為教父

强梁則必不得其死人相教為强梁則必如我之教人不當為强梁也舉其强梁不得其死以教耶若云順吾教之必吉也故得其違教之徒適可以為教父也

四十三章 案河上公注本此爲徧用章

天下之至柔馳騁天下之至堅

氣無所不入水無所不出於經

無有入無間 案淮南子作出於無有入於無間 吾是以知無爲之有益

虛無無柔弱無所不通無有不可窮至柔不可折以此

推之故知無爲之有益也

不言之教無爲之益天下希及之

四十四章 案河上公注本此爲立戒章

名與身孰親

尚名好高其身必疏

身與貨孰多

貪貨無厭其身必少

得與亡孰病

得多利而亡其身何者為病也

是故甚愛必大費多藏必厚亡

甚愛不與物通多藏不與物散求之者多攻之者衆

為物所病故大費厚亡也

知足不辱知止不殆可以長久

四十五章 案河上公注本此為洪德章

大成若缺其用不弊

隨物而成不為一象故若缺也

大盈若沖其用不窮

大盈充足隨物而與無所愛矜故若沖也

大直若屈

隨物而直直不在一故若屈也

大巧若拙

大巧因自然以成器不造為異端故若拙也

大辯若訥

大辯因物而言已無所造故若訥也

躁勝寒靜勝熱清靜為天下正

躁罷然後勝寒靜無為以勝熱以此推之則清靜為天下正也靜則全物之真躁則犯物之性故惟清靜

乃得如上諸大也

四十六章（案河上公注本此為儉欲章）

天下有道卻走馬以糞

天下有道知足知止無求於外各修其內而已故卻走馬以治田糞也

天下無道戎馬生於郊

貪欲無厭不修其內各求於外故戎馬生於郊也

禍莫大於不知足（案河上公注本此句上有罪莫大於可欲一句）咎莫大於欲

得案大韓非子作憯故知足之足常足矣

四十七章案河上公注本此為鑒遠章

不出戶知天下不闚牖見天道案韓非子出闚下有於字戶牖下有可以字事有宗而物有主途雖殊而同歸也慮雖百而其致一也道有大常理有大致執古之道可以御今雖處於今可以知古故不出戶闚牖而可知也

其出彌遠案韓非子遠下有者字其知彌少無在於一而求之於衆也道視之不可見聽之不可

聞摶之不可得如其知之不須出戶若其不知出愈遠愈迷也

是以聖人不行而知案知一作至不見而名

得物之致故雖不行而慮可知也識物之宗故雖不見而是非之理可得而名也

不為而成

明物之性因之而已故雖不為而使之成矣

四十八章案河上公注本此為忘知章

為學日益

務欲進其所能益其所習

為道日損

務欲反虛無也

損之又損以至於無為無為而無不為

有為則有所失故無為乃無所不為也

取天下常以無事

動常因也

及其有事

自已造也

不足以取天下

失統本也

四十九章 案河上公注本此為任德章

聖人無常心以百姓心為心

動常因也

善者吾善之不善者吾亦善之

各因其用則善不失也

德善案善下一本有矣字

無棄人也

信者吾信之不信者吾亦信之德信案信下一本有矣字聖人在

天下案人下各本有之字歙歙為天下渾其心案歙歙河上公注本作怵怵釋文云一作慄慄

各用聰明

聖人皆孩之案孩釋文云王弼作咳據注義仍宜作孩

皆使和而無欲如嬰兒也夫天地設位聖人成能人謀鬼謀百姓與能者能者與之資者取之能大則大資貴則貴物有其宗事有其主如此則可冕旒充目而不懼於欺黈纊塞耳而無戚於慢又何為勞一身之聰明以察百姓之情哉夫以明察物物亦競以其明應之以不信察物物亦競以其不信應之夫天下之心不必同其所應不敢異則莫肯用其情矣甚矣害之大也莫大於用其明矣夫在智則人與之訟在

力則人與之爭智不出於人而立乎訟地則窮矣力不出於人而立乎爭地則危矣未有能使人無用其智力乎已者也如此則已以一敵人而人以千萬敵己也若乃多其法綱煩其刑罰塞其徑路攻其幽宅則萬物失其自然百姓喪其手足鳥亂於上魚亂於下是以聖人之於天下歙歙焉心無所主也為天下渾心焉意無所適莫也無所察焉百姓何避無所求焉百姓何應無避無應則莫不用其情矣人無為舍

其所能而為其所不能舍其所長而為其所短如此則言者言其所知行者行其所能百姓各皆注其耳目焉吾皆孩之而已

五十章 案河上公注本此為貴生章

出生入死

出生地入死地

生之徒十有三死之徒十有三人之生動之死地亦十有三 案韓非子作生而動動皆之死地 夫何故以其生生之厚蓋聞善

攝生者陸行不遇兕虎入軍不被甲兵兕無所投其角虎無所措其爪兵無所容其刃夫何故以其無死地

十有三猶云十分有三分取其生道全生之極十分有三耳取死之道全死之極亦十分有三耳而民生生之厚更之無生之地焉善攝生者無以生為生故無死地也器之害者莫甚乎戈兵獸之害者莫甚乎兕虎而令兵戈無所容其鋒刃虎兕無所措其爪角斯誠不以欲累其身者也何死地之有乎夫蚖蟺以

淵為淺而鑿穴其中鷹鸇以山為卑而增巢其上矰繳不能及綱罟不能到可謂處於無死地矣然而卒以甘餌乃入於無生之地豈非生生之厚乎故物茍不以求離其本不以欲渝其眞雖入軍而不害陸行而不可犯也赤子之可則而貴信矣

五十一章

案河上公注本此為養德章

道生之德畜之物形之勢成之

物生而後畜畜而後形形而後成何由而生道也何

得而畜德也何由而形物也何使而成勢也唯因也故能無物而不形唯勢也故能無物而不成凡物之所以生功之所以成皆有所由有所由焉則莫不由乎道也故推而極之亦至道也隨其所因故各有稱焉

是以萬物莫不尊道而貴德

道者物之所由也德者物之所得也由之乃得故曰不得不失尊之則害不得不貴也

道之尊德之貴夫莫之命而常自然

命並作爵 案此句疑係命字下原校注語誤作弼注

故道生之德畜之長之育之亭之毒之養之覆之

謂成其實各得其庇蔭不傷其體矣

生而不有為而不恃

為而不有

長而不宰是謂玄德

有德而不知其主也出乎幽冥

五十二章 衆河上公注本 此為歸元章

天下有始以為天下母既得其母以知其子既知其子

復守其母沒身不殆

母本也子末也得本以知末不舍本以逐末也

塞其兑閉其門

兑事欲之所由生門事欲之所由從也

終身不勤

無事永逸故終身不勤也

開其兌濟其事終身不救

不開其原而濟其事故雖終身不救

見小曰明守柔曰强

為治之功不在大見大不明見小乃明守强不强守

柔乃强也

用其光

顯道以去民迷

復歸其明

不明察也

無遺身殃是為習常案習各本作襲

道之常也

五十三章案河上公注本此為益證章

使我介然有知行於大道唯施是畏

言若使我可介然有知行大道於天下唯施為之是畏也

大道甚夷而民好徑

言大道蕩然正平而民猶尚舍之而不由好從邪徑況復施為以塞大道之中乎故曰大道甚夷而民好徑

朝甚除

朝宮室也除潔好也

田甚蕪倉甚虛

朝甚除則田甚蕪倉甚虛設一而衆害生也

服文綵帶利劍厭飲食財貨有餘是謂盜夸竽作韓非

非道也哉

凡物不以其道得之則皆邪也邪則盜也夸而不以其道得之竊位也故舉非道以明非道則皆盜夸也

五十四章案河上公注本此為修觀章

善建者不拔

固其根而後營其末故不拔也

善抱者不脫

不貪於多齊其所能故不脫也

子孫以祭祀不輟案以下韓非子有其世世三字

子孫傳此道以祭祀則不輟也

修之於身其德乃眞修之於家其德乃餘

以身及人也修之身則眞修之家則有餘修之不廢

所施轉大

修之於鄉其德乃長修之於國案國韓非子作邦其德乃豐修之於天下其德乃普故以身觀身以家觀家以鄉觀鄉以國觀國

彼皆然也

以天下觀天下

以天下百姓心觀天下之道也天下之道逆順吉凶

亦皆如人之道也

吾何以知天下然哉以此案下下各本有之字

此上之所云也言吾何以得知天下乎察己以知之

不求於外也所謂不出戶以知天下者也

五十五章案河上公注本此為玄符章

含德之厚比於赤子蜂蠆虺蛇不螫猛獸不據攫鳥不搏

赤子無求無欲不犯衆物故毒蟲之物無犯之人也

含德之厚者不犯於物故無物以損其全也

骨弱筋柔而握固

以柔弱之故故握能周固

未知牝牡之合而全作案全河上公注本作朘

作長也無物以損其身故能全長也言含德之厚者

無物可以損其德渝其眞柔弱不爭而不摧折皆若此也

精之至也終日號而不嗄（案河上公注本而下有嗌字）

無爭欲之心故終日出聲而不嗄也

和之至也知和曰常

物以和為常故知和則得常也

知常曰明

不皦不昧不温不涼此常也無形不可得而見曰明

也

益生曰祥

生不可益益之則夭也

心使氣曰强

心宜無有使氣則强

物壯則老謂之不道不道早已

五十六章此為玄德章　案河上公注本

知者不言

因自然也

言者不知

造事端也

塞其兌閉其門挫其銳

含守質也

解其分案分各本作紛

除爭原也

和其光

無所特顯則物無所偏爭也

同其塵

無所特賤則物無所偏恥也

是謂玄同故不可得而親案親下各本有亦字下二句同不可得而踈

可得而親則可得而踈也

不可得而利不可得而害

可得而利則可得而害也

不可得而貴不可得而賤

可得而貴則可得而賤也

故為天下貴

無物可以加之也

五十七章 案河上公注本此為淳風章

以正治國以奇用兵以無事取天下

以道治國則國平以正治國則奇正起也以無事則能取天下也上章云其取天下者常以無事及其有事又不足以取天下也故以正治國則不足以取天

下而以奇用兵也夫以道治國崇本以息末以正治國立辟以攻末本不立而末淺民無所及故必至於奇用兵也

吾何以知其然哉以此天下多忌諱而民彌貧民多利器國家滋昏

利器凡所以利己之器也民強則國家弱

人多伎巧奇物滋起

民多智慧則巧偽生巧偽生則邪事起

法令滋彰盜賊多有

立正欲以息邪而奇兵用多忌諱欲以恥貧而民彌貧利器欲以强國者也而國愈昏多皆舍本以治末故以致此也

故聖人云我無為而民自化我好靜而民自正我無事而民自富我無欲而民自樸案一本有我無情而民自清句

上之所欲民從之速也我之所欲唯無欲而民亦無欲而自樸也此四者崇本以息末也

五十八章 案河上公注本此為順化章

其政悶悶其民淳淳

言善治政者無形無名無事無政可舉悶悶然卒至於大治故曰其政悶悶也其民無所爭競寬大淳淳故曰其民淳淳也

其政察察其民缺缺

立刑名明賞罰以檢姦僞故曰察察也殊類分析民懷爭競故曰其民缺缺

禍兮福之所倚福兮禍之所伏孰知其極其無正案正下一本有邪字

言誰知善治之極乎唯無可正舉無可形名悶悶然而天下大化是其極也

正復為奇

以正治國則便復以奇用兵矣故曰正復為奇

善復為妖

立善以和萬物則便復有妖之患也

人之迷其日固久案韓非子作其故以久矣

言人之迷惑失道固久矣不可便正善治以責

是以聖人方而不割

以方導物舍去其邪不以方割物所謂大方無隅

廉而不劌案劌河上公注本作害

廉清廉也劌傷也以清廉治民令去其邪令去其汙

不以清廉劌傷於物也

直而不肆

以直導物令去其僻而不以直激沸於物也所謂大直若屈也

光而不燿

以光鑑其所以迷不以光照求其隱慝也所謂明道若昧也此皆崇本以息末不攻而使復之也

五十九章 案河上公注本此為守道章

治人事天莫若嗇

莫若猶莫過也嗇農夫農夫之治田務去其殊類歸

於齊一也全其自然不急其荒病除其所以荒病上

承天命下綏百姓莫過於此

夫唯嗇是謂早服

早服常也

早服謂之重積德

唯重積德不欲鋭速然後乃能使早服其常故曰早

服謂之重積德者也

重積德則無不克無不克則莫知其極

道無窮也

莫知其極可以有國

以有窮而莅國非能有國也

有國之母可以長久

國之所以安謂之母重積德是唯圖其根然後營末

乃得其終也

是謂深根固柢案韓非子深固下俱有其字長生久視之道

六十章案河上公注本此為居位章

治大國者若烹小鮮

不擾也躁則多害靜則全眞故其國彌大而其主彌靜然後乃能廣得衆心矣

以道莅天下其鬼不神

治大國則若烹小鮮以道莅天下則其鬼不神也

非其鬼不神其神不傷人

神不害自然也物守自然則神無所加神無所加則不知神之為神也

非其神不傷人聖人亦不傷人

道治則神不傷人神不傷人則不知神之為神道治則聖人亦不傷人聖人不傷人則不知聖人之為聖也猶云不知神之為神亦不知聖人之為聖也夫恃威網以使物者治之衰也使不知神聖之為神聖道之極也

夫兩不相傷故德交歸焉

神不傷人聖人亦不傷人聖人不傷人神亦不傷人

故曰兩不相傷也神聖合道交歸之也

六十一章 案河上公注本此為謙德章

大國者下流

江海居大而處下則百川流之大國居大而處下則天下流之故曰大國下流也

天下之交

天下所歸會也

天下之牝

靜而不求物自歸之也

牝常以靜勝牡以靜為下

以其靜故能為下也牝雌也雄躁動貪欲雌常以靜

故能勝雄也以其靜復能為下故物歸之也

故大國以下小國

大國以下猶云以大國下小國

則取小國

小國則附之

小國以下大國則取大國

大國納之也

故或下以取或下而取

言唯修卑下然後乃各得其所

大國不過欲兼畜人小國不過欲入事人夫兩者各得其所欲大者宜為下

小國修下自全而已不能天下歸之大國修下則天下歸之故曰各得其所欲則大者宜為下也

六十二章 [素]河上公注本
此為為道章

道者萬物之奥

奥猶暧也可得庇蔭之辭

善人之寳

寳以為用也

不善人之所保

保以全也

美言可以市尊行可以加人

言道無所不先物無有貴於此也雖有珍寶璧馬無以匹之美言之則可以奪衆貨之賈故曰美言可以市也尊行之則千里之外應之故曰可以加於人也

人之不善何棄之有

不善當保道以免放

故立天子置三公

言以尊行道也

雖有拱璧以先駟馬不如坐進此道

此道上之所云也言故立天子置三公尊其位重其人所以為道也物無有貴於此者故雖有拱抱寶璧以先駟馬而進之不如坐而進此道也

古之所以貴此道者何不曰以求得有罪以免耶故為天下貴

以求則得求以免則得免無所而不施故為天下貴也

六十三章 案河上公注本此為恩始章

為無為事無事味無味

以無為為居以不言為教以恬淡為味治之極也

大小多少報怨以德

小怨則不足以報大怨則天下之所欲誅順天下之所同者德也

圖難於其易為大於其細天下難事必作於易天下大事必作於細是以聖人終不為大故能成其大夫輕諾必寡信多易必多難是以聖人猶難之

以聖人之才猶尚難於細易況非聖人之才而欲忽於此乎故曰猶難之也

故終無難矣

六十四章 桉河上公注本此為守微章

其安易持其未兆易謀

以其安不忘危持之不忘亡謀之無功之勢故曰易也

其脆易泮 桉脆釋文云一作膬 其微易散

雖失無入有以其微脆之故未足以興大功故易也

此四者皆說慎終也不可以無之故而不持不可以

微之故而弗散也無而弗持則生有焉微而不散則

生大焉故慮終之患如始之禍則無敗事

爲之於未有

謂其安未兆也

治之於未亂

謂微脆也

合抱之木生於毫末九層之臺起於累土千里之行始於足下為者敗之執者失之

當以慎終除微慎微除亂而以施為治之形名執之反生事原巧辟滋作故敗失也

是以聖人無為故無敗無執故無失民之從事常於幾成而敗之

不慎終也

慎終如始則無敗事是以聖人欲不欲不貴難得之貨

好欲雖微爭尚為之興難得之貨雖細貪盜為之起也

學不學復衆人之所過

不學而能者自然也喻於不學者過也故學不學以復衆人之過

以輔萬物之自然而不敢為

六十五章 案河上公注本此為淳德章

古之善為道者非以明民將以愚之

明謂多見巧詐蔽其樸也愚謂無知守真順自然也

民之難治以其智多

多智巧詐故難治也

故以智治國國之賊

智猶治也以智而治國所以謂之賊者故謂之智也民之難治以其多智也當務塞兑閉門令無知無欲而以智術動民邪心既動復以巧術防民之偽民知其術防隨而避之思惟密巧奸偽益滋故曰以智治

國之賊也

不以智治國國之福知此兩者亦稽式案河上公注本稽作楷下同

常知稽式是謂玄德玄德深矣遠矣

稽同也今古之所同則不可廢能知稽式是謂玄德

玄德深矣遠矣

與物反矣

反其真也

然後乃至大順

六十六章 案河上公注本此為後己章

江海所以能為百谷王者以其善下之故能為百谷王是以欲上民必以言下之欲先民必以身後之是以聖人處上而民不重處前而民不害是以天下樂推而不厭以其不爭故天下莫能與之爭

六十七章 案河上公注本此為三寶章

天下皆謂我道大似不肖夫唯大故似不肖若肖久矣其細也夫

久矣其細猶曰其細久矣肖則失其所以為大矣故

曰若肖久矣其細也夫

我有三寳持而保之一曰慈二曰儉三曰不敢為天下

先慈故能勇

夫慈以陳則勝以守則固故能勇也

儉故能廣

節儉愛費天下不匱故能廣也

不敢為天下先故能成器長案器韓非子作事

唯後外其身為物所歸然後乃能立成器為天下利

為物之長也

今舍慈且勇

且猶取也

舍儉且廣舍後且先死矣夫慈以戰則勝

相慜而不避於難故勝也

以守則固天將救之以慈衛之

六十八章 案河上公注本此為配天章

善為士者不武

士卒之帥也武尚先陵人也

善戰者不怒

後而不先應而不唱故不在怒

善勝敵者不與

不與爭也

善用人者為之下是謂不爭之德是謂用人之力

用人而不為之下則力不為用也

是謂配天古之極

六十九章 案河上公注本此為玄用章

用兵有言吾不敢為主而為客不敢進寸而退尺是謂

行無行

彼遂不止

攘無臂扔無敵

行謂行陳也言以謙退哀慈不敢為物先用戰猶行

無行攘無臂執無兵扔無敵也言無有與之抗也

執無兵禍莫大於輕敵輕敵幾喪吾寶

言吾哀慈謙退非欲以取强無敵於天下也不得已

而卒至於無敵斯乃吾之所以為大禍也寶三寶也

故曰幾亡吾寶

故抗兵相加哀者勝矣

抗舉也加當也哀者必相惜而不趣利避害故必勝

七十章 案河上公注本此為知難章

吾言甚易知甚易行天下莫能知莫能行

可不出戶窺牖而知故曰甚易知也無為而成故曰甚易行也惑於躁欲故曰莫之能知也迷於榮利故曰莫之能行也

言有宗事有君

宗萬物之宗也君萬物之主也

夫唯無知是以不我知

以其言有宗事有君之故故有知之人不得不知之也

知我者希則我者貴

唯深故知之者希也知我益希我亦無匹故曰知我者希則我者貴也

是以聖人被褐懷玉

被褐者同其塵懷玉者寶其真也聖人之所以難知以其同塵而不殊懷玉而不渝故難知而為貴也

七十一章　案河上公注本此為知病章

知不知上不知知病

不知知之不足任則病也

夫唯病病是以不病聖人不病以其病病是以不病案韓非子作聖人之不病也以其病病是以無病也

七十二章案河上公注本此為愛己章

民不畏威則大威至無狎其所居無厭其所生

清淨無為謂之居謙後不盈謂之生離其清淨行其躁欲棄其謙後任其威權則物擾而民僻威不能復制民民不能堪其威則上下大潰矣天誅將至故曰

民不畏威則大威至無狎其所居無厭其所生言威力不可任也

夫唯不厭

不自厭也

是以不厭

不自厭是以天下莫之厭

是以聖人自知不自見

不自見其所知以耀光行威也

自愛不自貴

自貴則物狎厭居生

故去彼取此

七十三章案河上公注本此為任為章

勇於敢則殺

必不得其死也

勇於不敢則活

必齊命也

此兩者或利或害

俱勇而所施者異利害不同故曰或利或害也

天之所惡孰知其故是以聖人猶難之

孰誰也言誰能知天下之所惡意故耶其唯聖人夫聖人之明猶難於勇敢況無聖人之明而欲行之也

故曰猶難之也

天之道不爭而善勝

天唯不爭故天下莫能與之爭

不言而善應

順則吉逆則凶不言而善應也

不召而自來

處下則物自歸

繟然而善謀

垂象而見吉凶先事而設誡安而不忘危未召而謀之故曰繟然而善謀也

天網恢恢疏而不失

七十四章 案河上公注本此為制惑章

民不畏死奈何以死懼之若使民常畏死而為奇者吾得執而殺之孰敢

詭異亂羣謂之奇也

常有司殺者殺夫代司殺者殺是謂代大匠斲 案河上公注本作夫代司殺者是謂代大匠斲 夫代大匠斲者希有不傷其手矣

為逆順者之所惡忿也不仁者人之所疾也故曰常有司殺也

七十五章 叅河上公注本 此爲貪損章

民之饑以其上食税之多是以饑民之難治以其上之有爲是以難治民之輕死以其求生之厚是以輕死夫唯無以生爲者是賢於貴生

言民之所以僻治之所以亂皆由上不由其下也民從上也

七十六章 叅河上公注本 此爲戒强章

人之生也柔弱其死也堅强萬物草木之生也柔脆其

死也枯槁故堅强者死之徒柔弱者生之徒是以兵强則不勝

强兵以暴於天下者物之所惡也故必不得勝

木强則兵

物所加也

强大處下

木之本也

柔弱處上

枝條是也

七十七章 案河上公注本此為天道章

天之道其猶張弓與高者抑之下者舉之有餘者損之不足者補之天之道損有餘而補不足人之道則不然

與天地合德乃能包之如天之道如人之量則各有其身不得相均如惟無身無私乎自然然後乃能與天地合德

損不足以奉有餘孰能有餘以奉天下唯有道者是以

聖人為而不恃功成而不處其不欲見賢

言唯能處盈而全虛損有以補無和光同塵蕩而均者唯其道也是以聖人不欲示其賢以均天下

七十八章（案河上公注本此為任信章）

天下莫柔弱於水（案河上公注本作天下柔弱莫過於水）而攻堅強者莫之能勝其無以易之

以用也其謂水也言用水之柔弱無物可以易之也

弱之勝強柔之勝剛天下莫不知莫能行是以聖人云

受國之垢是謂社稷主受國不祥是為天下王正言若反

七十九章 案河上公注本此為任契章

和大怨必有餘怨

不明理其契以致大怨已至而德和之其傷不復故有餘怨也

安可以為善是以聖人執左契

左契防怨之所由生也

而不責於人有德司契

有德之人念思其契不念怨生而後責於人也

無德司徹

徹司人之過也

天道無親常與善人

八十章 案河上公注本此為獨立章

小國寡民

國既小民又寡尚可使反古況國大民衆乎故舉小

國而言也

使有什伯之器而不用案什伯下河上公注本及各本俱有人字

言使民雖有什伯之器而無所用何患不足也

使民重死而不遠徙

使民不用惟身是寶不貪貨賂故各安其居重死而不遠徙也

雖有舟輿無所乘之雖有甲兵無所陳之使人復結繩而用之甘其食美其服安其居樂其俗鄰國相望雞犬

之聲相聞民至老死不相往來
無所欲求
八十一章
此為顯質章（案河上公注本）
信言不美
實在質也
美言不信
本在樸也
善者不辯辯者不善知者不博

極在一也

博者不知聖人不積

無私自有唯善是與任物而已

既以為人己愈有

物所尊也

既以與人己愈多

物所歸也

天之道利而不害

動常生成之也

聖人之道為而不爭

順天之利不相傷也

王弼老子道德經二卷直得老子之學歟葢嚴君平指歸之流也其言仁義與禮不能自用必待道以用之天地萬物各得於一豈特有功於老子哉凡百學者葢不可不知乎此也予於是知弼本深於老子而易則未矣其於易多假諸老子之旨而

老子無資於易者其有餘不足之迹斷可見也嗚呼學其難哉弼知佳兵者不祥之器至於戰勝以喪禮處之非老子之言乃不知常善救人故無棄人常善救物故無棄物獨得諸河上公而古本無有也賴傅奕能辯之爾然弼題是書曰道德經不析乎道德而上下之猶近於古歟其文字則多誤謬殆有不可讀者令人惜之嘗謂弼之於老子張湛之於列子郭象之於莊子杜預之於左氏范甯

之於穀梁毛萇之於詩郭璞之於爾雅完然成一家之學後世雖有作者未易加也予既繕寫弼書并以記之政和乙未十月丁丑嵩山晁說之鄜畤記

咸平聖語有曰老子道德經治世之要明皇解雖燦然可觀王弼所注言簡意深真得老氏清淨之旨克自此求弼所注甚力而近世希有蓋久而後得之往歲攝建寧學官嘗以刊行既又得晁以道

先生所題本不分道德而上下之亦無篇目克喜其近古繕寫藏之乾道庚寅分教京口復鏤板以傳若其字之謬訛前人已不能證克焉敢輒易姑俟夫知者三月二十四日左從事郎充鎮江府府學教授熊克謹記

老子道德經下篇

欽定四庫全書　子部十四

老子解　道家類

提要

臣等謹案老子解二卷宋蘇轍撰蘇氏之學本出入於二氏之間故得力於二氏者特深而其發揮二氏者亦足以自暢其說是書大旨主於佛老同源而又引中庸之說以相比附蘇軾跋之謂使漢初有此書則孔老為一

使晉宋有此書則佛老不二朱子則以其援儒入墨作雜學辨以箴之然二氏之書往往陰取儒理而變其說儒者說經明道不可不辨別毫釐剖析疑似以杜學者之歧趨若為二氏之學而注二氏之書則為二氏立言不為儒者立言矣其書本不免援儒以入墨注其書者安得不各尊所聞哉故自儒者言之則轍書為無涉兩歧自道家言之則轍書猶

爲各明一義今旣存老子以備一家轍書亦

未可竟廢矣乾隆四十九年閏三月恭校上

總纂官臣紀昀臣陸錫熊臣孫士毅

總校官臣陸費墀

欽定四庫全書

老子解卷上

宋 蘇轍 撰

道經

道可道章第一

道可道非常道

莫非道也而可道不可常惟不可道而後可常耳今

夫仁義禮智此道之可道者也然而仁不可以為義

而禮不可以爲智可道之不可常也惟不可道然後在仁爲仁在義爲義禮智亦然彼皆不常而道常不變不可道之能常如此

名可名非常名

道不可道而況可得而名之乎凡名皆其可道者也名既立則圓方曲直之不同不可常矣

無名天地之始有名萬物之母故常無欲以觀其妙常有欲以觀其徼

自其無名形而為天地天地位而名始矣自其有名播而為萬物萬物育而名不可勝載矣故無名者道之體而有名者道之用也聖人體道以為天下用入於衆有而常無將以觀其妙也體其至無而常有將以觀其徼也若夫行於徼而不知其妙則麤而不神留于妙而不知其徼則精而不變矣

此兩者同出而異名同謂之玄

以形而言有無信兩矣安知無運而為有有復而為

無未嘗不一哉其名雖異其本則一知本之一也則玄矣凡遠而無所至極者其色必玄故老子常以玄寄極也

玄之又玄衆妙之門

言玄則至矣然猶有玄之心在焉玄之又玄則盡矣不可以有加矣衆妙之所從出也

天下皆知章第二

天下皆知美之為美斯惡已皆知善之為善斯不善已

故有無相生難易相成長短相形高下相傾音聲相和前後相隨

天下以形名言美善其所謂美且善者豈真美且善哉彼不知有無難易高下聲音前後之相生相奪皆非其正也方且自以為長而有長于我者臨之斯則短矣方且自以為前而有前于我者先之斯則後矣苟從其所美而信之則失之遠矣

是以聖人處無為之事行不言之教

當事而為無為之之心當教而言無言之之意夫是以出于長短之度離于先後之數非美非惡非善非不善而天下何足以知之

萬物作焉而不辭生而不有為而不恃功成而弗居

萬物為我作而我無所辭我生之為之而未嘗有未嘗恃至於成功亦未嘗以自居也此即無為不言之報聖人且不知其美且善也豈復有惡與不善繼之哉

夫惟弗居是以弗去

聖人居于貧賤而無貧賤之憂居于富貴而無富貴之累此所謂不居也我且不居彼尚何從去哉此則居之至也

不尚賢第三

不尚賢使民不爭不貴難得之貨使民不為盜不見可欲使心不亂是以聖人之治虛其心實其腹弱其志强其骨

尚賢則民恥于不若而至于爭貴難得之貨則民病于無有而至于盜見可欲則民患于不得而至于亂雖然天下知三者之為患而後舉而廢之則惑矣聖人不然未嘗不用賢也獨不尚之耳未嘗棄難得之貨也獨不貴之耳未嘗去其欲也獨不見之耳夫是以賢者用而民不爭難得之貨可欲之事畢効于前而盜賊禍亂不起是不亦虛其心而不害腹之實弱其志而不害骨之强也哉今將舉賢而尚之寶貨而

貴之術可欲以示之則是心與腹皆實也若舉而廢之則是志與骨皆弱也心與腹皆實則民爭志與骨皆弱則無以立矣

常使民無知無欲使夫知者不敢為也

不以三者術之則民不知所慕澹然無欲雖有智者無所用巧矣

為無為則無不治

因三者之自然而不尚不貴不見所謂為無為也

道冲章第四

道冲而用之或不盈淵乎似萬物之宗

夫道冲然至無耳然以之適衆有雖天地之大山河之廣無所不徧以其無形故似不盈者淵兮深眇吾知其為萬物宗也而不敢正言之故曰似萬物之宗

挫其鋭解其紛和其光同其塵湛兮似若存

人莫不有道也而聖人能全之挫其鋭恐其流于妄也解其紛恐其與物搆也不流于妄不搆于物外患

已去而光生焉又從而和之恐其與物異也光至潔也塵至雜也雖塵無所不同恐其棄萬物也如是而後全則湛然常存矣雖存而人莫之識故曰似或存耳

吾不知誰之子象帝之先

道雖常存終莫得而名然亦不可謂無也故曰此豈帝之先帝先矣而又先於帝則莫或先之者矣

天地不仁章第五

天地不仁以萬物為芻狗聖人不仁以百姓為芻狗

天地無私而聽萬物之自然故萬物自生自死死非吾虐之生非吾仁之也譬如結芻以為狗設之于祭祀盡飾以奉之夫豈愛之時適然也既事而棄之行者踐之夫豈惡之亦適然也聖人之于民亦然特無以害之則民全其性死生得喪吾無與焉雖未仁之而仁亦大矣

天地之間其猶槖籥乎虚而不屈動而愈出

排之有槖與籥也方其一動氣之所及無不靡也不知者以為機巧極矣然槖籥則何為哉蓋亦虛而不屈是以動而愈出乎萬物化之始至于天地之間其所以生殺萬物雕刻衆形者亦若是而已矣

多言數窮不如守中

見其動而愈出不知其為虛中之報也故告之以多言數窮不如守中之不窮也

谷神不死章第六

谷神不死是謂玄牝

谷至虛而猶有形谷神則虛而無形也虛而無形尚無有生安有死耶謂之谷神言其德也謂之玄牝言其功也牝生萬物而謂之玄焉言見其生之而不見其所以生也

玄牝之門是謂天地根

玄牝之門言萬物自是出也天地根言天地自是生也

緜緜若存用之不勤

緜緜微而不絶也若存存而不可見也能如是雖終日用之而不勞矣

天長地久章第七

天長地久

天地雖大而未離于形數則其長久蓋有量矣然老子之言長久極于天地蓋以人所見者言之耳若夫長久之至則所謂天地始者是也

天地所以能長且久者以其不自生故能長生是以聖人後其身而身先外其身而身存非以其無私邪故能成其私

天地生物而不自生立於萬物之外故能長生聖人後其身而先人外其身而利人處於衆人之表故能先能存如使天地與物競生聖人與人争得則天地亦一物耳聖人亦一人耳何以大過之哉雖然彼其無私非求以成私也而私以之成道則固然耳

上善若水章第八

上善若水水善利萬物而不爭處衆人之所惡故幾于道

易曰一陰一陽之謂道繼之者善也成之者性也又曰天以一生水蓋道運而為善猶氣運而生水也故曰上善若水二者皆自無而始成形故其理同道無所不在無所不利而水亦然然而既已麗于形則于道有閒矣故曰幾于道然而可名之善未有若此者

也故曰上善

居善地心善淵與善仁言善信政善治事善能動善時

避高趨下未嘗有所逆善地也空虛靜默深不可測善淵也利澤萬物施而不求報善仁也圓必旋方必折塞必止決必流善信也洗滌羣穢平準高下善治也遇物賦形而不留于一善能也冬凝春泮涸溢不失節善時也

夫惟不爭故無尤

有善而不免于人非者以其爭也水惟不爭故兼七善而無尤

持而盈之章第九

持而盈之不如其已揣而鋭之不可長保

知盈之必溢而以持固之不若不盈之安也知鋭之必折而以揣先之不知揣之不可必持也若夫聖人有而不有尚安有盈循理而後行尚安有鋭無盈則無所用持無鋭則無所用揣矣

金玉滿堂莫之能守富貴而驕自遺其咎功成名遂身退天之道

日中則移月滿則虧四時之運成功者退天地尚然而況於人乎

載營魄章第十

載營魄抱一能無離

魄之所以異于魂者魄為物魂為神也易曰精氣為物遊魂為變是故知鬼神之情狀魄為物故離而止

魂為神故一而變謂之營魄言其止也葢道無所不在其于人為性而性之妙為神言其純而未雜則謂之一言其聚而未散則謂之樸其歸皆道各從其實言之耳聖人性定而神凝不為物遷雖以魂為舍而神所欲行魄無不從則神常載魄矣衆人以物役性神昏而不治則神聽于魄耳目困以聲色鼻口勞於臭味魄所欲行而神從之則魄常載神矣故教之以抱神載魄使兩者不相離此固聖人所以修身之要

至于古之真人深根固蒂長生久視其道亦由是也

專氣致柔能嬰兒

神不治則氣亂彊者好鬬弱者喜畏不自知也神治

則氣不妄作喜怒各以其類是之謂專氣神虚之至

也氣實之始也虚之極為柔實之極為剛純性而亡

氣是之謂致柔嬰兒不知好惡是以性全性全而氣

微氣微而體柔專氣致柔如嬰兒極矣

滌除玄覽能無疵

聖人外不為物所載內不為氣所使則滌除其塵垢盡矣於是其神廓然元覽萬物知其皆出于性等觀淨穢而無所瑕疵矣

愛民治國能無為

既以治身又推其餘以及人雖至于治國愛民一以無心遇之苟其有心則愛民者適以害之治國者適以亂之也

天門開闔能無疵

天門者治亂廢興所從出也既以身任天下方其開闔變會之間衆人貴得而患失則先是以徼福聖人循理而知天命則待唱而後合易曰先天而天弗違非先天也後天而奉天時非後天也言其先後常與天命會耳不然先者必蚤後者必莫皆失之矣故所謂能無雌者亦不失時而已

明白四達能無知

内以治身外以治國至於臨變莫不有道也非明白

四達而能之乎明白四達心也是心無所不知然而未嘗有能知之心也夫心一而已苟又有知之者則是二也自一而二蔽之所自生而愚之所自始也今夫鏡之於物來而應之則已又安得知應物者乎本則無有而以意加之此妄之源也

生之畜之生而不有為而不恃長而不宰是謂玄德

其道既足以生畜萬物又能不有不恃不宰雖有大德而物莫之知也故曰玄德

三十輻章第十一

三十輻共一轂當其無有車之用埏埴以為器當其無有器之用鑿戶牖以為室當其無有室之用故有之以為利無之以為用

竭智盡物以為器而器之用常在無有中非有則無無以致其用非無則有無以施其利是以聖人常無以觀其妙常有以觀其徼知兩者之為一而不可分則至矣

五色章第十二

五色令人目盲五音令人耳聾五味令人口爽

視色聽音嘗味其本皆出于性方其有性而未有物也至矣及目緣五色耳緣五聲口緣五味奪于所緣而忘其本則雖見而實盲雖聞而實聾雖嘗而實爽也

馳騁田獵令人心發狂難得之貨令人行妨是以聖人為腹不為目故去彼取此

聖人視色聽音嘗味皆與人同至于馳騁田獵未嘗不為而難得之貨未嘗不用也然人皆以為病而聖人獨以為福何也聖人為腹而衆人為目目貪而不能受腹受而未嘗貪故也彼物之自外至者也此性之凝于内者也

寵辱章第十三

寵辱若驚貴大患若身

古之達人驚寵如驚辱知寵之為辱先也貴身如貴

大患知身之為患本也是以遺寵而辱不及忘身而患不至

何謂寵辱寵為下得之若驚失之若驚是謂寵辱若驚

所謂寵辱非兩物也辱生于寵而世不悟以寵為上而以辱為下者皆是也若知辱生于寵則寵固為下矣故古之達人得寵若驚失寵若驚未嘗安寵而驚辱也所謂若驚者非實驚也若驚而已

何謂貴大患若身吾所以有大患者為吾有身及吾無

身吾有何患

貴之為言難也有身大患之本而世之士難于履大患不難于有其身故聖人因其難于履患而教之以難于有身知有身之為難而大難去矣性之于人生不能加死不能損其大可以充塞天地其精可以蹈水火入金玉凡物莫能患也然天下常患亡失本性而唯身之為見愛身之情篤而物始能患之矣生死病疾之變攻之於內寵辱得失之交攖之於交未有

一物而非患也夫惟達人知性之無壞而身之非實忽然忘身而天下之患盡去然後可以涉世而無累矣

故貴以身為天下者則可寄于天下愛以身為天下者乃可託于天下

人之所以驁于權利溺于富貴犯難而不悔者將以厚其身耳令也禄之以天下而重以身任之則其忘身也至矣如此而以天下予之雖天下之大不能患

之矣

視之不見章第十四

視之不見名曰夷聽之不聞名曰希摶之不得名曰微

此三者不可致詰故混而為一

視之而可見者色也所以見色者不可見也聽而聞者聲也所以聞聲者不可聞也摶之而得者觸也所以得觸者不可得也此三者雖智者莫能詰也要必混而歸于一而可耳所謂一者性也三者性之用也

人始有性而已及其與物搆然後分裂四出為視為聽為觸日用而不知反其本非復混而為一則日遠矣若推廣之則佛氏所謂六入皆然矣首楞嚴有云反流全一六用不行此之謂也

其上不皦其下不昧

物之有形者皆麗于陰陽故上皦下昧不可逃也道雖在上而不皦雖在下而不昧不可以形數推也

繩繩兮不可名復歸于無物

繩繩運而不絕也人見其運而不絕則以為有物矣

不知為卒歸于無也

是謂無狀之狀無象之象是謂惚恍

狀其著也象其微也無狀之狀無象之象皆非無也

有無不可名故謂之惚恍

迎之不見其首隨之不見其後

道無所不在故無前後可見

執古之道以御今之有以知古始是謂道紀

古者物之所從生也有者物之今則無者物之古也

執其所從生則進退疾徐在我矣

古之善爲士章第十五

古之善爲士者微妙玄通深不可識

麤盡而微微而妙妙極而玄玄則無所不通而深不可識矣

夫惟不可識故强爲之容與一作豫兮若冬涉川

戒而後動曰豫其所欲爲猶迫而後應豫然若冬涉

川逡巡如不得已也

猶兮若畏四鄰

猶而不行曰猶其所不欲遲而難之猶然如畏四鄰之見之也

儼兮其若客

無所不敬未嘗惰也

渙兮若氷之將釋

知萬物之出于妄未嘗有所留也

敦兮其若樸

人偽已盡復其性也

廓兮其若谷

虛而無所不受也

渾兮其若濁

和其光同其塵不與物異也

孰能濁以靜靜之徐清孰能安以久動之徐生

世俗之士以物汩性則濁而不復清枯槁之士以定

滅性則安而不復生令知濁之亂性也則靜之靜之而徐自清矣知滅性之非道也則動之動之而徐自生矣易曰寂然不動感而遂通天下之故令所謂動者亦若是耳

保此道者不欲盈

盈生於極濁而不能清安而不能生所以盈也

夫惟不盈故能弊不新成

物未有不弊者也夫惟不盈故其弊不待新成而自去

致虛極章第十六

致虛極守靜篤

致虛不極則有未亡也守靜不篤則動未亡也丘山雖去而微塵未盡未為極與篤也蓋致虛存虛猶未離有守靜存靜猶限于動而況于他乎不極不篤而責虛靜之用難也

萬物竝作吾以觀其復

虛極靜篤以觀萬物之變然後不為變之所亂知凡

作之未有不復也苟吾方且與萬物皆作則不足以知之矣

夫物芸芸各復歸其根

萬物皆作于性皆復于性譬如華葉之生于根而歸于根濤瀾之生于水而歸于水

歸根曰静

苟未能自復于性雖止動息念以求静非静也故惟歸根然後為静

是謂復命

命者性之妙也性可言至于命則不可言矣易曰窮理盡性以至于命聖人之學道必始于窮理中于盡性終于復命仁義禮樂聖人之所接物也而仁義禮樂之用必有其所以然者不知其所以然而爲之世俗之士也知其所以然而後行之君子也此之謂窮理雖然盡心以求理而後得之不求則不得也事物日搆于前必求而後能應則其爲力也勞而其爲功

也少聖人外不為物所蔽其性湛然不勉而中不思而得物至而能應此之謂盡性雖然此吾性也猶有物我之辨焉則幾于妄矣君之命曰命天之命曰命以性接物而不知其為我是以寄之命也此之謂復命

復命曰常

方其作也雖天地山河之大未有不變壞不常者惟復于性而後湛然常存矣

知常曰明

不以復性為明則皆世俗之智雖自謂明非明也

不知常妄作凶

不知復性則緣物而動無作而非凶雖得于一時而失之遠矣

知常容

方迷于妄則自是而非彼物皆吾敵吾何以容苟知其皆妄則雖仇讎猶將哀而憐之何所不容哉

容乃公

無所不容則彼我之情盡而尚誰私乎

公乃王

無所不公則天下將往而歸之矣

王乃天

無所不懐雖天何以加之

天乃道

天猶有形至於道則極矣然而雖道亦不能復進於

此矣

道乃久沒身不殆

太上章第十七

太上下知有之

以道化育天下而未嘗治之民不知其所以然故亦

有之而已

其次親之譽之

以仁義治天下其德可懷其功可見故民得而親譽

之其名雖美而厚薄自是始矣

其次畏之其次侮之

以政齊民民非不畏也然力之所不及則侮之矣

故信不足焉有不信

吾誠自信則以道御天下足矣唯不自信以加之仁義而重之刑政而民始不信

猶兮其貴言功成事遂百姓皆謂我自然

聖人自信有餘其於言也猶然貴之不輕出諸口而

民信之矣及其功成事遂也則民日遷善遠罪而不自知矣

大道章第十八

大道廢有仁義

大道之隆也仁義行於其中而民不知大道廢而後仁義見矣

智慧出有大偽

世不知道之足以統御萬物也而以智慧加之于是

民始以僞報之矣

六親不和有孝慈國家昏亂有忠臣

六親方和孰非孝慈國家方治孰非忠臣堯非不孝也而獨稱舜無瞽瞍也伊尹周公非不忠也而獨稱龍逄比干無桀紂也涸澤之魚相呴以沫相濡以溼不如相忘于江湖

絶聖棄智章第十九

絶聖棄智民利百倍

非聖智不足以知道使聖智為天下其有不以道御物者乎然世之人不足以知聖智之本而見其末以為巧勝物者也于是馳騁于其末流而民始不勝其害矣故絶聖害智民利百倍

絶仁棄義民復孝慈

未有仁而遺其親者也未有義而後其君者也仁義所以為孝慈矣然及其衰也竊仁義之名以要利于世于是子有違父而父有虐子此則仁義之迹為之

也故絶仁棄義則民復孝慈

絶巧棄利盜賊無有

巧所以便事也利所以濟物也二者非以為盜而盜賊不得則不行故絶巧棄利盜賊無有也

此三者以為文不足故令有所屬見素抱樸少私寡欲

世之貴此三者以為天下之不安由文之不足故也是或屬之聖智或屬之仁義或屬之巧利蓋將以文治之也然而天下益以不安曷不反其本乎見素抱

樸少私寡私而天下各復其性雖有三者無所用之矣故曰我無為而民自化我好靜而民自正我無事而民自富我無欲而民自樸此則聖智之大仁義之至巧利之極也然孔子以仁義禮樂治天下老子絕而棄之或者以為不同易曰形而上者謂之道形而下謂之器蓋孔子之慮後世也深故示人以器而晦其道使中人以下守其器不為道之所眩以不失為君子而中人以上自是以上達也老子則不然志于

明道夫道不可言可言皆其似者也達者因僞以識真而昧者執似以蹈于大過故後世執老子之過以亂天下者有之而學孔子者無大過因老子之言以達道者不少而求之于孔子者常苦其無所從入二聖人者皆不得已也全于此必略于彼矣

絶學無憂章第二十

絶學無憂

為學日益為道日損不知性命之正而以學求益增

所未聞積之未已而無以一之則以圜害方以直害曲其中紛然不勝其憂矣患夫學者之至此故曰絶學無憂若夫聖人未嘗不學而以道為主不學而不少多學而不亂廓然無憂安用絶學邪

唯之與阿相去幾何善之與惡相去何若

學者溺于所聞而無以一之則唯之為恭阿之為慢不可同日言矣而況夫善惡之相反乎夫惟聖人知萬物同出于性而皆成于妄如畫馬牛如刻虎彘皆

非其實泯焉無是非同異之辨孰知其相去幾何哉苟如此矣則萬物並育而不相害道並行而不相悖無足怪矣

人之所畏不可不畏

聖人均彼我一同異其心無所復留然豈以是忽遺世法犯分亂理而不顧哉人之所畏吾亦畏之人之所為吾亦為之雖列于君臣父子之間行于禮樂刑政之域而天下不知其異也其所以不攖于物者惟

心而已

荒兮其未央哉

人皆徇其所知故介然不出畦畛聖人兼涉有無無入而不可則荒兮其未可央也

衆人熙熙如享太牢如春登臺我獨泊兮其未兆如嬰兒之未孩

人各溺於所好其美如享太牢其樂如春登臺囂然從之而不知其非唯聖人深究其妄遇之泊然不動

如嬰兒之未能孩也

乘乘兮若無所歸

乘萬物之理而不自私故若無所歸

衆人皆有餘而我獨若遺

衆人守其所知各自以為有餘聖人包舉萬物而不主于一超然其若遺也

我愚人之心也哉沌沌兮

沌沌若愚而非愚也

俗人昭昭我獨若昏俗人察察我獨悶悶

世俗以分別為智聖人知羣妄之不足辨也故其外若昏其中若悶

忽兮若海漂兮若無所止

忽然若海不見其津涯漂然無定不見其止宿

衆人皆有以而我獨頑且鄙

人各有能故世皆得而用之聖人才全德備若無所施故疑于頑鄙

我獨異于人而貴求食于母

道者萬物之母衆人徇物忘道而聖人脱遺萬物以道為宗譬如嬰兒無所雜食食于母而已

孔德之容章第二十一

孔德之容惟道是從

道無形也及其運而為德則有容矣故德者道之見自是推之則衆有之容皆道之見于物者也

道之為物惟恍惟惚惚兮恍其中有象恍兮惚其中有

物

道非有無故以恍惚言之然極其運而成象著而成

物未有不出于恍惚者也

窈兮冥兮其中有精

方無有之未定恍惚而不可見及夫有無之交則見

其窈冥深眇雖未成形而精存乎其中矣

其精甚真其中有信

物至于成形則真偽雜矣方其有精不容偽也真偽

既離自一而為二自二而為三紛然錯出不可復信矣方其有精不吾欺也

自古及今其名不去以閱衆甫

古今雖異而道則不去故以不去名之惟未嘗去故能以閱衆有之變矣甫美也雖萬物之美不免于變也

吾何以知衆甫之然哉以此

聖人之所以知萬物之所以然者以能體道而不去

故也

曲則全章第二十二

曲則全

聖人動必循理理之所在或直或曲要于通而已通

故與物不迕不迕故全也

枉則直

直而非理則非直也循理雖枉而天下之至直也

窪則盈

衆之所歸者下也雖欲不盈不可得矣

弊則新

昭昭察察非道也悶悶若將弊矣而日新之所自出也

少則得

道一而已得一則無不得矣

多則惑

多學而無以一之則惑矣

是以聖人抱一為天下式

抱一者復性者也蓋曲則全枉則直窪則盈弊則新少則得多則惑皆抱一之餘也故以抱一終之

不自見故明

目不自見故能見物鏡不自照故能照物如使自見自照則自為之不暇而何暇及物哉

不自是故彰不自伐故有功不自矜故長夫惟不爭故天下莫能與之爭

不自見不自是不自伐不自矜皆不爭之餘也故以不爭終之

古之所謂曲則全者豈虛言哉誠全而歸之

世以直為是以曲為非將循理而行于世則有不免於曲者矣故終篇復言之曰此豈虛言哉誠全而歸之夫所謂全者非獨全身也内以全身外以全物物我兼全而復于性則其為直也大矣

希言自然章第二十三

希言自然

言出于自然則簡而中非其自然而强言之則煩而難信矣故曰道之出口澹乎其無味視之不足見聽之不足聞用之不可旣此之所謂希言矣

飄風不終朝驟雨不終日孰為此者天地天地尚不能久而況于人乎

陰陽不爭風雨時至不疾不徐盡其勢之所至而後止若夫陽亢于上陰伏于下否而不得洩于是為飄

風暴雨若將不勝然其勢不能以終日古之聖人言出于希行出于夷皆因其自然故久而不窮世或厭之以為不若詭辨之悅耳怪行之驚世不知其不能久也

故從事于道者道者同于道德者同于德失者同于失同于道者道亦樂得之同于德者德亦樂得之同于失者失亦樂得之

孔子曰苟志于仁矣無惡也志于仁猶若此而況于

志于道者爭夫苟從事于道矣則其所謂合于道者

得道合于德者得德不幸而失雖失于所為然必有

得于道德矣

信不足焉有不信焉

不知道者信道不篤因其失而疑之于是益以不信

夫惟知道然後不以得失疑道也

跂者不立章第二十四

跂者不立跨者不行自見者不明自是者不彰自伐者

無功自矜者不長

人未有不能立且行者也苟以立為未足而加之以跂以行為未足而加之以跨未有不喪失其行立者彼其自見自是自矜自伐者亦若是矣

其于道也曰餘食贅行

譬如飲食適飽則已有餘則病譬如四體適完則已有贅則累

物或惡之故有道者不處也

有物混成章第二十五

有物混成先天地生

夫道非清非濁非高非下非去非來非善非惡混然而成體其于人為性故曰有物混成此未有知其生者蓋湛然常存而天地生于其中耳

寂兮寥兮獨立而不改周行而不殆可以為天下母

寂兮無聲寥兮無形獨立無匹而未嘗變行于羣有而未嘗殆以化育萬物則皆其母矣

吾不知其名字之曰道强為名之曰大

道本無名聖人見萬物之無不由也故字之曰道見萬物之莫能加也故强為名之曰大然其實則無得而稱之也

大曰逝逝曰遠遠曰反

自大而求之則逝而往矣自往而求之則遠不及矣雖逝雖遠然反而求之一心足矣

故道大天大地大王亦大域中有四大而王居其一焉

人法地地法天天法道道法自然

由道言之則雖天地與王皆未足大也然世之人習知三者之大而不信道之大也故以貫告之人不若地地不若天天不若道道不若自然然使人一日復性則此三者人皆足以盡之矣

重為輕根章第二十六

重為輕根靜為躁君

凡物輕不能載重小不能鎮大不行者使行不動者

制動故輕以重為根躁以靜為君

是以聖人終日行不離輜重雖有榮觀燕處超然

行欲輕而不離輜重榮觀雖樂而必有燕處重靜之不可失如此

奈何萬乘之主而以身輕天下

人主以身任天下而輕其身則不足以任天下矣

輕則失臣躁則失君

輕與躁無施而可然君輕則臣知其不足賴臣躁則

君知其志于利故曰輕則失臣躁則失君

善行無轍迹章第二十七

善行無轍迹

乘理而行故無迹

善言無瑕讁

時然後言故言滿天下無口過

善計不用籌策

萬物之數畢陳于前不計而知安用籌策

善閉無關鍵而不可開善結無繩約而不可解

全德之人其于萬物如母之于子雖縱之而不去故

無關而能閉無繩而能約

是以聖人常善救人故無棄人常善救物故無棄物

彼方執策以計設關以閉持繩以結其力之所及者

少矣聖人之于人非特容之又善救之我不棄人而

人安得不歸我乎

是謂襲明

救人于危難之中非救之大者也方其流轉生死為物所蔽而推吾至明以與之使暗者皆明如燈相傳相習而不絶則謂善救人矣

故善人者不善人之師不善人者善人之資不貴其師不愛其資

聖人無心于教故不愛其資天下無心于學故不貴其師聖人非獨吾忘天下能使天下忘我故也

雖智大迷是謂要妙

聖人之妙雖智者有所不諭也

知其雄章第二十八

知其雄守其雌為天下谿為天下谿常德不離復歸于嬰兒知其白守其黑為天下式為天下式常德不忒復歸于無極知其榮守其辱為天下谷為天下谷常德乃足復歸于朴

雌雄先後之及我者也白黑明暗之及我者也榮辱貴賤之及我者也夫欲先而惡後欲明而惡暗欲貴

而惡賤物之情也然而先後之及我不若明暗之切明暗之及我不若貴賤之深古之聖人去妄以求復性其性愈明則其守愈下其守愈下則其德愈厚其德愈厚則其歸愈大蓋不知而不為不若知而不為之至也知其雄守其雌知性者也知性而争心止則天下之争先者皆將歸之如水之赴谿莫有去者雖然譬如嬰兒能受而未能用也故曰復歸于嬰兒知其白守其黒見性者也居暗而視明天之明明者皆

不能以形迹也故衆明則之以為法雖應萬物而法未嘗差用未嘗窮也故曰復歸于無極知其榮守其辱復性者也諸妄已盡處辱而無恨曠兮如谷之虛物來而應之德足于此純性而無雜矣故曰復歸于朴

朴散則為器聖人用之以為官長故大制不割

聖人既歸于朴復散朴而為器以應萬物譬如人君分政以立官長亦因其勢之自然雖制而非有所割

裂也

將欲取天下章第二十九

將欲取天下而為之吾見其不得已

聖人之有天下非取之也萬物歸之不得已而受之

其治天下非為之也因萬物之自然而除其害耳若

欲取而為之則不可得之矣

天下神器不可為也為者敗之執者失之

凡物皆不可為也雖有百人之聚不循其自然而妄

為之必有齟齬不服者而況天下乎雖然小物寡欲猶有可以力取而智奪者至于天下之大有神主之不待其自歸則叛不聽其自治則亂矣

故物或行或隨或呴或吹或强或羸或載或隳是以聖人去甚去奢去泰

陰陽相盪高下相傾大小相使或行于前或隨于後或呴而暖之或吹而寒之或益而强之或損而羸之或載而成之或隳而毀之皆物之自然而勢之不免

者也然世之愚人私已而務得乃欲拒而違之其禍不覆則折唯聖人則知其不可逆順以待之去其甚去其奢去其泰使不至于過而傷物而天下無患矣此不爲之至也堯湯之于水旱雖不能免而終不致于敗者由此之故也易之泰曰后以財成天地之道輔相天下之宜以左右民三陽在内三陰在外物之泰極矣聖人懼其過而害生故裁成而輔相之使不至于過此所謂去甚去奢去泰也

以道佐人主章第三十

以道佐人主者不以兵强天下其事好還

聖人用兵皆出于不得已而欲以强勝天下雖或能

勝其禍必還報之楚靈齊湣秦始皇漢孝武或以殺

其身或以禍子孫人之所毒鬼之所疾未有得免之

者也

師之所處荆棘生焉大軍之後必有凶年

兵之所在民事廢故田不修用兵之後殺氣勝故年

轂傷凡兵皆然而况以兵强者耶

善者果而已不敢以取强

果決也德所不能綏政所不能服不得已而後以兵決之耳

果而勿矜果而勿伐果而勿驕果而不得已果而勿强

勿矜勿伐勿驕不得已四者所以勿强也

物壯則老是謂不道不道早已

壯之必老物無不然者唯有道者成而若缺盈而若

冲未嘗壯故未嘗老未嘗死以兵强天下壯矣能無老乎無死乎

夫佳兵章第三十一

夫佳兵不祥之器物或惡之故有道者不處

以之濟難甚矣而能常是謂不處

君子居則貴左用兵則貴右兵者不祥之器非君子之器不得已而用之恬澹為上勝而不美而美之者是樂殺人夫樂殺人者則不可以得志于天下矣吉事尚左

凶事尚右偏將軍居左上將軍居右言居上勢則以喪禮處之殺人衆多以悲哀泣之戰勝以喪禮處之

道常無名章第三十二

道常無名朴雖小天下不敢臣侯王若能守萬物將自賓

樸性也道常無名則性亦不可名矣故其為物舒之無所不在而斂之不盈毫末此所以雖小而不可臣也故匹夫之賤守之則塵垢粃糠足以陶鑄堯舜而

侯王之尊不能守則萬物不賓矣

天地相合以降甘露民莫之令而自均

沖氣升降相合為一而降甘露脗然被萬物無不均

徧聖人體至道以應諸有亦如露之無不及者此所以能賓萬物也

始制有名名亦既有夫亦將知止知止所以不殆

聖人散朴為器因器制名豈不徇名而忘朴逐末而喪本哉蓋亦知復于性是以乘萬物而不殆也

譬道之在天下猶川谷之於江海也

江海水之鍾也川谷水之分也道萬物之宗也萬物道之末也皆水也故川谷歸其所鍾皆道也故萬物賓其所宗

知人者智章第三十三

知人者智自知者明

分別為智蔽盡為明分別之心未除故止于知人而不能自知蔽盡則無分別故能自知而後可以及人

也

勝人者有力自勝者强

力能及人而不能及我能克已復性則非力之所及

故可謂之强也

知足者富

知足者所遇而足則未嘗不富矣雖有天下而嘗抰

不足之心以處之則是終身不能富也

强行者有志

不與物爭而自強不息物莫能奪其志也

不失其所者久

物變無窮而心未嘗失則久矣

死而不亡者壽

死生之變亦大矣而其性湛然不亡此古之至人能

不生不死者也

大道汜兮章第三十四

大道汜兮其可左右

汜兮無可無不可故左右上下周旋無不至也

萬物恃之以生而不辭功成而不名有

世有生物而不辭者必將名之以為已有世有避物而不有者必將辭物而不生生而不辭成而不有者

唯道而已

愛養萬物而不為主常無欲可名于小萬物歸焉而不為主可名為大是以聖人終不為大故能成其大

大而有為大之心則小矣

執大象章第三十五

執大象天下往

道非有無故謂之大象苟其昭然有形則有同有異同者好之異者惡之好之則來惡之則去不足以使天下皆往矣

往而不害安平泰

有好有惡則有所利有所害好惡既盡則其于萬物皆無害矣故王者無不安無不平無不泰

樂與餌過客止道之出口淡乎其無味視之不足見聽之不足聞用之不可既

作樂設餌以待來者豈不足以止過客哉然而樂闋餌盡彼將捨之而去若夫執大象以待天下天下不知好之而況得而惡之乎雖無臭味形色聲音以悅人而其用不可盡矣

將欲噏之章第三十六

將欲噏之必固張之將欲弱之必固强之將欲廢之必

固與之將欲奪之必固與之是謂微明
未嘗與之而遽奪則勢有所不極理有所不足勢不極則取之難理不足則物不服然此幾于用智也與管仲孫武何異聖之與世俗其迹固有相似者也聖人乘理而世俗用智乘理如醫藥巧于應病用智如商賈巧于射利

柔弱勝剛强

聖人知剛强之不足恃故以柔弱自處天下之剛强

方相傾相軋吾吾獨柔弱以待之及其大者傷小者死而吾以不校坐待其斃此所謂勝也雖然聖人豈有意為此以勝物哉知勢之自然而居其自然耳

魚不可脫于淵國之利器不可以示人

魚之為物非有爪牙之利足以勝物也方其潛于深淵雖强有力者莫能執之及其脫淵而陸則蠢然一物耳何能為哉聖人居于柔弱而剛强者莫能傷非徒莫能傷也又將以前制其後此不亦天下之利器

哉魚惟脱于淵然後人得制之聖人惟處于柔弱而不厭故終能服天下此豈與衆人共之者哉

道常無為章第三十七

道常無為而無不為

無所不為而無為之之意耳

侯王若能守萬物將自化化而欲作吾將鎮之以無名之朴

聖人以無為化物化之始于無為而為而漸至于作

譬如嬰兒之長人僞日起故三代之衰人情之變日以益甚古其欲作而上之人與天下皆靡故其變至有不可勝言者苟其古作而不為之動終以無名之朴鎮之庶幾可得而止也

無名之朴亦將不欲不欲以静天下將自定

聖人中無抱朴之念外無抱朴之迹故朴全而用大苟欲朴之心尚存于胷中則失之遠矣

老子解卷上

總校官進士臣程嘉謨
校對官編修臣周厚轅
謄録監生臣婁業耀

（漢）河上公等　撰

老子全書

（三）

吉林出版集團股份有限公司

欽定四庫全書

老子解卷下

宋　蘇轍　撰

德經

上德不德章第三十八

上德不德是以有德下德不失德是以無德

聖人從心所欲不踰矩非有意于德而德自足其下

知德之貴勉強以求不失蓋僅自完耳而何德之有

上德無為而無以為下德為之而有以為

無為而有以為之則猶有為也唯無為而無以為者可謂無為矣其下非為不成然猶有以為之非徒作而無術者也

上仁為之而無以為上義為之而有以為

仁義皆不免于為之矣其所以異者仁以無以為勝義以有所為為功耳德有上下而仁義有上無下何也下德在仁義之間而仁義之下者不足復言故

也

上禮為之而莫之應則攘臂而仍之

自德以降而至于禮聖人之所以齊民者極矣故為之而不應則至于攘臂而强之强之而又不應于是刑罰興而兵甲起則徒作而無術矣

故失道而後德失德而后仁失仁而後義失義而後禮

夫禮者忠信之薄而亂之首

忠信而無禮則忠信不見禮立而忠信之美發越於

外君臣父子之間夫婦朋友之際其外燦然而中無餘矣故順之則治違之則亂治亂之相去其間不能以髮故曰亂之首也

前識者道之華而愚之始

聖人玄覽萬物是非得失畢陳于前如鑑之照形無所不見而孰為前後世人視止于目聽止于耳思止于心冥行于萬物之間後智以求識而偶有見焉雖自以為明而不知至愚之自始也

是以大丈夫處其厚不居其薄處其實不居其華故去彼取此

世之鄙夫樂其有得于下而忘其上故喜薄而遺厚彔華而棄實非大丈夫孰能去彼取此

昔之得一者章第三十九

昔之得一者天得一以清地得一以寧神得一以靈谷得一以盈萬物得一以生侯王得一以為天下正

一道也物之所以得為物者皆道也天下之人見物

而忘道天知其清而已地知其寧而已神知其靈而已谷知其盈而已萬物知其生而已侯王知其為天下正而已不知其所以得此者皆道存焉耳

其致之一也天無以清將恐裂地無以寧將恐發神無以靈將恐歇谷無以盈將恐竭萬物無以生將恐滅侯王無以正而貴高將恐蹶

致之言極也天不得一未遽裂也地不得一未遽發也神不得一未遽歇也萬物不得一未遽滅也侯王

不得一未遽蹶也然其極必至此耳

故貴以賤為本高以下為基

天地之大侯王之貴皆一之致夫一果何物也視之不見執之不得則亦天地之至微也此所謂賤且下也

是以侯王自謂孤寡不轂此其以賤為本也非乎

昔之為此稱者亦舉其本而遺其末耳

故致數車無車不欲琭琭如玉珞珞如石

輪輻蓋軫衡軛轂轊會而為車物物可數而車不可

數然後知無有之為車所謂無之以為用者也然則天地將以大為天地耶侯王將以貴為侯王耶大與貴之中有一存焉此其所以為天地侯王者而莫或知之耳故一處貴而非貴處賤而非賤非若玉之琭琭貴而不能賤石之珞珞賤而不能貴也

反者道之動章第四十

反者道之動

復性則靜矣然其寂然不動感而遂通天下之故則

動之所自起也

弱者道之用

道無形無聲天下之弱者莫如道然而天下之至强

莫加焉此其所以能用萬物也

天下萬物生于有有生于無

世不知静之為動弱之為强故告之以物之所自生

者蓋天下之物聞有母制子未聞有以子制母者也

上士聞道章第四十一

上士聞道勤而行之中士聞道若存若亡下士聞道大笑之不笑不足以為道

道非形不可見非聲不可聞不先知萬物之妄廓然無蔽卓然有見未免于不信也故下士聞道以為荒唐謬悠而笑之中士聞道與之存亡出沒而疑之惟了然見之者然後勤行服膺而不怠孔子曰語之而不惰者其回也與斯所謂上士也哉

故建言者有之

建立也古之立言者有是說而老子取之下之所陳者是也

明道若昧

無所不照而非察也

進道若退

若止不行而天下之至速者莫之或先也

夷道若類

或夷或類所至則平而未嘗削也

上德若谷

上德不德如谷之虚也

大白若辱

使白而不受汙此則不屑不潔之士而非聖人也

廣德若不足

廣大而不可復加則止于此而已非廣也

建德若偷

因物之自然而無立者外若偷惰而實建也

質真若渝

體聖抱神隨物變化而不失其貞者外若渝也

大方無隅

全其大方不小立圭角也

大器晚成

器大不可近用也

大音希聲

非耳之所得聞也

大象無形

非目之所得見也

道隱無名夫惟道善貸且成

道之所寓無所不見凡此十二者皆道之見于事者也而道之大全則隱于無名惟其所寓推其有餘以貸不足物之賴之以成者如此

道生一章第四十二

道生一一生二二生三三生萬物萬物負陰而抱陽沖

氣以為和

夫道非一非二及其與物為偶道一而物不一故以一名道然而道則非一也一與一為二二與一為三自是以往而萬物生物雖有萬不同而莫不負陰抱陽沖氣以為和者蓋物生于三而三生于一理之自然也

人之所惡唯孤寡不轂而王公以為稱

世之人不知萬物之所自生莫不賤寡小而貴重大

然王公之尊而自稱孤寡不穀古之達者蓋已知之矣

故物或損之而益或益之而損人之所教我亦教之强梁者不得其死吾將以為教父

天下之至柔章第四十三

天下之至柔馳騁天下之至堅無有入無間吾是以知無為之有益

以堅御堅不折則碎以柔御堅柔亦不靡堅亦不病

求之于物則水是也以有入有捍不相受以無入有無未嘗勞有未嘗覺求之于物則鬼神是也是以聖人唯能無為故能役使衆物出入羣有

不言之教無為之益天下希及之

名與身章第四十四

名與身孰親身與貨孰多

先身而後名貴身而賤貨猶未為忘我也忘我者身不有而況于名與貨乎然貴以身為天下非忘我不

能故使天下知名之不足親貨之不足多而後知貴身知貴身而後知忘我此老子之意也

得與亡孰病

不得者以亡為病及其既得而患失則病又有甚于亡者惟齊有無均得喪而後無病也

甚愛必大費多藏必厚亡

愛甚則凡可以求之者無所不為能無費乎藏之多則攻之者必衆能無亡乎

知足不辱知止不殆可以長久

大成若缺章第四十五

大成若缺其用不弊大盈若沖其用不窮

天下以不缺為成故成必有弊以不虛為盈故盈必有窮聖人要于大成而不卹其缺期于大盈而不惡其沖是以成而不弊盈而不窮也

大直若屈大巧若拙大辯若訥

直而不屈其直必折循理而行雖曲而直巧而不拙

其巧必勞付物自然雖拙而巧辯而不訥其辯必窮

因理而言雖訥而辯

躁勝寒靜勝熱清淨為天下正

成而不缺盈而不沖直而不屈巧而不拙辯而不訥

譬如躁之不能靜靜之不能躁耳夫躁能勝寒而不能勝熱靜能勝熱而不能勝寒皆滯于一偏而非其正也唯泊然清淨不染于一非成非缺非盈非沖非直非屈非巧非拙非辯非訥而後無所不勝可以為

天下正矣

天下有道章第四十六

天下有道却走馬以糞

天下各安其分則不爭而自治故却走馬而糞田

天下無道戎馬生于郊罪莫大于可欲禍莫大于不知足咎莫大于欲得

以其可欲者示人固有罪矣而不足其足者其禍又甚所欲必得者其咎最大匹夫有一于身患必及之

侯王而為是則戎馬之所自起也

故知足之足常足

知足者所寓而足故無不足也

不出户章第四十七

不出户知天下不窺牖見天道其出彌遠其知彌少

性之為體充徧宇宙無遠近古今之異古之聖人其所以不出户牖而無所不知者特其性全故耳世之人為物所蔽性分于耳目内為身心之所紛亂外為

山河之所障塞見不出視聞不出聽户牖之微能蔽而絶之不知聖人復性而足乃欲出而求之是以彌遠而彌少也

是以聖人不行而知不見而名不為而成

性之所及非特能知能行而已蓋可以因物之自然不勞而成之矣

為學日益章第四十八

為學日益

不知道而務學聞見日多而無以一之未免為累也

孔子曰多聞擇其善者而從之多見而識之知之次也

為道日損

苟一日知道顧視萬物無一非妄去妄以求復性是謂之損孔子謂子貢曰女以予為多學而識之者與曰然非與曰非也予一以貫之損之又損以至于無為無為而無不為矣

去妄以求復性可謂損矣而去妄之心猶存及其兼忘此心純性而無餘然後無所不為而不失于無為矣

取天下常以無事及有事不足以取天下

人皆有欲取天下之心故造事而求之心見于外而物惡之故終不可得聖人無為故無事其心見于外而物安之雖不取天下而天下歸之矣

聖人無常心章第四十九

聖人無常心以百姓之心為心善者吾善之不善者吾亦善之德善信者吾信之不信者吾亦信之德信

虛空無形因萬物之形以為形在方為方在圓為圓如使空自有形則何以形萬物哉是以聖人無心因百姓之心以為心無善不善皆善之無信不信皆信之善不善在彼吾之所以善之者未嘗渝也可謂德善矣信不信在彼而吾之所以信之者未嘗變也可謂德信矣不然善善而棄不善信信而棄不信豈所

謂常善救人故無棄人哉

聖人在天下惵惵為天下渾其心百姓皆注其耳目聖人皆孩之

天下善惡信偽方各自是以相非相賊不知所定聖人憂之故惵惵為天下渾其心無善惡無信偽皆以一待之彼方注其耳目以觀聖人之與奪而吾一以嬰兒遇之于善無所喜于惡無所嫉夫是以善者不矜惡者不愠釋然皆化而天下始定矣

出生入死章第五十

出生入死

性無生死出則為生入則為死

生之徒十有三死之徒十有三人之生動之死地亦十有三

用物取精以自滋養者生之徒也聲色臭味以自戕賊者死之徒也二者既分生死之道矣吾又知作而不知休知言而不知默知思而不知忘以趣于盡則

所謂動而之死地者也生死之道以十言之三者各居其三矣豈非生死之道九而不生不死之道一而已哉不生不死則易所謂寂然不動者也老子言其九不言其一使人自得之以寄無思無為之妙也

夫何故以其生生之厚

有生則有死故生之徒即死之徒也人之所賴於生者厚則死之道常十九

蓋聞善攝生者陸行不遇兕虎入軍不避甲兵兕無所

投其角虎無所措其爪兵無所容其刃夫何故以其無死地

聖人常在不生不死中生死且無焉有死地哉

道生之章第五十一

道生之德畜之物形之勢成之

道者萬物之母故生萬物者道也及其運而為德牧養羣衆而不辭故畜萬物者德也然而道德則不能自形因物而後形見物則不能自成遠近相取剛柔

相交積而為勢而後興亡治亂之變成矣

是以萬物莫不尊道而貴德

形雖由物成雖由勢而非道不生非德不畜是以尊道而貴德尊如父兄貴如侯王道無位而德有名故也

道之尊德之貴夫莫之命一作爵而常自然

恃爵而後尊貴者非實尊貴也

故道生之德畜之長之育之成之熟之養之覆之生而

不有為而不恃長而不宰是謂玄德

天下有始章第五十二

天下有始以為天下母

無名天地之始有名萬物之母道方無名則物之所資始也及其有名則物之所資生也故謂之始又謂之母其子則萬物也

既知一作得其母復一作以知其子既生其子復守其母沒身不殆

聖人體道以周物譬如以母知其子子然無不察也雖其智能周之然而未嘗以物忘道故終守其母也塞其兊閉其門終身不勤開其兊濟其事終身不救天下皆具此道然常患忘道而狥物目悅于色耳悅于聲開其悅之之心而以其事濟之是以終身而陷溺不能救夫聖人之所以終身不勤者唯塞而閉之未嘗出而狥之也

見小曰明

悅之為害始小而浸大知小之將大而閑之可謂明矣

守柔曰强

趨其所悅而不顧自以為强而非强也唯見悅而知畏之者可謂强矣

用其光復歸其明無遺身殃是謂習一作襲常

世人開其所悅以身狥物往而不返聖人塞而閑之非絕物也以神應物用其光而已身不與也夫耳之

能聽目之能見鼻之能臭口之能嘗身之能觸心之能思皆所謂光也蓋光與物接物有去而明無損是以應萬變而不窮殃不及于其身故其常性湛然相襲而不絶矣

使我介然章第五十三

使我介然有知行于大道唯施是畏

體道者無知無行無所施設而物自化令介然有知而行于大道則有施設建立非其自然有足畏者矣

大道甚夷而民好徑

大道夷易無有險阻世之不知者以爲迂遠而好徑以求捷故凡舍其自然而有所設施者皆欲速者也

朝甚除田甚蕪倉甚虛服文綵帶利劍厭飲食貨財有餘是謂盜夸非道哉

俗人昭昭我獨若昏俗人察察我獨悶悶豈復飾末廢本以施設爲事夸以誨盜哉

善建不拔章第五十四

善建者不拔善抱者不脱子孫祭祀不輟

世豈有建而不拔抱而不脱者乎唯聖人知性之真審物之妄捐物而脩身其德充積實無所立而其建有不可拔者實無所執而其抱有不可脱者故至其子孫猶以祭祀不輟也

脩之于身其德乃真脩之于家其德有餘脩之于鄉其德乃長脩之于國其德乃豐脩之于天下其德乃普

身既脩推其餘以及外雖至于治天下可也

故以身觀身以家觀家以鄉觀鄉以國觀國以天下觀天下吾何以知天下之然哉以此

天地外者世俗所不見矣然其理可推而知也脩身之至以身觀身以家觀家以國觀國以鄉觀鄉皆吾之所及知也然安知聖人以天下觀天下亦若吾之以身觀身乎豈身可以身觀而天下獨不可以天下觀乎故曰吾何以知天下之然哉以此言亦以身知之耳

含德之厚第五十五

含德之厚比于赤子

老子之言道德每以嬰兒況之者皆言其體而已未及其用也夫嬰兒泊然無欲其體則至矣然而未來而不知應故未可以言用也

毒蟲不螫猛獸不據攫鳥不搏

道無形體莫得而見之也況可得而傷之乎人之所以至于有形者由其有心也故有心而後有形有形

而後有敵敵立而傷之者至矣無心之人物無敵無敵者而曷由傷之夫赤子所以至此者唯無心也

骨弱筋柔而握固未知牝牡之合而朘作精之至也

無執而自握無欲而自作是以知其精有餘而非心也

終日號而嗌不嗄和之至也

心動則氣傷氣傷則號而啞終日號而不啞是以知其心不動而氣和也

知和曰常

和者不以外傷内也復命曰常遇物而知反其本者也知和曰常得本以應萬物者也其實一道也故皆謂之常

知常曰明益生曰祥

生不可益而欲益之則非其正矣祥妖也

心使氣曰强

氣惡妄作而又以心使之則强梁甚矣

物壯將老謂之不道不道早已

益生使氣不能聽其自然日入于剛強而老從之則失其赤子之性矣

知者不言章第五十六

知者不言言者不知塞其兌閉其門挫其銳解其紛和其光同其塵是謂玄同

道非言說亦不離言說然能知者未必言能言者未必知唯塞兌閉門以杜其外挫銳解紛和光同塵以

治其内者默然不同而與道同也

故不可得而親亦不可得而疎不可得而利亦不可得而害不可得而貴亦不可得而賤故為天下貴

可得而親則亦可得而疎可得而利則亦可得而害可得而貴則亦可得而賤體道者均覆萬物而孰為親疎等觀逆順而孰為利害不知榮辱而孰為貴賤情計之所不及此所以為天下貴也

以正治國章第五十七

以正治國以奇用兵以無事取天下

古之聖人柔遠能邇無意于用兵唯不得已然後有征伐之事故以治國為正以用兵為奇雖然此亦未足以取天下天下神器不可為也為者敗之執者失之唯體道者廓然無事雖不取天下而天下歸之矣

吾何以知其然哉以此天下多忌諱而民彌貧

人主多忌諱下情不上達則民貧而無告

民多利器國家滋昏

利器權謀也明君在上常使民無知無欲民多權謀

則其上昡而昏矣

人多技巧奇物滋起

人不務本業而趨末技則非常無益之物作矣

法令滋彰盜賊多有

患人之詐偽而多為法令以勝之民無所措手足則

日入于盜賊矣

故聖人云我無為而民自化我好靜而民自正我無事

而民自富我無欲而民自朴

其政悶悶章第五十八

其政悶悶其民醇醇其政察察其民缺缺禍兮福之所依福兮禍之所伏孰知其極其無正正復為奇善復為妖人之迷其日固久

天地之大世俗之見有所睦而不知也蓋福倚于禍禍伏于福譬如老穉之死生相繼未始有止而迷者不知也夫惟聖人坐於萬物之表而攬其終始得其

大全而遺其小察視之悶悶若無所明而其民醇醇各全其性矣若夫世人不知道之全體以耳目之所知為至彼方且自以為福而不知禍之伏于後方且自以為善而不知妖之起于中區區以察為明至於察甚傷物而不悟其非也可不哀哉

是以聖人方而不割廉而不劌直而不肆光而不耀

知小察之不能盡物是以雖能方能廉能直能光而不用其能恐其限于一偏而不反也此則世俗所謂

悶悶也

治人事天章第五十九

治人事天莫若嗇夫惟嗇是謂早服早服謂之重積德重積德則無不尅無不尅則莫知其極莫知其極可以有國有國之母可以長久

凡物方則割廉則劌直則肆光則耀唯聖人方而不割廉而不劌直而不肆光而不耀此謂嗇也夫嗇者有而不用者也世患無以服人苟誠有而能嗇雖未

嘗與物較而物知其非不能也則其服之早矣物既已服歛藏而用至于没身而終不試則德重積矣德積既厚雖天下之剛强無不能尅則物莫測其量矣如此而後可以有國彼世之小人有尺寸之柄而輕用之一試不服天下測知其深淺而争犯之雖欲保其國家不可得也吾是以知嗇之可以有國可以有國則有國之母也

是謂深根固蔕長生久視之道

孟子曰存其心養其性所以事天也以嗇治人則可以有國者是也以嗇事天則深根固蔕者是也古之聖人保其性命之常不以外耗內則根深而不可拔蔕固而不可脫雖以長生久視可也葢治人事天雖有內外之異而莫若嗇則一也

治大國章第六十

治大國若烹小鮮

烹小鮮者不可撓治大國者不可煩煩則人勞撓則

魚爛

以道蒞天下其鬼不神

聖人無為使人各安其自然外無所煩内無所畏則物莫能侵雖鬼無所用神矣

非其鬼不神其神不傷人非其神不傷人聖人亦不傷人

非其鬼之不神亦有神而不傷人耳非神之不傷人聖人未嘗傷人故其鬼無能為耳

夫兩不相傷故德交歸焉

人鬼所以不相傷者由上有聖人耳故德交歸之

大國者下流章第六十一

大國者下流

天下之歸大國猶衆水之趨下流也

天下之交天下之牝牝常以靜勝牡以靜為下

衆動之赴靜猶泉高之赴下也

故大國以下小國則取小國小國以下大國則取大國

大國能下則小國附之小國能下則大國納之

故或下以取或下而取

大國下以取人小國下而取于人

大國不過欲兼畜人小國不過欲入事人夫兩者各得其所欲大者宜為下

道者萬物之奥第六十二

道者萬物之奥善人之寶不善人之所保美言可以市尊行可以加人人之不善何棄之有

凡物之見于外者皆其門堂也道之在物譬如其奥物皆有之而人莫之見耳夫賢者得而有之故曰善人之寳愚者雖不能有然而非道則不能安也故曰不善人之所保蓋道不遠人而人則遠之今誠有人美言之則可以為市于世尊行之則可以加于人矣朝為不義而夕為大道妄盡而性復雖欲指不善不可得也而又安可棄之哉

故立天子置三公雖有拱璧以先駟馬不如坐進此道

立天子置三公將以道救人耳雖有拱璧之貴駟馬之良而進之不如進此道之多也

古之所以貴此道者何也不曰求以得有罪以免耶故為天下貴

道之在我人患不求求則得之矣道無功罪人患不知知則凡罪不能汙也

為無為章第六十三

為無為事無事味無味大小多少報怨以德

聖人為無為故無所不為事無事故無所不事味無味故無所不味其于大小多少一以道遇之而已葢人情之所不忘者怨也然及其愛惡之情忘則雖報怨猶報德也

圖難于其易為大于其細天下難事必作于易天下大事必作于細是以聖人終不為大故能成其大夫輕諾必寡信多易必多難是以聖人猶難之故終無難

世人莫不畏大而侮小難多而易少至于難而後圖

大而後為則事常不濟矣聖人齊大小一多少無所
不畏無所不難而安有不濟者哉

其安易持章第六十四

其安易持其未兆易謀其脆易破其微易散為之于未
有治之于未亂
方其未有持而謀之足矣及其將然非泮而散之不
去也然猶愈于既成也故為之于未有者上也治之
于未亂者次也

合抱之木生于毫末九層之臺起于累土千里之行始足于下為者敗之執者失之聖人無為故無敗無執故無失

治亂禍福之來皆如彼三者積小成大聖人待之以無為守之以無執故能使福自生使禍自忘譬如種苗深耕而厚耔之及秋自穰譬如弭盜危坐而熟視之盜將自卻世人不知物之自然以為非為不成非執不留故常與禍爭勝與福生贅是以禍至于不救

福至于不成蓋其理然也

民之從事常于幾成而敗之慎終如始則無敗事

聖人知有為之害不以人助天始終皆因其自然故無不成者世人心存于得喪方事之微猶有不知而聽其自然者及見其幾成而重失之則未有不以為敗之者矣故曰慎終如始則無敗事

是以聖人欲不欲不貴難得之貨學不學復衆人之所過以輔萬物之自然而不敢為

人皆狥其所欲以傷物信其所學以害理聖人非無欲也欲而不欲故雖欲而不傷于物非無學也學而不學故雖學而不害于理然後內外空明廓然無為可以輔萬物之自然而待其自成矣

古之善為章第六十五

古之善為道者非以明民將以愚之

古之所謂智者知道大全而攬于物之終始乃為足貴也凡民不足以知此而溺于小智以察為明則智

之害多矣故聖人以道治民非以明之將以愚之耳

蓋使之無知無欲而聽上之所為則雖有過亦小矣

民之難治以其智多以智治國國之賊

吾以智御人人亦以智應之而上下交相賊矣

不以智治國國之福知此兩者亦楷式常知楷式是謂

玄德玄德深矣遠矣與物反矣乃至于大順

吾之所貴者德也物之所貴者智也德與智固相反

然智之所順者小而德之所順者大也

江海為百谷王章第六十六

江海所以能為百谷王者以其善下之故能為百谷王

聖人欲上民必以言下之欲先民必以身後之

聖人非欲上人非欲先人也蓋下之後之其道不得不上且先耳

是以聖人處上而民不重處前而民不害是以天下樂推而不厭以其不争故天下莫能與之争

天下皆謂章第六十七

天下皆謂我大似不肖夫惟大故似不肖若肖久矣其細

夫道曠然無形頽然無名充徧萬物而與物無一相似此其所以為大也若似于物則亦一物耳而何足大哉

夫我有三寳持而保之一曰慈二曰儉三曰不敢為天下先

道以不似物為大故其運而為德則亦悶然以鈍為

利以退為進不合于世俗今夫世俗貴勇敢尚廣大誇進鋭而吾之所寶則慈忍儉約廉退此三者皆世之所謂不肖者也

慈故能勇

世以勇決為賢而以慈忍為不及事不知勇決之為挫而慈忍之不可勝其終必至于勇也

儉故能廣

世以廣大蓋物而以儉約為陋不知廣大之易窮而

儉約之易足其終必至于廣也

不敢為天下先故能成器長

世以進鋭為能而以不敢先為恥不知進鋭之多恐于人而不敢先之樂推于世其終卒為器長也蓋朴散而為器聖人用之則為官長自朴成器始有屬有長矣

今捨慈且勇捨儉且廣捨後且先死矣

勇廣先三者人之所共疾也為衆所疾故長近于死

矣

夫慈以戰則勝以守則固天將救之以慈衛之

以慈衛物物之愛之如父母雖為之效死而不辭故可以戰可以守天之將救是人也則開其心志使之無所不慈無所不慈則物皆為之衛矣

善為士章第六十八

善為士者不武

士當以武為本行之以怯若以武行武則死矣

善戰者不怒

聖人不得已而後戰若出于怒是以我故殺人也天必殃之

善勝敵者不爭

以吾不爭故能勝彼之爭若皆出于爭則未必勝矣

善用人者為下

人皆有相上之心故莫能相為用誠能下之則天下皆吾用也

是謂不爭之德是謂用人之力是謂配天古之極

用兵有言章第六十九

用兵有言吾不敢為主而為客

主造事者也客應敵者也

不敢進寸而退尺

進者有意于爭者也退者無意于爭者也

是謂行無行

無意于爭則雖用兵與不用均也

攘無臂仍無敵執無兵

苟無意于爭則雖在軍旅如無臂可攘無敵可因無兵可執而安有用兵之咎耶

禍莫大于輕敵輕敵幾喪吾寶

聖人以慈為寶輕敵則輕戰輕戰則輕殺人喪其所以為慈矣

故抗兵相加哀者勝矣

兩敵相加而吾出于不得已則有哀心哀心見而天

人助之雖欲不勝不可得矣

吾言甚易知章第七十

吾言甚易知甚易行天下莫能知莫能行

道之大復性而足而性之妙見于起居飲食之間耳聖人指此以示人豈不易知乎人能體此以應物豈不易行乎然世惟患日用而不知知且不能而況行之乎

言有宗事有君夫惟無知是以不我知

言者道之筌也事者道之迹也使道可以言盡則聽言而足矣可以事見則考事而足矣唯言不能盡事不能見非舍言而求其宗遺事而求其君不可得也蓋古之聖人無思無為而有漠然不自為不自知者存焉此則思慮之不及是以終莫吾知也

知我者希則我貴矣

眾人之所能知亦不足貴矣

是以聖人被褐懷玉

聖人外與人同而中獨異耳

知不知章第七十一

知不知上不知知病

道非思慮之所及故不可知然方其未知則非知無以入也及其既知而存知則病矣故知而不知者上

不知而知者病

夫唯病病是以不病

既不可不知又不可知唯知之為病者久而病自去

矣

聖人不病以其病病是以不病

民不畏威章第七十二

民不畏威大威至矣

夫性自有威高明光大赫然物莫能加此所謂大威也人常患溺于衆妄畏生死而憚得喪萬物之威雜然乘之終身惴惴之不暇雖有大威而不自知也苟誠知之一生死齊得喪坦然無所怖畏則大威煋然

見于前矣

無狹其所居無厭其所生夫唯不狹是以不厭

性之大可以包絡天地彼不知者以四肢九竅為已

也守之而不厭是以見不出視聞不出聽蕞然其甚

陋也故教之曰無狹其所居彼知之者知性之大而

吾生之狹也則愀然厭之欲脫而不得不知有厭有

慕之方圓于物也故教之曰無厭其所生夫唯聖人

不狹不厭與人同生而與道同居無廣狹淨穢之辨

既不厭生而後知生之無可厭也

是以聖人自知不自見自愛不自貴故去彼取此

聖人雖自知之而不自見雖自愛之而不自貴以貽人恐人之有厭有慕也厭慕之心未忘則猶有畏也畏去而後大威至也

勇于敢章第七十二

勇于敢則殺勇于不敢則活此兩者或利或害天之所惡孰知其故是以聖人猶難之

勇于敢則死勇于不敢則生此物理之常也然而敢者或以得生不敢者或以得死世遂僥倖其或然而忽其常理夫天道之遠其有一或然者孰知其好惡之所從來哉故雖聖人猶以常為正其于勇敢未嘗不難之列子曰迎天意揣利害不如其已患天道之難知是以歷陳之也

天之道不爭而善勝

不與物爭于一時要于終勝之而已

不言而善應

天何言哉四時行焉百物生焉未有求而不應者也

不召而自來

神之格思不可度思矧可射思夫何召之哉

繟然而善謀

繟然舒緩若無所營而其謀度非人之所及也

天網恢恢疎而不失

世以耳目觀天見其一曲而不睹其大全有以善而

得禍惡而得福未有不疑天網之踈而多失也惟能惡其終始而盡其變化然後知其恢恢廣大雖踈而不失也

民不畏死章第七十四

民不畏死奈何以死懼之

政煩刑重民無所措手足則常不畏死雖以死懼之無益也

若使民常畏死而為奇者吾得執而殺之孰敢

民安于政常樂生畏死然後執其詭異亂羣者而殺之孰敢不服哉

常有司殺者殺

司殺者天也方世之治而有詭異亂羣之人恣行于其間則天之所棄也而吾殺之則是天殺之而非我也

夫代司殺者殺是謂代大匠斲夫代大匠斲者希有不傷手矣

非天之所殺而吾自殺之是代司殺者殺也代大匠斲則傷其手矣代司殺者殺則及其身矣

民之饑章第七十五

民之饑以其上食稅之多是以饑民之難治以其上之有為是以難治

上以有為導民民亦以有為應之故事多而難治

民之輕死以其求生之厚是以輕死

上以利欲先民民亦爭厚其生故雖死而求利不厭

夫唯無以生為者是賢于貴生

貴生之極必至于輕死唯無以生為而生自全矣

人之生章第七十六

人之生也柔弱其死也堅强萬物草木之生也柔脆其死也枯槁故堅强者死之徒柔弱者生之徒

沖氣在焉則體無堅强之病至理在焉則事無堅强之累

是以兵强則不勝

兵以義勝者非强也强而不義其敗必速

木强則共

木自拱把以上必伐矣

强大處下柔弱處上

物之常理精者在上麤者在下其精必柔弱其麤必

强大

天之道章第七十七

天之道其猶張弓乎

張弓上筋弛弓上角故以況天之抑高舉下

高者抑之下者舉之有餘者損之不足者與之天之道

損有餘而補不足人之道則不然損不足以奉有餘

天無私故均人多私故不均

孰能有餘以奉天下唯有道者

有道者贍足萬物而不辭既以為人已愈有既以與

人已愈多非有道者無以堪此

是以聖人為而不恃功成而不處其不欲見賢耶

為而恃成而處則賢見于世賢見于世則是以有餘自奉也

天下柔弱章第七十八

天下柔弱莫過于水而攻堅强者莫之能勝其無以易之弱之勝强柔之勝剛天下莫不知莫能行故聖人云受國之垢是謂社稷主受國之不祥是謂天下王正言若反

正言合道而反俗俗以受垢為辱受不祥為殃故也

和大怨章第七十九

和大怨必有餘怨安可以為善

夫怨生于妄而妄出于性知性者不見諸妄而又何怨乎今不知除其本而欲和其末故外雖和而内未忘也

是以聖人執左契而不責于人有德司契無德司徹

契之有左右所以為信而息爭也聖人與人均有是性人方以妄為常馳騖于爭奪之場而不知性之未

始少妄也是以聖人以其性示人使知除妄以復性待其妄盡而性復未有不廓然自得如右契之合左不待責之而自服也然則雖有大怨懟將涣然冰解知其本非有矣而安用和之彼無德者乃欲人人而通之則亦勞而無功矣徹通也

天道無親常與善人

天道無私惟善人則與之契之無私也

小國寡民章第八十

小國寡民

老子生于衰周文勝俗弊將以無為救之故于書之終言其所志願得小國寡民以試焉而不可得耳

使有什伯人之器而不用

民各安其分則小有材者不求用于世什伯人之器則材堪什夫伯夫之長者也

使民重死而不遠徙雖有舟轝無所乘之雖有甲兵無所陳之使民復結繩而用之

事少民淳雖結繩足矣

甘其食美其服安其居樂其俗

內足而外無所慕故以其所有為美以其所處為樂而不復求也

鄰國相望雞狗之聲相聞民至老死不相往來

民物繁夥而不相求則彼此皆足故也

信言不美章第八十一

信言不美美言不信

信則無實而已故不必美美則為觀而已故不必信

善者不辯辯者不善

以善為主則不求辯以辯為主則未必善

知者不博博者不知

有一以貫之則無所用博博學而日益者未必知道也

聖人不積既以為人已愈有既以與人已愈多

聖人抱一而已他無所積也然施其所能以為人推其所有以與人人有盡而一無盡然後知一之為貴

也

天之道利而不害聖人之道為而不爭

勢可以利人則可以害人矣力足以為之則足以爭之矣能利能害而未嘗害能為能爭而未嘗爭此天與聖人大過人而為萬物宗者也凡此皆老子之所以為書與其所以為道之大畧也故於終篇復言之

老子解卷下

老子解題後

予年四十有二謫居筠州筠雖小州而多古禪剎四方遊僧聚焉有道全者住黄蘗山南公之孫也行高而心通喜從予遊嘗與予譚道予告之曰子所譚者予于儒書已得之矣全曰此佛法也儒者何自得之予曰不然予忝聞道儒者之所無何苦强以誣之顧誠有之而世莫知耳儒佛之不相通如番漢之不相諳也子亦何由而知之全曰試為我言其略予曰孔

子之孫子思子思之書曰中庸中庸之言曰喜怒哀樂未發謂之中發而皆中節謂之和中也者天下之大本也和也者天下之達道也致中和天地位焉萬物育焉此非佛法而何顧所從言之異耳全曰何以言之予曰六祖有言不思善不思惡方云是時也孰是汝本來面目自六祖以來人以此言悟入者大半矣所謂不思善不思惡則喜怒哀樂之未發也蓋中者佛性之異名而和者六度萬行之總目也致中極和

而天地萬物生于其間此非佛法何以當之全驚喜曰吾初不知也今而後始知儒佛一法也予笑曰不然天下固無二道而所以治人則異君臣父子之間非禮法則亂知禮法而不知道則世之為儒不足貴也居山林木食澗飲而心存至道雖為人天師可也而以之治世則亂古之聖人中心行道而不毁法而後可耳全作禮曰此至論也是時予方解老子每出一章輒以示全全輒歎曰此佛法也予居筠五年而

北歸全不久亦化去逮今二十餘年也凡老子解亦時有所刋定未有不與佛法合者時人無可與語思復見全而示之故書之老子之末大觀二年十二月十日子由題

予昔南遷海康與子瞻兄邂逅于藤州相從十餘日語及平生舊學子瞻謂予子所作詩傳春秋傳古史三書皆古人所未至惟解老子差若不及予至海康閒居無事凡所為書多所更定乃再録老子書以寄

子瞻自是蒙恩歸北子瞻至毗陵得疾不起逮今十餘年竟不知此書于子瞻為可否也政和元年冬得姪邁等所編先公手澤其一曰昨日子由寄老子新解讀之不盡卷廢卷而歎使戰國有此書則無商鞅韓非使漢初有此書則孔老為一使晉宋間有此書則佛老不為二不意老年見此奇特然後知此書當子瞻意然予自居潁川十年之間于此四書復多所刪改以為聖人之言非一讀所能了故每有所得不

敢以前說為定今日以益老自以為足矣欲復質之

子瞻而不可得言及于此涕泣而已十二月十一日

子由再題

欽定四庫全書　　子部十四

道德寶章　　道家類

提要

臣等謹案道德寶章一卷宋葛長庚撰長庚字白叟閩清人為道士居武夷山舊本題紫清真人白玉蟾白玉蟾其別號紫清真人則嘉定閒徵赴闕下所封也其書隨文標識不訓詁字句亦不旁為推闡所注乃少于本經

語意多近禪偈蓋佛老同源故也此本爲元趙孟頫手書鈎摹雕板字畫絶爲精楷明陳繼儒亦嘗刻之彙祕笈中改題曰蟾仙解老非其本目長庚世傳其神仙而劉克莊集有王隱居六學九書序稱所見丹家四人鄒子益不登七十曾景建黄天谷僅六十白玉蟾夭死又陳振孫書録解題羣仙珠玉集條下云白玉蟾葛其姓福之閩清人嘗得罪亡命

蓋姦妄流也余寀南城有寓公稱其人云近嘗過此曾相識否余言此輩何可使及吾門云云二人與長庚同時其説當確流俗所傳殆出附會然道家自尊其教往往如此其書旣頗有可取則其人亦不足深詰矣乾隆四十九年三月恭校上

總纂官臣紀昀臣陸錫熊臣孫士毅

總校官臣陸費墀

欽定四庫全書

道德寶章

宋 葛長庚 撰

體道章

道道者空虛而已可道非常道可說即不如此名強名曰道可名非常名謂之道已非也無無即是道也名天地之始道生一即是天地之初有一生二二生三三生萬物故有名萬物之母一無生萬有萬有歸一無故常無虛心無念欲以觀其妙見物知道知道見心常有守中抱一欲以觀其徼身有生死心無生死此兩者

萬有一無一無亦無無中不無同出而異名萬法歸一一心本空同謂之玄道非欲虛虛自歸之人能虛心道自歸之玄之又玄虛裏藏真無中生有衆妙之門悟由此入用之無窮也

養生章

天下皆知美之為求為美名美斯惡已不得美名皆知善之為求為善人善斯不善矣反為惡人故有無之相生無必生有有必歸無難易之相成先難後易先易後難長短之相形道本無形自相長短高下之相傾天旋地轉本無高卑音聲之相和一風所鳴萬竅皆應前後之相隨往古即今來今即古

是以聖人處無為之事貴乎自然行不言之教道寓于物萬物作而不辭無必生有安得不生倘若不生安見長存生而不有無非妄幻為而不恃今日今日而已功成而弗居豈可以夢為實夫惟弗居忘外而不忘其內也是以不去一我自存

安民章

不尚賢為子當孝為臣當忠使民不爭飽不思食不貴難得之貨黃金與土同價使民不為盜如意無他不見可欲耳目之間心實在焉使心不亂去即喚回是以聖人之治虛其心實其腹弱其志強其

骨 常使民無知無欲 使夫知者 不敢爲也 爲無爲 則無不治

無源章

道 沖而用之 或不盈 虛中 淵乎似萬物之宗 心也 挫其銳 歛神 解其紛 止念 和其光 藏心于心而不見 同其塵 混心于物 湛兮似若存 存神于無 吾不知 誰之子 吾 象帝之先

虛用章

天地不仁 無心 以萬物爲芻狗 任其自然 聖人不仁 以天地之心爲心也

以百姓為芻狗（尚自忘我豈有他哉）天地之間（心也）其猶橐籥乎（運而不息）虛而不屈（用之無窮）動而愈出（純亦不已）多言數窮（如何說得）不如守中（盡其在我）

成象章

谷神不死（此心本無生死）是謂玄牝（同此一天）玄牝之門（念頭動處）是謂天地根（惟心）綿綿若存（只是如此）用之不勤

韜光章

天長地久（湛然無為）天地所以能長且久者（心亦如是）以其不自

生（此心長存）故能長生（本無生滅）是以聖人（我也）後其身而身先（無乎）（不在）外其身而身存（今古如此）非以其無私也（天地與我同根萬物與我同體）故能成其私（我即天地天地即我）

易性章

上善若水（性猶水也）水善（不爲物所忤而已）利萬物而不爭（初何心哉）處衆人之所惡（于我何有）故幾于道（心亦如此）居善地（無所擇也）心善淵（有所養也）與善仁（無分彼此）言善信（真實）正善治（無性不正）事善能（無爲而無所不爲）動善時（與時偕行）夫惟不爭（方寸不競）故無尤矣（亦不以爲福也）

運夷章

持而盈之無久無餘不如其已放下身心揣而銳之貴欲無為不可長保謹而勿失金玉滿堂儉視儉聽裕然有餘莫之能守終日如愚富貴而驕潛心勿用自遺其咎寂然不動寬然有餘功成名遂月到天心處風來水面時身退天之道退有餘地

能為章

載營魄安心抱一能無離乎甚處去來專炁致柔純清絕點能如嬰兒乎混然一片滌除玄覽無事于心無心于事能無疵乎身心一如愛民

治國怡神養炁能無為乎無念無為無思無慮天門開闔心地開明能無雌乎一而不二明白四達一理燭物水融月皎能無知乎終日如愚生之畜之一心所存包含萬象生而不有心同太虛為而不恃智周萬象長而不宰泰然無我是為玄德

無用章

三十輻如三十日是也共一轂一月是爾當其無月大月小有車之用雖是月小亦是一月埏埴以為器陰陽往來而成造化當其無天地無全功聖人無全能有器之用間有不及亦見天工鑿戶牖以為室萬象森羅同乎一天故其無神不

守舍五官失衛有室之用聖愚同姓忘內逐外故有之以為利得此父母之身為用無之以為用存我厥初同然之性無內無外

檢欲章

五色青黃赤白黑令人目盲其機在目志之所之五音宮商角徵羽令人耳聾貪外喪內五味甘辛鹹酸苦令人口爽忘其自然馳騁田獵心猿意馬令人心發狂不定身心無所歸宿難得之貨金玉何用令人行妨所寶惟心貴乎守一是以聖人為腹其樂也內不為目耳隨聲去眼被色瞞故去彼取此見色明心聞聲悟道

厭恥章

寵辱若驚（無榮無辱此心泰然）貴大患若身（思患預防）何謂寵辱（貴賤貧富）辱為下（人之所惡一本辱作寵）得之若驚（苟非吾之所有）失之若驚（雖一毫而莫取）是謂寵辱若驚（于我何有）何謂貴大患若身（安危累吾心得喪累吾性）吾所以有大患者（心之不寧身之不安）為吾有身（有我則有身無我則無身）及吾無身（湛然一天我亦非我）吾有何患（忘我忘世天真自然）故貴以身為天下者（心猶君也身猶天下）則可寄于天下（百年如過客萬物如逆旅）愛以身為天下者（能治其身亦猶治國）乃可以託于天下（可以久而勿失）

贊玄章

視之不見名曰夷身中之心聽之不聞名曰希心中之性搏之不得名曰微性中之神此三者不可致詰不可以說說惟當以會會故混而為一其上不皦性無體其下不昧神無方繩繩兮不可名綿古亘今昭然獨存復歸于無物見物便見心是謂無狀之狀心無形相無物之象性無形象一本作無象之象是謂惚恍神無去來迎之不見其首其來非今隨之不見其後其去非古執古之道本無圓成以御今之有本無生死能知古始古即今今即古聽其自古自今是謂道紀如是如是

顯德章

古之善為士者（明心見性）微妙玄通（允執厥中）深不可識（吾道一以貫之不可得而聞也）夫惟不可識（惟精惟一）故強為之容（謂之道也皆吾心焉）豫兮若冬涉川（得處徹骨）猶兮若畏四鄰（君子慎其獨）儼兮其若容（毋不敬）渙兮若水之將釋（心開神悟）敦兮其若樸（終日不違如愚）曠兮其若谷（庶乎屢空億則屢中）渾兮其若濁（心與道冥）孰能濁以澄之徐清（澄之不清撓之不濁）孰能安以久動之徐生（昔既不生今亦不滅）保此道者（道不假修但莫染汙）不欲盈（道無窮心無盡）夫惟不盈（有成者有敗道本無成敗）故能

獘潛龍勿用不新成喚作如如早是變了也

歸根章

至虛極忘形守靜篤忘心萬物並作忘物忘我吾以觀其復迴光返照見天地心夫物芸芸身外無為各復歸其根洞見本來靈光獨耀歸根曰靜無生無滅靜曰復命我無生死我不能無生死我能生死我本無生死復命曰常常光現前如如不動知常曰明心死方得神活魄滅然後魂昌不知常道不可以須臾離也妄作凶一念所形無非妄幻知常容其大無外容乃公其小無內公乃王能為萬象主不遂四時凋王乃天本有之天天乃道一炁之始萬象之祖道乃久道即心心即道

沒身不殆心無生死道無往來

淳風章

太上心之精神是謂之聖下知有之萬物皆有此理其次親之譽之有物生天地無名本寂寥其次畏之百姓日用而不知也其次侮之寂然不動感而遂通信不足不知有此理只為大分明有不信平常心是道不用生分別猶兮其貴言尚何言哉功成事遂此理素存此心素有百姓皆謂我自然圓陀陀光爍爍淨躶躶赤洒洒

俗薄章

大道廢自昧固有之心本來之性有仁義非其本真智慧出終非本然有大偽

即不自然六親不和自相分別有孝慈蓋所當然國家昏亂生死岸頭自心茫然有忠臣到此方知有所養也

還淳章

絕聖任其天然棄智寂然無念民利百倍清明在躬忘氣如神絕仁聽其自爾棄義皇恤有餘民復孝慈安時處順絕巧忘機棄利泯慮盜賊無有心兵不起方寸太平此三者忘形以養氣忘氣以養神忘神以養虛以為文不足使其使然孰若自然故令有所屬應無所著洞然無我見素抱樸少私寡欲見素抱樸

異俗章

絶學無憂（無事無為何思何慮）唯之與阿（一氣聚散）相去幾何（所過者化）善之與惡（一念動靜）相去何若（所存者神）人之所畏（生死亦大矣）不可不畏（生死事大無常迅速）荒兮其未央哉（流浪生死沈滯聲色）衆人熙熙（守真之志不堅逐物之情易蕩）如享太牢（于道無味）如春登臺（恣縱情欲）我獨泊兮其未兆（專炁致柔能如嬰兒）如嬰兒之未孩（冥冥然而無所知寂寂然而無所為）乘乘兮若無所歸（應無所□而生其心）衆人皆有餘（不知戢斂）而我獨若遺（唯恐失之）我愚人之心也哉（離種種邊名為妙道）沌沌兮（觀空亦空）俗人昭昭（耳目所娛內真已喪）我獨若昏（終日如愚）俗人察察（用心不已勞神不止）我獨

悶悶若有所思實無思者忽兮若海道無邊際漂兮若無所止一心自如萬物無若一本作寂兮似無所止衆人皆有以一人之心有限萬機之事無窮而我獨頑似鄙身如槁木心若死灰我獨異于人道不遠人人遠乎道而貴食母夫道一而已矣

虛心章

孔德之容大無不包惟道是從細無不入道之爲物惟恍惟惚不可以知知不可以識識惚兮恍兮即心即道其中有象恍兮惚兮即道即心其中有物窈兮冥兮心與道合其中有精其精甚真

其中有信自古及今心無所始亦無所終其名不去人能弘道非道弘人以閱衆甫萬物之中惟道為大吾何以知衆甫之然哉五行之中惟人最靈以此

益謙章

曲則全性不可從枉則直神不可測窪則盈心不可盡弊則新以心盡心少則得以性窮性多則惑以神測神是以聖人抱一為天下式心即性性即神神即道不自見故明見見之時見非是見見猶離見見不能及不自是故彰多少分明不自伐故有功心上工夫何分彼此不自矜故長寸心不昧終古長存

夫惟不爭忘我故天下莫能與之爭我尚自忘何況非我古之所謂曲則全者性不可窮豈虛言哉是真實者誠全而歸之一念既正無往不正

虛無章

希言自然無可得說飄風不終朝有為者也驟雨不終日何可長也孰為此者天地終不可久也天地尚不能久天地萬物無非妄幻而況于人乎惟此心為實餘者即非真故從事于道者了心而已道者同于道無思即道德者同于德為無為失者同于失忘所忘同于道者道亦得之同于德者德亦得之同于失者失亦

得之 信不足焉 自信不及 有不信焉 日中逃影疾走渴死

苦恩章

跂者不立 心如牆壁乃可入道 跨者不行 心性無染體露真常 自見者不明 凡所有相皆是虛妄 自是者不彰 不可以聲色求不可以名相見 自伐者無功 百念雲消而風止寸心霜降而水涸 自矜者不長 真淨明妙虛徹靈通 其于道也 曰餘食贅行 仁者見之謂之仁智者見之謂之智 物或惡之 瞥起是病不續是藥 故有道者不處也 不怕念起惟恐覺遲

象元章

有物渾成（有狀渾成）先天地生（先天地生）寂兮寥兮獨立而不改（廓然獨存）周行而不殆（無窮無盡）可以爲天下母（能生天地）吾不知其名（吾即我也）字之曰道強爲之名曰大（無邊）大曰逝（無著）逝曰遠（無盡）遠曰反（無住）故道大天大（同乎無始）地大（同乎無終）王亦大（心君也）域中有四大（上無復色下無復淵靈然獨存玄之又玄）而王居其一焉（即心是道）人法地（有所緣依）地法天（一靈妙有法界圓通）天法道道法自然

重德章

重為輕根（心為萬物之宗）靜為躁君（道為一心之體）是以聖人（得道之士）終日行（持心抱一）不離輜重（惟恐喪失）雖有榮觀（無所貪著）燕處超然（心超物外）奈何萬乘之主（心也）而以身輕天下（戀有貪生）輕則失臣（情欲所使）躁則失君（無所持守）

巧用章

善行無轍迹（以心知心）善言無瑕謫（以性覺性）善計不用籌策（以神合神）善閉無關鍵而不可開（合神于無）善結無繩約而不可解（合無于道）是以聖人（心一而已）常善救人（視人如己）故無棄人（凡厥有生均氣

同體常善救物見物便見心見心便見道故無棄物心超物外而不外物是謂襲明定能生慧睿可作聖故善人者正己處物不善人之師物自物我自我不善人者不可離生死而求心不可脫心而離生死善人之資生死自生死此心自此心不貴其師道無可學可學可用不愛其資寒灰枯木死心忘形雖智大迷一念萬年是謂要妙與道合真

反樸章

知其雄神也守其雌性也為天下谿心廣體胖為天下谿沁妙常德不離顛沛必于是造次必于是復歸于嬰兒無念知其白性也守其黑命也

為天下式空寂合無專炁致柔為天下式見聞覺知盡皆空寂常德不忒道在

萬物萬物即道復歸于無極知其榮心也守其辱我也為天下谷

但可空之所有不可實之所無為天下谷虛中常德乃足自心一如身外無餘復歸

于極太易無極樸散則為器易有太極是生兩儀聖人用之知有此理則為

官長如有所畏故大制不割心同虛空虛空非心

無為章

將欲取天下而為之欲行此道吾見其不得已道本無為天下神

器心之所居不可為也無作無止無任無滅為者敗之道本圓成執者失之

愚者逐于外賢者執于內聖人皆偽之吾亦非聖人故物或行或隨念茲在茲或噓或吹思無邪或強或羸善用其心或載或隳精思此理是以聖人我也去甚過猶不及去奢道常如如去泰道無不足

儉武章

以道佐人主者道與心合不以兵強天下善勝于不爭其事好還歸根復命師之所處心兵所起荊棘生焉心荒神狂大軍之後心與物馳事與心戰必有凶年精欲驅馳神氣昏耗故善者果而已定力所到不敢以取強忘我而已果而勿矜靜以待之果而勿伐默而守之果而勿驕存之以和

果而不得已 用之以虛 是果而勿強 虛無自然 物壯則老 心爲物移 是謂不道 性爲心所蔽 不道早已 神爲性所窒

偃武章

夫佳兵者不祥之器 以心勝物終莫能勝 物或惡之 爲物所誘 故有道者不處 不離生死而離生死 是以君子居則貴左 忘心 用兵則貴右 任真 兵者不祥之器 不得已而用之 非君子之器 觸來勿與競事過心清涼 不得已而用之 欲求合道乃不合道 恬憺爲上 寂然 勝而不美 求欲凝神神乃不凝 而美之者 用志不分乃凝于神 是樂殺人 用心一處無事不辦 夫樂殺人

者絶欲則不可得志于天下矣凡百從儉故吉事尚左不可師心凶事尚右當為心師偏將軍居左省心上將軍居右全神言以喪禮處之若論此事如喪考妣殺人之衆六賊之兵已息三尺之火不焚一本之衆作衆多以悲哀泣之心死神存戰勝則以喪禮處之孤光獨照

聖德章

道常無名樸雖小亦甚大天下不敢臣道為萬化之君侯王若能守守一萬物將自賓心為主物為客天地相合身心一如以降甘露大道得矣民莫之令而自均心無病而身自安心無為而神自化始制有名道也

名亦既有（心也）夫亦將自止（性也一本作天亦將知之下同）知止所以不殆（神也）譬道之在天下（心之在我）猶川谷之與江海（萬物歸一而已）

辨德章

知人者智（不為物所轉也）自知者明（以心合道）勝人者有力（久于其道而化）自成（自成）自勝者強（真積力久）知足者富（何物非道）強行者有志（有志者事竟成）不失其所者久（性常存也）死而不亡者壽（神不亡也）

任成章

大道汎兮（心無方所）其可左右（了無所知）萬物恃之以生而不辭

大道無生不免于生萬化自生大道無生功成不名有實無所得愛養萬物道能育物一本愛養作衣被而不為主忘其所自故常無欲而不為主可名于小矣道雖小合萬物萬物歸焉人能虛心道自歸之而不為主尚自不見乎我將何有于我哉可名于大矣何所不容是以聖人心也終不為大粟中藏世界芥子納須彌故能成其大諸佛法身入我性我性同共如來合

仁德章

執大象天下往萬物歸焉往而不害道無鬼神獨往獨來安平泰心安則性平性平則神泰樂與餌從心不踰矩過客止邪念自絕道之出口淡而有味

淡乎其無味（無味之味）視之不足見（道無形）聽之不足聞（道無聲）用之不可既（道無盡）

微明章

將欲噏之（攝心）必固張之（忘物）將欲弱之（忘口）必固強之（忘我）將欲廢之（忘心）必固興之（忘性）將欲奪之（忘神）必固與之（忘道）是謂微明（忘其所得）柔弱勝剛強（遊心于物而不為物所囿）魚不可脫于淵（心不出乎道）國之利器（天理固存）不可以示人（人欲自盡）

為政章

道常無為用之不可既而無不為何所施而不可侯王若能守心生于道萬物將自化萬化自然化而欲作一念欲起吾將鎮之以無名之樸要知真一處當使六用廢無名之樸亦將不欲道常無為不欲以靜而無不為天下將自正身心一如一本正作定

論德章

上德不德無著是以有德不自有其有下德不失德有所窒礙是以無德與道相違上德無為無所事于心而無以為何所為也下德為之逐妄迷真而有以為道無可為上仁為之以心合道而無以為寂然不動上

義為之（以物為心乃昧所見）而有以為（流而忘返）上禮為之（道法自然）而莫之應（去道遠矣）則攘臂而仍之（自昧其天）故失德而後德（不能神其神）失德而後仁（不能性其性）失仁而後義（不能心其心）失義而後禮（已失其真）夫禮者忠信之薄而亂之首也（已非自然）前識者道之華而愚之始也（不可以知知知即不知）是以大丈夫處其厚不處其薄（還淳返朴）居其實不居其華（收視返聽）故去彼取此（迴光返照）

法本章

昔之得一者（我是何人）天得一以清 地得一以寧 神得

一以靈谷得一以盈萬物得一以生侯王得一以爲天下貞其致之一也昔之得一者天無以清將恐裂天法道地無以寧將恐發地發天神無以靈將恐歇道法自然谷無以盈將恐竭夫道一而已矣萬物無以生將恐滅故去彼取此侯王無以爲貞而貴高將恐蹶一點不動萬化自然故貴以賤爲本神者性之基高以下爲基性者心之本是以侯王心也自稱孤寡不穀無所用其用此其以賤爲本耶惟道爲身非乎故致數車無車無我不欲琭琭如玉不有其有落落如石寘然自全一本落落作硌硌

去用章

反者道之動（以性全神）弱者道之用（以心全性）天下之物生于有（以我全心一本之物作萬物）有生于無（以無我為全我）

同異章

上士聞道 勤而行之（如無手人欲行拳也）中士聞道 若存若亡（啞者得夢）下士聞道 大笑之（百姓日用而不知也）不笑不足以為道 故建言有之（因理見道）明道若昧（不昧本來）進道若退（為道日損）夷道若纇（不生分別）上德若谷（包含萬化）大白若辱（大無不包）廣德

若不足惟恐不及建德若偷常懷此念一照一用質真若渝不自以為我大方無隅神無方大器晚成道生于萬物之先而成于萬物之後大音希聲無所覺知大象無形無所名相道隱無名無所可說夫惟道善貸且成能化其化而不自化

道化章

道生一　一生二　二生三　三生萬物　萬物負陰而抱陽　冲氣以為和　人之所惡　唯孤寡不穀而王公以為稱　故物或損之而益　或益之而損

人之所教無一亦無二亦我義教之惟道而已一本作我亦教之強梁之

心念所形起滅不停不得其死不能至于無我之地吾將以為教父

徧用章

天下之至柔道也馳騁天下之至堅物我也無有入于無間

大無不包細無不入吾是以知無為之有益也為學日益為道日損天下希

及之衆人昭昭我獨悶悶

立戒章

名與身孰親不可使之親身與貨孰多不可使之多得與亡孰病

不可使之病是故甚愛必大費溺于情欲必喪其本多藏必厚亡累于貪故必失其真知足不辱大圓覺滿知止不殆應如是任可以長久無量無邊

洪德章

大成若缺自悔其用不弊韜光大盈若沖自然其用不窮澄虛大直若屈順適大巧若拙無為大辯若訥忘言躁勝寒清者濁之源靜勝熱動者靜之基清靜為天下正心無其心是謂大同

儉欲章

天下有道知有此心却走馬以糞忘其所為天下無道不知有此戎馬

生于郊（情欲交戰）罪莫大于可欲（一念易流）禍莫大于不知足（迷己逐物）咎莫大于欲得（豈可更添一物）故知足之足（有情無情同此一理）常足矣（人人具足箇箇圓成）

鑒遠章

不出户（潜心）知天下（智周萬物）不窺牖（隳肢體黜聰明）見天道（離形去智）其出彌遠（心包太虚）其知彌少（神遊萬國）是以聖人不行而知（明鏡當臺）不見而名（寶劍在手）不為而成

忘知章

為學日益〔百尺竿頭更進一步〕為道日損〔空諸所有納此一無〕損之又損之〔皮毛剝落盡惟有真實在〕以至于無為〔空寂〕無為而無不為矣〔萬化自然〕故取天下常以無事〔心不在物無物無心〕及其有事〔物來斯照〕不足以取天下〔棄天下如棄敝屣〕

任德章

聖人無常心〔不以我為我乃見心中心〕以百姓心為心〔人心我心同乎一性〕善者吾善之〔與我同然〕不善者吾亦善之〔亦與我同〕德善矣〔同乎此然〕信者吾信之〔萬神即一神萬炁即一炁〕不信者吾亦信之〔我不輕于汝等汝等皆當

作佛德信矣誰非此道聖人之在天下惵惵毋不敬也一本惵惵作怵怵爲天下渾其心忘其所以然百姓皆注其耳目任其自爾聖人皆孩之無心

貴生章

出生入死月圓月缺之類生之徒十有三月自初三日生魄至十五日乃圓故曰十有三死之徒十有三月自十六日虧至二十八日喪魄故曰十有三人之生亦如月然動之死地亦十有三前半月其上旬之上日自初一日至初三日亦十日之三日其月尚生後半月其下旬之十日自二十八日至三十日亦十日之三日其月已死天何故蓋人與月相似

以其生生之厚同乎天地之一炁耳蓋聞善攝生者無思無慮陸行不遇兕虎忘形入軍不被甲兵忘我兕無所投其角身非我有虎無所措其爪我亦非我兵無所容其刃夫生死者特一炁聚散耳夫何故是如此以其無死地此心自若本無生死

養德章

道生之神也德畜之性也物形之心也勢成之我也是以萬物物也莫不尊道而貴德忘物道之尊忘我德之貴忘心夫莫之命忘性一本命作爵而常自然忘神故道生之神全德畜之性全長之育之

心全成之熟之我全養之覆之物全有而不生無也為而不恃無為

長而不宰無我是謂玄德道也

歸元章

天下有始道生一以為天下母一生二既得其母二生三以知其子三生萬物既知其子夫物芸芸復守其母各復歸其根沒身不殆歸根復命塞其充聽乎無聽閉其門視乎無視終身不勤無為開其充神若出便收來濟其事惟欲是執終身不救永絕道根見小曰明虛中則明守柔曰強剛中則強用其光以心契心復歸其明以道合道無遺身殃心無一塵

是謂習常是謂之道一本習作襲

益證章

使我介然有知一念而已行于大道一我而已惟施是畏一理而已大道甚夷一道而已而民好徑思無邪朝甚持心不正田甚蕪性不明倉甚虛神不靈服文采好榮華帶利劍貪嗜慾厭飲食不知乎恬淡財貨有餘捨此道而逐物是謂盜竽人欲勝天理非道也哉于道不然

修觀章

善建者不拔不出乎道善抱者不脫不離乎道子孫祭祀不輟此道

常存修之于身心也其德乃真真乍修之于家性也其德乃餘真性修之于鄉神也其德乃長真神修之于國道也其德乃豐真道修之于天下空也其德乃普真空故以身觀身心中心以家觀家性中性以鄉觀鄉神中神以國觀國道中道以天下觀天下空中空吾何以知天下之然哉空中不空以此

玄符章

含德之厚抱道比于赤子無心毒蟲不螫無畏猛獸不據無憂玃鳥不搏無慮骨弱筋柔而握固神全未知牝牡之合而峻作

凝神精之至也杳杳冥也終日號而嗌不嗄性全和之至也恍恍惚惚知和曰常常寂光中知常曰明大光明裏益生曰祥靈源不竭一本作曰祥心使氣曰強真一常存一本作曰強物壯則老人欲太盛是謂不道喪失本真不道早已真不立妄不空

玄者章

知者不言言者不知塞其兌閉目見自己之目閉其門收心見自己之心挫其銳觀我非我解其紛觀物非物和其光觀心非心同其塵觀空非空是謂玄同聖凡一體故不可得而親釋迦文佛參禪未已亦不可

得而踈老明學道未農不可得而利伏羲究易未了亦不可得而害孔子

夢眞方終不可得而貴道者心之體亦不可得而賤心者道之用故為

天下貴

淳化章

以正治國凝神以奇用兵明心以無事取天下了性吾何以知

其然哉得道以此道也夫天下多忌諱居移氣養移體而民彌貧此心

易失人多利器念念伏躍國家滋昏此性不明人多伎巧性靜情益奇物

滋起心動神疲法令滋彰以心用心一本法令作法物盜賊多有百念愈熾故

聖人云(如是如是)我無為而民自化(神之所化)我好靜而民自正(性之所正)我無事而民自富(心之所富)我無欲而民自樸(我之所樸)

順化章

其政悶悶(天然)其民醇醇(自然一本作淳淳)其政察察(使然)其民缺缺(不然)禍兮福所倚(禍福無門惟心所名)福兮禍所伏(損者益也)孰知其極(無有邊際)其無正也(道無體)正復為奇(心不可測)善復為訞(道不可識)(一本訞作妖)人之迷(昧其本性一本人作民)其日固久(無始以來有生以後)是以聖人(我也)方而不割(圓通)廉而不劌(空寂一本劌作割)直而不肆(沖虛)

光而不耀 中正

守道章

治人事天 以天理勝人欲 莫若嗇 儉視儉聽儉思儉為 夫為嗇 儉從約易從簡 是謂早服 先得此理 早服謂之重積德 有所操存 重積德 涵養 則無不尅 尅人欲求天理一本尅作克下同 無不克 克己復禮 則莫知其極 道即心也 莫知其極 道如虛空 可與有國 性與道合 有國之母 神也 可以長久 神與道存 是謂深根固柢 天崩地裂此性不壞 長生久視之道 虛空小殞此神不死

居位章

治大國（盡其心者知其性）若烹小鮮（治心亦甚易）以道蒞天下（道不遠在身中）其鬼不神（無妄）非其鬼不神（幻盡覺圓）其神不傷人（心境兩忘物我一空）非其神不傷人（爾爲爾我爲我）聖人亦不傷人（非我何有）夫兩不相傷（心後何故）故德交歸焉（惟道而已）

謙德章

大國者下流（以大就小）天下之交（以小就大）天下之牝（無物無天）牝常以靜勝牡（以靜制動）以靜爲下（無爭）故大國以下小國（不競）則取小國（靜定）小國以下大國（處順）則取大國（此理固存）故或下以取

淨心或下而取止觀大國不過欲兼蓄人神者萬化之主小國不過欲入事人心者大道之源夫兩者即心道各得其所欲神亦道性亦道故大者宜爲下除垢止念

爲道章

道者萬物之奧心者造化之原善人之寶一滴真金源流天造前無古人後無來者不善人之所保口各有心此心常存美言可以市至言如寶尊行可以加人道可貴人之不善昧道何棄之有道亦在故立天子心也置三公神氣精也雖有拱璧以先駟馬世之所貴不如坐進此道我之

所寶古之所以貴此道者何也在我本然不曰求以得不離乎心一本不曰以求得有罪以免耶純一如初故為天下貴道者萬物之貴

恩始章

為無為心也事無事性也味無味神也大小多少總在其中報怨以德心不外物于其易抱一為大于其細執中天下難事道也必作于易此心天下大事神也必作于細此心是以聖人終不為大不事知其大小故能成其大性等虛空夫輕諾必寡信易悟則易疑易得則易喪多易必多難大迷之下必有大悟是以聖人猶難之不可說破故終

無難（欲其自得）

守微章

其安易持（道可恃）其未兆易謀（道可思）其脆易破（道可悟一本破作半）其微易散（道可一）為之于未有（不知其始）治之于未亂（不見其尾）合抱之木（如道也）生于毫末（防微杜漸）九層之臺（如道也）起于累土（從微至著）千里之行（如道也）始于足下（在我自到）為者敗之（道不可窮）執者失之（道不可得）是以聖人無為（與道合一）故無敗（千古不朽）無執（與神合無）故無失（萬世常行）民之從事（不知自然）常于幾成而敗之（有為者有

成敗慎終如始知此心即道心則無敗事無為者無成敗是以聖人欲不欲無為不貴難得之貨道無玄妙學不學無事復衆人之所過覺空覺滿以輔萬物之自然與時偕行而不敢為性空

淳德章

古之善為道者我也非以明民不使其有知將以愚之昏昏默默民之難治心亂以其智多靜則易昏動則易散故以智治國國之賊覺亦是念不以智治國國之福無所覺知而已知此兩者亦楷式道貴如愚愚中不愚能知楷式抱虛守冲是謂玄德教父玄德深矣遠矣道為萬化

之宗與物反矣道在萬化而非萬化然後乃至大順萬化出守道而入乎道

後己章

江海所以能為百谷王者心所以能合道也以其善下之虛而能容寂而不見故能為百谷王心為萬法之王是以聖人欲上民使人知道必以言下之示之以無欲先民使契乎道必以身後之先忘其心是以聖人處上而民不重道大處前而民不害性空是以天下樂推而不厭與物無礙以其不爭不與物競故天下莫能與之爭我之自然

三寶章

天下皆謂我道大（道大性宝）似不肖（如愚）夫惟大故似不肖（黙然）若肖久矣其細也夫（不可分別）我有三寶（道尊德貴）寶而持之（道不離我一本作持而寶之）一曰慈（專炁致柔能如嬰兒）二曰儉（少私寡欲）三曰不敢為天下先（忘其所以忘我）夫慈故能勇（其力大）儉故能廣（其量深）不敢為天下先（心廣）故能成器長（體胖）今捨慈且勇（逐物）捨儉且廣（貪嗔愛欲）捨後且先（急欲求成）死矣（不見乎道）夫慈以戰則勝（自心不動）以守則固（靜以待之）天將救之（其應亦然）以慈衛之（乃與道合）

配天章

善為士者不武(慈和)善戰者不怒(寬泰)善勝敵者不爭(安穩)善用人者為之下(小心翼翼)是謂不爭之德(順帝之則)是謂用人之力(天理自見)是謂配天(此心為大)古之極(大道乃明)

玄用章

用兵有言(默然)吾不敢為主而為客(忘我)不敢進寸而退尺(不敢有所為)是謂行無行(為無為)攘無臂(事無事)仍無敵(守無守)執無兵(味無味)禍莫大于輕敵(見聞覺知當下心息)輕敵則幾喪吾寶(照見生空)故抗兵相加(我自我物自我)哀者勝矣(一曰慈)

知難章

吾言甚易知（心而已）甚易行（道而已）天下莫能知（不知心）莫能行（不知道）言有宗（無爲）事有君（無念）夫惟無知（寞然）是以不我知（我即事我尚復何有）知我者希（知我則知此理）則我貴矣（我亦非我道亦非道）是以聖人（知我無我）被褐懷玉（終日如愚）

知病章

知不知上（吾所謂知知與不知知不知之知乃是真知）不知知病（知知一字此事不圖）夫惟病病（病在于知）是以不病（塵淨光生）聖人不病（無念之念亦復是念）以其

病病一念不存此心乃見是以不病三戒惟心一切惟識

愛己章

民不畏威人不能究心大威至矣生死事大無常迅速無狹其所居神無方無厭其所生性無減夫惟不厭道無盡是以不厭心無形是以聖人自知不自見如人飲水冷暖自知自愛不自貴無法可說無道可得故去彼取此自知不自見自愛不自貴

任爲章

勇于敢則殺有力于剪除妄念也勇于不敢則活有力于守唯抱一也此兩

者能殺能活或利或害吾道如劍不能持者傷鋒犯刃天之所惡貴乎無所用孰知其故道本空相是以聖人猶難之道易知而不易于行心易悟而不易于了天之道吾心而已不爭而善勝無為不言而善應無念不召而自來無著坦然而善謀無無亦無一本坦作繟天網恢恢何物不在此道之中疏而不失此道常在萬物之內

制惑章

民常不畏死此念不死此道不全奈何以死懼之海枯終見底人死不知心若使民常畏死只知貪生不知有死而為奇者生死亦大矣吾得執而殺

之安能殺其心哉孰敢其心使之自殺常有司殺者殺心為司殺能絕百念夫代司殺者殺我心與他心雖同不可以我心代他心也是謂代大匠斲絕生思惟便成擬議夫代大匠斲者事物之來情慮之及希有不傷其手矣謹者不言言者不知

貪損章

民之饑人之不知道以其上食稅之多以其心之念不已是以饑所以不知道民之難治人不得道以其上之有為以其心之事不停是以難治所以不得道民之輕死人之不合道以其求生之厚以其心之情不盡

是以輕死所以不合道夫惟無以生爲者勇于忘我是賢于貴生所以得道

戒强章

人之生也柔弱水結成冰其死也堅强冰消即水萬物草木之生也柔脆水流元在海其死也枯槁月落不離天故堅强者死之徒死者生之本柔弱者生之徒生者死之基是以兵强則不勝心離則道愈遠本强則共念頭不已心則愈離强大處下誰使之念頭不已柔弱處上誰使之心離

天道章

天之道心之性性之神其猶張弓乎有力高者抑之首思慮下者舉之奮精神有餘者損之絕嗜慾不足者與之養沖和一本作補之天之道心也損有餘而補不足生處使熟熟處使生人之道則不然亦心也損不足以奉有餘貪其所愛忘其自然孰能以有餘奉天下要在忘我唯有道者忘心是以聖人為而不恃忘性功成而不處忘神其不欲見賢忘忘亦忘

任信章

天下柔弱人之生也莫過于水人之心也而攻堅强者欲不死者莫之能勝心無生死其無以易之情念死矣故柔勝剛心有力則情念自消弱勝強心無為則天道乃見天下莫不知人人有此理是以聖人言聖人知之受國之垢藏心于心而不見也是謂社稷主受國之不祥藏神于神而不露也是謂天下王正言若反蒼天中更添寃苦

任契章

和大怨者慾殺身必有餘怨情念不斷安可以為善何以見是以聖人執左契正念現前而不責于人不為物移不與物競故有德司契以心

契心以道契道無德司徹自非寂照何能混融天道無親靈光獨耀迴脫根塵常與善人無得無失

獨立章

小國寡民大圓鏡中使有什伯可養者也人之器而不用其國太平一本作使民有什伯之器而不用使民重死一念不生而不遠徙念茲在茲雖有舟車無去無來無所乘之寶無去來雖有甲兵不爭善勝無所陳之六處清淨使民復結繩而用之信是道之源甘其食味道之腴美其服受道之疵安其居處道之安樂其俗樂道之和隣國相望心心相照雞狗之聲相

聞照見五蘊皆空民至老死厭心絶念不相往來如如自然

顯質章

信言不美美言不信不得動着善者不辯辯者不善父母所生口終不爲汝說知者不博博者不知只在目前聖人不積既以爲人賊來便打已愈有既以與人客來須看已愈多天之道利而不害時清道泰聖人之道爲而不爭一人有慶兆民賴之

道德寶章

欽定四庫全書　　子部十四

老子翼　　道家類

提要

臣等謹案老子翼三卷明焦竑撰竑有易筌已著錄是編輯韓非以下解老子者六十四家而附以竑之筆乘共成六十五家各采其精語裒為一書其首尾完具自成章段者仿李鼎祚周易集解之例各標舉姓名列本章

之後其音義訓詁但取一字一句者則仿裴駰史記集解之例聯貫其文綴本章末句之下上下篇各為一卷附錄及考異共為一卷不立道經德經之名亦不妄署篇名體例特為近古所采諸說大抵取諸道藏多非世所常行之本玆之去取亦特精審大旨主于闡發元言務明清淨自然之理如葛長庚等之參以道家爐火禪學機鋒者雖列其名率屏

不錄於諸家註中為博贍而有理致蓋茲于

二氏之學本深于儒學故其說儒理者多涉

悠謬說二氏之理者轉具有別裁云乾隆四

十九年三月恭校上

總纂官臣紀昀臣陸錫熊臣孫士毅

總校官臣陸費墀

老子翼序

老子明道之書也而唐王真也者至以為譚兵而作豈其佳兵善戰之言亦有以啓之歟余曰老子非言兵也明致柔也天下之喜强者莫逾於兵而猶然以柔詘也即無之而不柔可知已柔也者剛之對也道無不在而獨主柔而賓剛何居余曰老子非言柔也明無為也柔非即為道而去無為也近剛非外於道而去無為也遠故自柔以求之而無為可幾也夫無之不能不有猶之

柔之不能無剛也而建之以常無有夫建之以常無有則世之仁義聖智不至絶而棄之不止也是亦歸於舉一而廢百者耳余曰老子非言無之無也明有之無也無之無者是舍有以適無者也其名為斷斷有之無者是即有以證無者也其學為歸根㫖物之各歸其根也即芸芸並作而卒不得命之曰有此致虚守静之極也葢學者知器而不知道故易明器即道見色而不見空故釋明色即空得有而不得無故老明有即無審知有

之即無也則為無為事無事而為與事舉不得以礙之矣斯又何絶棄之有故曰老子明道之書也余幼好剛使氣讀老子如以耳食無異也年二十有三聞師友之訓稍志於學而苦其難入有譚者以所謂昭昭靈靈引之忻然如有當也反之於心如馬之有銜勒而户之有樞也參之近儒如契之有合也自以為道在此矣顧二十年以來觸塗成窒有窒必有疑考古多乖有乖必有反盖未嘗暫去於懷也頃歲困衡既久浸以成痾偃息之

餘俄有獨寤乃喟然嘆曰鄉也未嘗不非意識而或思滅識以趣寂未嘗不貴無心而不知本心之自無知慕清淨而不知無垢之非淨知有真我而不知無物之非我皆譚者有以誤之也自此馳求意見寂無影響而余亦幸為無事人矣時友人翟德孚好言老子間舉以相訊余以近寤疏之德孚未嘗不擊節也屬余章為之解因取家藏老子故暨道藏所收徧讀之得六十有四家博哉言乎其間叛道離經之語雖往往有之而合者為

不少矣吟言迴環繼以太息嗟乎老氏五千言或以為盡容成子書列子又言谷神不死為黃帝書故曰述而不作信而好古竊比於我老彭古之聖人可以明道不必皆已出也況余之於斯秋毫之端萬分未處一者乎於是輟不復作第取前人所疏手自排纘為一編而一二膚見附焉德乎亦方觧陰符未竟也俟其成當並出以示學者今姑叙之藏於家焦竑序

欽定四庫全書

老子翼卷一

明 焦竑 撰

上篇

道可道非常道名可名非常名無名天地之始有名萬物之母故常無欲以觀其妙常有欲以觀其徼此兩者同出而異名同謂之玄玄之又玄衆妙之門

可道如禮不虛道之道常者恒久不變也母者言物自此生也欲如性之欲也之欲猶意也情也徼竅通物所出之孔竅也又邊際

也歸也陳景元曰大道邊有小路曰徼丁易東云無名天地之始有名萬物之母或以無名有名為讀或以無與有為讀然老子又曰道常無名始制有名是可以無與有為讀乎常無欲以觀其妙常有欲以觀其徼有常無常有為讀者有無欲有欲為讀者莊子曰建之以常無有正指老子此語則於常無常有斷句似也然老子又曰常無欲可名於小是又不當以莊子為證據老子以讀老子可也

程俱論

可道之道以之制行可名之名以之立言至於不可道之道之常道不可名之常名則聖人未之敢以示人非藏於密而不以示人也不可得而示人焉耳故西方之聖人其所示見設為乘者三演為分者十二命之曰教若夫傳於教外者則其不可道與不可名者也中國之聖人祖唐虞憲文武以訂詩書禮樂之文命之曰經若夫其所以言猶屨之非迹者則其不可道與不可名者也故老子著五千之文將以示天下迪後世

蓋非退於道冥而獨於已者故其發言之首以謂可道之道可名之名者五千文之所具也若夫於聖之所不傳者不可得而言也

蘇子由註

莫非道也而可道不可常惟不可道而後可常耳今夫仁義禮智此道之可道者也然而仁不可以為義而禮不可以為智可道之不可常也惟不可道然後在仁為仁在義為義禮智亦然彼皆不常而道常不變不可道之能常如此夫道不可道況可得而名之乎凡名皆其可道者也名既立則圓方曲直之不同不可常矣自其無名形而為天地天地位而名始矣自其有名播而為萬物萬物育而名不可勝載矣故無名者道之體而有名者道之用也聖人體道以為天下用入於衆有而常無將以觀其妙也體其至無而常有將以觀其徼也若夫行於徼而不知其妙則麤而不神留於妙而不知其徼則精而不變矣以形而言有無

信兩矣安知無運而為有有復而為無未嘗不一哉其名雖異其本則一知本之一也則玄矣凡遠而無所至極者其色必玄故老子常以玄寄極也言玄則至矣然猶有玄之心在焉玄之又玄則盡矣不可以有加矣衆

妙之所從出也

吕吉甫註 凡天下之道其可道者莫非道也而有時乎而殆則非常道也凡天下之名其可名者莫非名也而有時乎而去則非常名也萬物芸芸各歸其根而不知曰靜靜曰復命復命曰常為道而至乎常則心凝形釋物我皆忘夫孰知道之可道而名之可名哉則常道者固不可道也故曰道乃久沒身不殆常名者固不可名也故曰自古及今其名不去不殆不去是之謂常道常無名則無名者道也天地之所自而始也故曰無名天地之始太初有無無有無名有無無則一亦不可得有無名則一之所起有一而未有形也既謂之

一則雖未有形且已有名矣名為一而名之者為二二與一為三萬物紛紛自此生矣故曰有名萬物之母知常曰明明則無所不見也故惟常為可以觀方其無欲也則滌除玄覽而無疵於此觀其妙故曰常無欲可名於小矣方其有欲也則萬物並作而芸芸於此觀其徼故曰萬物皆往歸焉而不知主可名於大矣惟小所以見其妙惟大所以見其徼也此兩者其出則同顧其名異而已其名異也其實未嘗異其實未嘗異則有欲之與無欲求其所出皆不可得不可得則其所出也故同謂之玄玄之為色黑與赤同乎一也天之色玄陰與陽同乎一也名之出玄有欲與無欲同乎一也同乎一固妙矣然妙乎一矣未妙乎多也妙乎我矣未妙乎物也玄之又玄則同者亦不可得同者不可得則一之與多我之與物莫不皆妙也萬物之所以妙出於此而已故曰玄之又玄

衆妙之門

李息齋註　常者不變之謂也物有變而道無變物之變至於念念遷謝俯仰之間未嘗少停至所謂道則無始無終天地有盡而此道無盡是之謂常常之為道不可行而至不可名而得使其可行即非常道使其可名即非常名自未始有天地而真常之理已具於無名之初故無名為天地之始及天地既判高下之名生萬物自是而滋故可以名者物之母也聖人體真常之道以出入於有無之間故妙者大道也無也徼者小道也有也吾欲觀其妙則與妙同入而歸於無吾欲觀其徼則與徼同出而遊於有妙即徼徼即妙有即空空即有其本同其末異故同謂之玄不獨此也至於玄之又玄即能使眾徼之間無非眾妙是謂眾妙之門言其於徼妙有無之間無揀擇而皆妙也

徼讀如邊徼之徼言物之盡處也晏子曰徼也者筆乘德之歸也列子曰死者德之徼皆指盡處而言蓋

無之為無不待言已方其有欲之時人皆執以為有然有欲必有盡及其盡也極而無所更往必復歸於無斯與妙何以異哉故曰此兩者同謂之玄雖然老子亦不得已為未悟者言耳實非舍有以求無也苟其舍有以求無則是有外更有無安得為無蓋當其有時實未嘗有此乃真無也故不滅色以為空色即空不捐事以為空事即空不然其所謂無者為對有之無而所謂有者為對無之有亦惡得謂之常無常有哉噫安得知常者而與之一論此

天下皆知美之為美斯惡已皆知善之為善斯不善已

故有無相生難易相成長短相形高下相傾聲音相和前後相隨是以聖人處無為之事行不言之教萬物作

焉而不辭生而不有為而不恃功成而不居夫惟不居是以不去傾不平也生成形傾和隨皆以喻美惡善不善相形而有處上聲夫音符

陸希聲註夫人之所謂美惡皆生於情以適情為美逆情為惡以至善不善亦然然所美者未必美所惡者未必惡所善者未必善所不善者未必不善如此者何情使然也夫人之性大同而其情則異以殊異之情外感於物是以好惡相繆美惡無主將何以正之哉在乎復性而已何則情之所生必由於性故聖人化情復性而底乎大同所謂有無之相生者情性也情性之相因猶難易之相成也夫為治者以情化性則難成以性正情則易成所謂長短之相形者美惡也美惡之相奪猶高下之相傾也所謂聲音之相和者善不善也善不善之相資猶先後之相隨也於乎世之多故由此六者天下所以不治萬物莫得遂性聖人將復其性先

化其情善者固已善不善者吾亦因而善之使善信者固已信不信者吾亦因而信之使信故用無棄物教無棄人使在物無惡在人無不善而天下不治者未之有也易曰其道甚大百物不廢此之謂也是以聖人體無名則無為而事自定用有名則不言而教自行使萬物各遂其性若無使之然者如天地之生物而不有其用如百工之為器而不恃其成如四時之成歲而不居其所夫惟如此是以其道可常其名不去也

蘇註　天下以形名言美惡其所謂美且善者豈信美且善哉彼不知有無長短難易高下聲音前後之相生相奪皆非其正也方且自以為長而有長於我者臨之斯則短矣方且自以為前而有前於我者先之斯則後矣苟從其所美而信之則失之遠矣當事而為無為之之心當教而言無言之之意夫是以出於長短之度離於先後之數非美非惡非善非不善而天下何足以知之萬物為我作而我無所辭我生之為之而未嘗有

未嘗恃至於成功亦未嘗以自居也此則無為不言之報聖人且不知其為美且善也豈復有惡與不善繼之哉聖人居於貧賤而無貧賤之憂居於富貴而無富貴之累此所謂不居也我且不居彼尚何從去哉此則居之至也

呂註　天下皆知美之為美善之為善而欲之知惡與不善而惡之然自離道言之則雖美與善皆離乎道矣自出於道言之則雖惡與不善皆非道之外也由是觀之則美斯惡善斯不善豈虛言哉是故天下之物生於有有生於無是之謂有無之相生難事作於易而易亦由難之故無難是之謂難易之相成有鶴脛之長而後知有鳧脛之短有鳧脛之短而後知有鶴脛之長是之謂長短之相形以高為是而百谷為川瀆之源則高有以傾乎下以下為是而川瀆為百谷之歸則下有以傾乎高是之謂高下之相傾黃鍾為君則餘律和之餘

律為君則黃鍾和之是之謂聲音之相和自秋冬而望春夏則春夏前而秋冬後自春夏而望秋冬則秋冬前而春夏後是之謂前後之相隨凡此六者當其時適其情天下謂之美謂之善不當其時不適其情天下謂之惡謂之不善夫豈知所謂至美至善哉則美與惡善與不善亦迭相為往來興廢而已豈常也哉是故聖人知其如此也以常道處事而事出於無為以常名行教而教出於不言事出於無為則終日為而未嘗為教出於不言則終日言而未嘗言則美與惡善與不善吾何容心哉若然者無往不妙無往不妙則萬物之作吾不見其作與作之者不見其生與生之者不見其為與為之者則雖作不作雖生不生雖為不為吾何辭何有何恃哉此所以功成而不居也夫有居則有去在已無居夫將安去哉

陸農師註 美至於無美者天下之真美也善至於無善者天下之真善也真美離斯天下皆知美之

為美真善散斯天下皆知善之為善故有無者以言乎其道難易者以言乎其德長短者以言乎其體高下者以言乎其位聲音者以言乎其交感前後者以言乎其始終此勢之然也夫聖人處無為之事行不言之教者將以使人冥於真善混於真美復歸於朴而與天地為徒與造化為友者矣若然者萬物之息與之入而不逆萬物之作與之出而不辭吾何容心哉

王无咎　聖人處無為之事行不言之教彼無心於為與言者順萬物性命之理而已則萬物之作也吾亦與之作而不辭萬物之生也吾亦與之生而不有萬物之為也吾亦與之為而不恃萬物之成也吾亦與之成而不居蓋其作也生也為也成也皆順性命自然之理因物與時而非我也則吾亦何必辭何必有何必恃何必居故曰萬物並作而不辭生而不有為而不恃功成而不居作然後生生然後為為然後成此其序也

息齋註　老子五千言，上可以通於妙，下可以通於徼。以之求道則道得，以之治國則國治，以之修身則身安。其言常通於是三者，此其所以微妙玄通，深不可識者歟。此章言吾之本性，自未始有物，孰為美，孰為惡，孰為善，孰為不善。及有生既立，形名遂分，人皆知美之為美，而不知惡之名已從美生；人皆知善之為善，而不知不善之名已從善起。蓋天下之物，未有無對者。有無之相生，難易之相成，長短之相形，高下之相傾，聲音之相和，前後之相隨，有其一未有無其二。聖人知之，必立於物之先，順物自然，為無為之事，行不言之教，不取善，不捨惡，未嘗執一，未嘗不一。終日為，未嘗為；終日言，未嘗言。是以萬物並作，吾從而與之作，作而不辭；萬物並生，吾從而與之生，生而不有。方其有為，非我之為，順物而已，故為而不恃。及其有功，非我之功，應物而已，故功成而不居。由其不居於末，而居於先，以吾所居者，不可得而去，是以物不能去。

吳幼清註　五者皆言其偶獨聲音不言者蓋止曰闢翕清濁則人不知其為言聲音也言聲音則其有闢翕清濁之相偶自可知故止言其實而不言其偶也聖人以不事而事故其事無所為以不教而教故其教無所言無為不言則雖有美有善而人不知是以其美其善獨尊獨貴而無可與對若有為之事有言之教則人皆知其為美為善而美與惡對善與不善對非獨尊獨貴不可名之美善矣老子一書之中凡諸章所言皆不出此

不尚賢使民不爭不貴難得之貨使民不為盜不見可欲使心不亂是以聖人之治虛其心實其腹弱其志强其骨常使民無知無欲使夫知者不敢為也為無為則

無不治 治去聲無知之知如字知者之知去聲夫音符

王輔嗣曰心懷智腹懷食虛有智而實無智也骨無知以幹故强之志生事以亂故弱之

蘇註 尚賢則民恥於不若而至於爭貴難得之貨則民病於無有而至於盜見可欲則民患於不得而至於亂雖然天下知三者之為患而欲舉而廢之則惑矣聖人不然未嘗不用賢也獨不尚賢耳未嘗棄難得之貨也獨不貴之耳未嘗去可欲也獨不見之耳夫是以賢者用而民不爭難得之貨可欲之事畢效於前而盜賊禍亂不起是不亦虛其心而不害腹之實弱其志而不害骨之强也哉今將舉賢而尚之寶貨而貴之衒可欲以示之則是心與腹皆實也若舉而廢之則是志與骨皆弱也心與腹皆實則民爭志與骨皆弱則無以立矣不以三者衒之則民不知所慕澹然無欲雖有智者無所用巧矣即因三者之自然而不尚不貴不見所謂

為無為也

呂註　聖人知夫美斯惡善斯不善而我無容心焉故雖靡天下之爵因任而已而賢非所尚也聚天下之財養人而已而難得之貨非所貴也民之爭常出於相賢知賢非上之所尚則不爭矣故曰舉賢則民相軋民之盜常出於欲利知貨非上之所貴則不為盜矣故曰苟子之不欲雖賞之不竊君子之所欲者賢也小人之所欲者貨也我皆不見其可欲則心不亂矣然不尚賢者非遺於野而不用也不貴難得之貨者非委之地而不收也內不以存諸心外不以遺其迹而已矣是以聖人之治也虛其心實其腹弱其志強其骨心藏神而腹者心之宅虛其心則神不虧而腹實矣賢藏志而骨者賢之餘弱其志則精不搖而骨強矣虛其心而腹實則常使民無知也弱其志而骨強則常使民無欲也智者知賢非上之所尚而貨非上之所貴則為之非所利故

不敢為也夫惟如此則為無為而無不治也

李宏甫註

爭盜之原聖人啓之也故上者爭善其次盜國皆起於見可欲焉耳可欲者衆則民志亂矣烏能治乎太上於此豈真有以治之哉亦曰不見可欲而已夫腹之所以不充者心累之也今一不見有可欲可尚可貴之事則心虚而腹自實矣骨之所以不剛者志敗之也今一不敢為悖亂爭盜之事則志弱而骨自強矣所以然者無欲故也夫民生有欲無知則已聖人者又日引之使有知也陳之仁義禮樂導之法制禁令設為宮室衣服車馬冠婚喪祭之事以啓其無涯之知而後從而節其無窮之欲是猶汎濫滔天而徐以一葦障之也胡可得歟太上則不然常使混混沌沌無有知也無有欲也縱有聰明知識者出欲有所作為而自不敢則天下皆歸於無為矣夫無為由於無欲無欲由於無知夫一人何以能使民之無知哉曰太上者固自

謂未嘗有知也固不見有可以治乎民者而使吾心之欲之也

道沖而用之或不盈淵兮似萬物之宗挫其鋭解其紛和其光同其塵湛兮似或存吾不知其誰之子象帝之先沖本作盅器之虛也李約云帝生物之主也羣化皆處後惟道獨居其先象似也道性謙故不言定處其先而云似

蘇註夫道沖然至無耳然以之適衆有雖天地之大山河之廣無所不遍以其無形故似不盈者淵兮深眇吾知其為萬物宗也而不敢正言之故曰似萬物之宗人莫不有道也而聖人能全之挫其鋭恐其流於妄也解其紛恐其與物搆也不流於妄不搆於物外患已去而光生焉又從而和之恐其與物異也光至潔也塵

至雜也雖塵無所不同恐其棄萬物也如是而後全則湛然常存矣雖存而人莫之識故曰似或存耳道雖常存終莫得而名然亦不可謂無也故曰此豈帝之先帝先矣而又先於帝則莫或先之者矣

呂註 萬物負陰而抱陽沖氣以為和則沖者陰陽和也陰為虛陽為盈道之體則沖而其用之則或不盈其體沖也故有欲無欲同謂之玄其用之不盈也故虛心弱志而常使民無知無欲惟其如此故淵兮似萬物之宗而求其為宗者固不可得也似之而已然則何以得此道哉挫其銳解其紛和其光同其塵而已心出而入物為銳挫其銳而勿行物至而交心為紛解其紛而勿擾銳挫而紛解則知常之明發乎天光光者塵之外在光不皦故和之而不別塵者光之內在塵不昧故同之而不異夫惟如此則所謂宗者湛兮似或存矣淵兮者言乎其深也湛兮者言乎其清也或不盈者非可以為定虛也似或存者非可以為定存也盈虛存亡吾無

所容心則吾安能知其所自生哉見其生天神帝而已
故曰吾不知誰之子象帝之先蓋有吾有知有誰而道
隱矣吾不知誰則亦不知吾矣此真道之所自出也
生天以先象神帝以始帝則其為形器之先可知矣

息齋註 道沖虛而妙迫而取之若不可得故曰或不盈
然其深妙愈用而愈不窮物物自道而道未嘗
物故曰似萬物之宗古之學道者未嘗有進而必為之
志挫其銳者不必為也未嘗有畏而不為之心解其紛
者無不為也未嘗取善而為美和其光者不取善也未
嘗惡惡以為非同其塵者不捨惡也湛然自住而不住
於湛然故似或存吾不知其始故不
知誰之子吾不知其先故象帝之先

邵弁註 銳者所以爭挫其銳則解紛矣光者所以辨和
其光則同塵矣上二其字以已言下二其字以
人
言

宏甫註 夫沖漠而不盈者道也而用之者或見其盈則失其所以沖漠者矣故淵乎常止雖萬物歸之而不見其盈聖人體道於身淵深靜遠無有涯涘一似萬物之宗而非有以宗之也故常挫其銳以示不能解其紛以示不用和光以遊於世同塵以諧於俗湛兮常寂似亡若存焉耳然此果伊誰之子乎吾恐此道也雖黃帝未易當之意者其在帝之先歟夫海為衆流之宗而海無有也但見其淵乎而已矣聖人為萬物之宗而聖人無有也但見其湛兮而已矣彼騁能挾才露光驤衆者皆自以其有而求通於物者也非萬物之宗矣夫惟無其宗者乃可以為萬物之宗而其誰能信之

天地不仁以萬物為芻狗聖人不仁以百姓為芻狗天地之間其猶槖籥乎虛而不屈動而愈出多言數窮不

如守中槖他各反槖籥治鑄所用致風之器也槖者外之櫝所以受籥也籥者内之管所以鼓槖也屈鬱也抑而不申之意數音朔屢也

蘇註天地無私而聽萬物之自然故萬物自生自死死非吾虐之生非吾仁之也譬如結芻以為狗設之於祭祀盡飾以奉之夫豈愛之時適然也既事而棄之行者踐之夫豈惡之亦適然也聖人之於民亦然特無以害之則民全其性死生得喪吾無與焉雖未嘗仁之而仁亦大矣排之有槖與籥也方其一動氣之所及無不靡也不知者以為機巧極矣然槖籥則何為哉蓋亦虛而不屈是以動而愈出耳天地之間其所以生殺萬物雕刻衆形者亦若是而已矣見其動而愈出不知其為虛中之報也故告之以多言數窮不如守中之不窮也

呂註 夫道冥於象帝之先而不知誰之所自出則體此道者仁惡足以名之哉夫仁人心而已矣天地體此道者也無所事仁以萬物為芻狗聖人體此道者也無所事仁以百姓為芻狗芻狗之為物無所事仁而畜之者也萬牧者與天地同體者也百姓者與聖人同體者也天地聖人自視猶芻狗則其視萬物百姓亦若是而已則生之畜之長之育之何所事仁哉夫惟不仁是之謂大仁然則天地之間其猶槖籥固可見矣蓋槖籥之為物惟其虛而不屈所以動而愈出者也則人也而體此道者言出於不言而已言無言則為無為可知也發於聲而為言見於事而為為或言或為其實一也何則言為之體如是而已不知此則言不出於不言不出於不言則異乎槖籥之虛動矣其多而數窮不亦宜乎孔子曰夫今之歌者其誰乎知此則知言出於不言矣言出於不言人莫不然也然而不能者以其心不麗乎有則麗乎無不麗乎取則麗乎捨不能適與道相當

故也不有不無不取不捨而適與道相當者是之謂守中守中而不已則知言之所以言矣則多言數窮不如守中之為務也

王純甫註 芻狗喻聖人過化之妙橐籥喻聖人存神之妙多言數窮不如守中則老子自危自戒之言也蓋道本不可言而斥之以不仁道本不可名而狀之以橐籥知者固得意而忘言矣不知者不睹其真而徒與我嘵嘵也則吾說窮矣中也者中也虛也無也不可言且名者也守此而心思路絕言語道斷其何窮之足慮老子著書談道而其言如此則其不得已之心為何如也後世學者果不得於芻狗百姓之言而遂疑其有土芥斯民之意且曰申韓之慘刻原於道德也自史遷已然況其他乎此即多言數窮之一驗也老子蓋預知之矣

谷神不死是謂玄牝玄牝之門是謂天地根綿綿若存用之不勤

谷喻也以其虛而能受受而不有微妙莫測故曰谷神牝能生物猶前章所謂母也謂之玄牝亦幽深不測之意薛君采曰老子書其遺詞多變文以叶韻非取義於一字之間也如是謂玄牝則讀牝如匕以叶上句曰玄牝之門則特衍其詞與下句相叶或隨語生解既曰玄牝又指一處為玄牝之門則失之矣

蘇註谷至虛而猶有形谷神則虛而無形也虛而無形尚無有生安有死邪謂之谷神言其德也謂之玄牝言其功也牝生萬物而謂之玄焉言見其生之而不見其所以生也玄牝之門言萬物自是出也天地根言天地自是生也綿綿微而不絕也若存存而不可見也能如是雖終日用之而不勞矣

呂註谷有形者也以得一故虛而能盈神無形者也以得一故寂而能靈人也能守中而得一則有形之

身可使虛而如谷無形之心可使寂而如神則有形與無形合而不死矣古之人以體合於心心合於氣氣合於神神合於無其說是也合則不死不死則不生不生者能生生是之謂玄牝玄者有無之合牝者能生者也故曰谷神不死是謂玄牝道之生天地由此而已故曰玄牝之門是謂天地根以為亡邪則綿綿而未嘗絕以為存邪則惡覩其存哉若存而已若亡而非絕若存而非存則吾之用之存之無所容心胸合而已何勤之有哉

杜道堅註列子亦有此章然不言出於老子而言黃帝書則知老子五千文引用墳典古語為多如經中凡稱是以聖人稱古之所謂稱建言有之稱故聖人云稱用兵有言是皆明述古聖遺言故孔子述而不作竊有比焉惟信而好古者可與言此道

天長地久天地所以能長且久者以其不自生故能長生是以聖人後其身而身先外其身而身存非以其無私邪故能成其私

蘇註天地雖大而未離於形數則其長久蓋有量矣然老子之言長久極於天地蓋以人所見者言之耳若夫長久之至則所謂天地始者是也天地生物而不自生立於萬物之外故能長生聖人後其身而先人外其身而利人處於衆人之表故能先且存如使天地與物競生而聖人與人爭得則天地亦一物耳聖人亦一人耳何以大過之哉雖然彼其無私非求以成私也而私以之成道則固然耳

呂註長短形也久近時也天以時行者也嫌不足於形故以長言之地以形運者也嫌不足於時故以久

言之天地之根出於玄牝玄牝之體立於谷神之不死不死則不生不生者能生生天地之所以能長且久者以其不自生不自生故能長生猶谷神而已矣然則聖人豈以有其身為累哉緣於不得已而物莫之能止故曰後其身而身先立於無何有而物莫之能害故曰外其身而身存身者吾之私也後其身外其身則公而無私矣無私也乃能成其私

程俱論天地人一原耳天之所以為天地之所以為地人之所以為人固同而天地之能長且久而人獨不然何哉天不知其為天地不知其為地今一受其形而為人則認以為已曰人耳人耳謂其養生不可以無物也則騁無益之求謂其有身不可以不愛也而營分表之事厚其生而生愈傷養其軀而身愈病其不為中道夭者亦幸矣老氏之言如此而未之思者以謂黃老之徒率畏死而求長生者豈不惑哉夫人而無生道

安所載然世之喪其生者蓋反以有其生為累有其生者且猶老氏之深戒而謂其外於道而求生者乎未之思也

息齋註　天施地生施生之道在天地未嘗一日捨由其施物不已其生物不測天未嘗愛其施地未嘗息其生是之謂不自生由其不自生萬物恃之以生故能長生聖人亦然知此心不變不壞浩然與天地同流故於此身無可愛者一心之運知無不為舉措之間無非善利由其所得以非身為身故天下之有身莫我若也是謂後其身而身先外其身而身存人所以不能成物者以其自私也我無自私故能成人之私物得其私我得其得是謂兩得

上善若水水善利萬物而不爭處衆人之所惡故幾于

道居善地心善淵與善仁言善信政善治事善能動善時夫惟不爭故無尤處上聲惡去聲幾平聲治去聲夫音符尤過也

蘇註易曰一陰一陽之謂道繼之者善也成之者性也又曰天以一生水蓋道運而為善猶氣運而生水也故曰上善若水二者皆自無而始成形故其理同道無所不在無所不利而水亦然然而既已麗於形則於道有間矣故曰幾於道然而可名之善未有若此者也故曰上善避高趨下未嘗有所逆善地也空虛靜默深不可測善淵也利澤萬物施而不求報善仁也圓必旋方必折塞必止決必流善信也洗滌羣穢平準高下善治也遇物賦形而不留於一善能也冬凝春泮涸溢不失節善時也有善而不免於人非者以其爭也水惟不爭故兼七善而無尤

呂註 傳曰一陰一陽之謂道繼之者善也謂之繼則已離道而非道之體矣上善者道之所謂善者也非天下皆知善之為善者也故若水焉蓋水善利萬物而不爭處衆人之所惡而上善亦然則雖未足以為道幾于道矣江海所以能為百谷王者以其下之也故以居則善地蜿桓之審為淵止水之審為淵流水之審為淵故以心則善淵注焉而不溢酌焉而不竭故以與則善仁行險而不失其信故以言則善信其派為川谷其委為瀆海故以政則善治天下莫柔弱於水而攻堅强者莫之能先故以事則善能原泉混混不舍晝夜盈科而後進故以動則善時要之出於不爭而以居善地為本故曰夫惟不爭則天下莫能與之爭故無尤

吳註 上善若水者蓋水之善以其灌溉浣濯有利萬物之功而不爭處高潔洒處衆人所惡卑污之地故幾于有道者之善也彼衆人所善則居之善必得地心之善必如淵淵謂靜深與之善必親仁與謂伴侶仁謂

仁人言之善必有信政之善貴其治事之善貴其能動之善貴其時時謂當其可七者之善皆擇取衆人之所好者為善可謂之善而非上善也夫惟有道者之上善不爭處上而甘於處下有似於水故人無尤之者尤謂怨咎衆人惡處下而好處上欲上人者有爭心有爭則有尤矣

宏甫註　言天下之善者莫善於水而聖人之善若之何謂善蓋凡利於物者或不能以無爭而能不爭者又未必能澤於物也水之善固利萬物而不爭者也何以見其不爭也衆人處上彼獨處下衆人處高彼獨處卑衆人處易彼獨處險衆人處順彼或處逆衆人處潔彼或處穢所處盡處衆人之所惡夫誰與之爭乎不爭則無尤矣此所以為上善也居善地七句皆聖人利萬物而不爭之實

持而盈之不如其已揣而銳之不可長保金玉滿堂莫

之能守富貴而驕自遺其咎功成名遂身退天之道揣初委反遺唯季反持而盈之謂盈而持之也揣而銳之謂銳而揣之也古文多倒語耳懼其溢而左右以枝之曰持懼其折而節量以治之曰揣

蘇註 知盈之必溢而以持固之不若不盈之安也知銳之必折而以揣先之不知揣之不可必恃也若夫聖人有而不有尚安有盈循理而後行尚安有銳無盈則無所用持無銳則無所用揣矣日中則移月滿則虧四時之運成功者去天地尚然而況於人乎

呂註 持所以防溢而盈之則重溢也如欲勿溢則如勿盈故曰持而盈之不如其已揣所以慮失而銳之則重失也如欲勿失則如勿銳故曰揣而銳之不可長保滿而不溢所以長守富也持而盈之則金玉滿堂莫

之能守矣高而不危所以長守貴也揣而鋭之則富貴而驕自遺其咎矣然則何以免此患哉法天之道而已矣蓋功成名遂身退天之道此所以無私而成其私也封人之告堯曰退已其法天之道之謂乎

元澤註　持而盈之有意於有所以失之惟忘乎有之為有而有之以為有則無失無溢矣揣者巧於度情鋭者利於入物且事物無盡而吾持一身以遇其變則揣鋭之工有時而困矣豈可長保乎故至人因時乘理而接以無我則其出無方而所應不窮也寒暑相推物極則返陰陽代運天道固然而世之愚者一遺其變一犯其名則終身有之認以為已曾不知造化之密移吉凶之倚伏故終至於坐蒙憂患無以自存惟至人不然藏金玉而不寶居富貴而不榮凡物之來寄者如陰影集身窅然不知其在彼邪在我邪然則豈恃盈以為慎揣鋭以為工乎苟非無我之妙其何以與於此天之道大矣而莫尚乎是

劉師立　盈則必虛戒之在滿銳則必鈍戒之在進金玉必累戒之在貪富貴易淫戒之在傲功成名遂必危在乎知止而不失其正此言深欲救人謂非必處山林絕人事然後可以入道雖居功名富貴之域皆可勤而行之

息齋註　知其盈而持之不若未嘗盈之為善也知其銳而揣之不若未嘗銳之為得也知盈而持知銳而揣已為不善況盈而不持銳而不揣者乎盈而益貪銳而益驕金玉滿堂莫知其止富貴而驕未能驕物先喪已心是為自遺其咎四時之運功成者退天道如此況於人乎

載營魄抱一能無離乎專氣致柔能嬰兒乎滌除玄覽能無疵乎愛民治國能無為乎天門開闔能為雌乎明

白四達能無知乎生之畜之生而不有為而不恃長而不宰是謂玄德

載乘也營如經營怔營之營白虎通曰營營不定貌是也營魄雖滯載而乘之言無住著也訓營為魂為衛為止皆於義未協言魂載魄者雖近但不曰魂載魄而曰載營魄後人亦何從而知其指言魂也況以此載彼離而二之亦非抱一之旨乎滌如水之濯除如糞之除天門以此心而言開闔以心之運動變化而言莊子入出而無見其形是謂天門本此畜許六反養也長上聲宰制也

蘇註　魄之所以異於魂者魄為物魂為神也易曰精氣為物遊魂為變是故知鬼神之情狀魄為物故雜而止魂為神故一而變謂之營魄言其止也蓋道無所不在其於人為性而性之妙為神言其純而未雜則謂之一言其聚而未散則謂之樸其歸皆道也各從其實言之耳聖人性定而神凝不為物遷雖以魄為舍而神

所欲行魄無不從則神常載魄矣衆人以物役性神昏而不治則神聽於魄耳目困以聲色鼻口勞於臭味魄所欲行而神從之則魄常載神矣故教之以抱神載魄使兩者不相離此固聖人所以修身之要至於古之真人深根固蔕長生久視其道亦由是也神不治則氣亂强者好鬬弱者喜畏不自知也神治則氣不妄作喜怒各以其類是之謂專氣神虛之至也氣實之始也虛之極為柔實之極為剛純性而亡氣是之謂致柔嬰兒不知好惡是以性全性全而氣微氣微而體柔專氣致柔如嬰兒極矣聖人外不為魄所載内不為氣所使則其滌除塵垢盡矣於是其神廓然玄覽萬物知其皆出於性等觀淨穢而無所瑕疵矣既以治身又推其餘以及人雖於愛民治國一以無心遇之苟其有心則愛民者適以害之治國者適以亂之也天門者治亂廢興所從出也既以身任天下方其開闔變會之間衆人貴得而患失則先事以徼福聖人循理而知天命則待唱而後

和易曰先天而天弗違非先天也後天而奉天時非後天也言其先後常與天命會耳不然先者必蚤後者必莫皆失之矣故所謂能為雖者亦不失時而已內以治身外以治國至於臨變莫不有道也非明白四達而能之乎明白四達心也是心無所不知然而未嘗有能知之心也夫心一而已苟又有知之者則是二也自一而二蔽之所自生而愚之所自始也今夫鏡之於物來而應之則已矣又安得知應物者乎本則無有而以意加之此妄之源也其道既足以生畜萬物又能不有不恃不宰雖有大德而物莫之知也故曰玄德

呂註　夫人之有其身久矣而欲退之以體天之道而不為功名之所累者豈不難哉然亦有道矣人生始化曰魄魄與精為一則寂然而已既生魄陽曰魂魂與神往來而魄旁精出入則魄隙而不營一離而不抱矣載者終而復始之謂也營者環而無隙之謂也雖已為人矣而載營魄抱一湛然無為如其生之始化則能無

離矣能無離則專氣而不分致柔而無忤而能如嬰兒矣能如嬰兒則滌除悔吝玄覽觀妙凡動之微我必知之而能無疵矣所以養中者如此則雖愛國治民不以事累其心而能無為矣內之滌除玄覽而無疵外之愛民治國而無為則天門開闔常在於我而能為雌矣不將不迎應而不藏則明白四達而能無知矣道至於無知則真知也是其所以人貌而天也夫何功名之累哉生之畜之生而不有為而不恃長而不宰者乃其所以為天也玄德無他天德之謂也

息齋註　載初也營造也魂者人之陽魄者人之陰自初造魄抱魂於魄能使魂魄相抱一而不離乎嬰兒者陽氣未散內和以柔非嬰兒之能然乃專氣之效不期致而致之故專氣致和一而不雜能如兒子乎超然玄覽非不善也然此心未忘則不足以語道故能滌除玄覽使之無疵乎以愛愛民愛始不周以事治國國

始不治清靜臨民民將自化故曰能無為乎陽動而開陰靜而闔一開一闔變化所出然動而不已必窮動已而闔守靜養動故曰能為雌乎內外明白中心洞然雖不涉事為然猶為靜塵所累必能自知無自然後知不為礙故曰能無知乎聖人於物生之若父母畜之若子孫然生而不取以為有為而不恃以為功長而不自以為主非體玄德不能矣

宏甫註 人知魄之載神而不知神之載魄載魄則神營魄載之則不神然則一神焉耳矣抱元守一則神魄自不相離而庶乎知神之為矣營營衛也夫嬰兒百無一知也而其氣至專百無一能也而其氣至柔專氣致柔能如嬰兒則可為抱一矣瑕疵未滌則玄關不開玄關不開則形質留閡滌除玄覽而能無疵則可為抱一矣愛民治國非神其誰為之而不能以無為也故知抱一者不欲分心以愛民務愛民者不免役神以治

國是二之也安能抱一而無離乎天門開闔非神其誰主之而不能以自主也故有開則將不待迫之而自起有闔則逆不能無事而常定是內淫也安能抱一而無離乎此無他皆起於不知神之所為故也夫神至虛也虛則自然明白神至靈也靈則自然四達而其誰能離之然惟其有知也是以無知能無知斯知之矣有知則魄載神無知則神載魄神載魄則一魄載神則二故不可以有知也又不可以不知也知此者是謂玄德夫玄德深且遠矣是故可生而不可有可為而不可恃可長而不可宰嗚呼盡之矣

筆乘 古者魂魄或合而言之左氏心之精爽是謂魂魄是也或分而言之左氏人生始化曰魄既生魄陽曰魂是也大抵清虛則魄即為魂住著則魂即為魄如水凝則為冰泮則為水其實一耳夫魄之營營日趨於有而此云載者知七情無體四大本空如人載於車舟載於水乘乘然無所歸也如此則化有為無滌情歸性

衆人離之而為二我獨抱之而為一入道之要孰切於此專氣致柔者老子曰心使氣曰強莊子曰無聽之以心而聽之以氣氣也者虛而待物者也蓋心有是非氣無分別故心使氣則強專於氣而不以心間之則柔夫專氣致柔所謂純氣之守也非嬰兒其孰能之玄覽玄妙之見也疵病也衆人之疵粗而易除學者之疵微而難遣何以故道之所謂疵則學者狃之為獨見者也金屑雖精入眼成翳以覺為礙以解為縛可勝病乎是故當滌除之也老子之示人可謂盡矣然智者除心不除事昧者除事不除心苟其誤認前言不至以軌斷為學者幾希故又示之曰我言載營魄者非拱默之謂也即愛民治國而能無為也所謂為無為也專氣致柔者非鬱閉之謂也即天門開闔而能為雌也所謂雄守雌也滌除玄覽者非晦昧之謂也即明白四達而能無知也所謂知不知也夫愛民治國天門開闔明白四達其於生之畜之為之長之皆不廢矣而無為也為雌也無知

也則生而不有為而不恃長而不宰者也非玄德而何關尹子曰在已無居形物自著莊子曰老子以空虛不毀萬物為實其說亦甚明矣然老子者猶謂其棄人事之實而獨任虛無也則未攷其文而先有意以誣之者耳豈不妄哉

三十輻共一轂當其無有車之用埏埴以為器當其無有器之用鑿戶牖以為室當其無有室之用故有之以為利無之以為用

轂古木反輪所輳也考功記曰轂也者所以為利轉也當平聲埏始然反埴赤力反考功記曰埏和埴黏也和水土燒以為陶也半門曰戶牖窗也

蘇註 竭知盡物以為器而器之用常在無有中非有則無無以致其用非無則有無以施其利是以聖人

常無以觀其妙常有以觀其徼知兩者之為一而不可分則至矣

吕註　三十輻共一轂當其無有車之用車吾所乘也埏埴以為器當其無有器之用器吾所用也鑿戶牖以為室當其無有室之用室吾所居也乘則觀乎車用則觀乎器居則觀乎室其用未嘗不在於無其則不遠矣至于身則不知吾之所以用者何邪故有之以為利無之以為用有有之為利而無無之為用則所謂利者亦廢而不用矣有無之為用而無有之為利則所謂用者亦害而不利矣是故聖人入而未嘗有物也所以為無之之用出而未嘗無物也所以為有之之利故曰精義入神以致用也利用安身以崇德也

吳註　輻輪之輮也轂輪之心也無空虛之處也埏和土也埴土之黏膩者為器謂以水和黏膩之土為陶器也凡室之前東戶西牖戶以出入牖以通明車載重行遠器物所貯藏室人所寢處故有此車有此器有此

室皆所以為天下利也故曰有之以為利然車非轂錧空虛之處可以轉軸則不可以行地器非中間空虛之處可以容物則不可以貯藏室非户牖空虛之處可以出入通明則不可以寢處車以轉軸者為用器以容物者為用室以出入通明者為用皆在空虛之處故曰無之以為用人之實腹有氣所以存身所謂為利也虛心無物所以生氣所謂為用也故取三物為喻

薛君采　章内雖互舉有無而言顧其指意實即有而發明無之為貴也蓋有之為利人莫不知而無之為用則皆忽而不察故老子借數者而曉之

五色令人目盲五音令人耳聾五味令人口爽馳騁畋獵令人心發狂難得之貨令人行妨是以聖人為腹不

為目故去彼取此令並平聲爽平聲差也行去聲鳩摩羅什曰不知即色之空與聲相空與聾盲何異為腹猶易艮其背之意不為目猶陰符機在目之意李約云目無厭聖人不為腹知足聖人為之目視乎故云彼腹實内故云此

蘇註視色聽音嘗味其本皆出於性方其為性而未有物也至矣及目緣五色耳緣五音口緣五味奪於所緣而忘其本則雖見而實盲雖聞而實聾雖嘗而實爽也聖人視色聽音嘗味皆與人同至于馳騁田獵未嘗不為而難得之貨未嘗不用也然人皆以為病而聖人獨以為福何也聖人為腹而衆人為目目貪而不能受腹受而未嘗貪故也彼物之自外至者也此性之凝於内者也

呂註目之所以為目者色色而非色也屬乎五色則失其所以為目而無異乎盲矣耳之所以為耳者聲

聲而非聲也屬乎五音則失其所以為耳而無異乎聾矣口之所以為口者味味而非味也屬乎五味則失其所以為口而無異乎爽矣萬物無足以撓之者心之所以靜而聖也逐乎外則罔念而發狂矣事莫不然而馳騁田獵為尤甚知足不辱知止不殆行所以全也求乎外則辱殆而行妨矣物莫不然而難得之貨為尤甚腹無知者也目有見者也是以聖人為腹不為目故去彼有見有欲之追求取此無知無欲之虛靜也

息齋註 目能視色然目以色盲耳能聽音然耳以聲聾口能嘗味然口以味亡田獵馳騁取貨無厭皆由心能取而生然亦由能取而喪蓋神藏於內而耳目心口分神之用為視為聽為嘗為知若視不出色是以色奪視也聽不出聲是以聲奪聽也嘗止於味是以味奪口也心止於取是以取奪心也四者奪於物則目猶盲也耳猶聾也口猶爽也心猶狂也曷若返而求之使見不以色見見為目聞不以聲聞聞為耳嘗不以味嘗

嘗為口知不以心知知為心是以聖人為腹不為目腹者受而不取納而不留易足以無情非如目之無厭愈見而愈不足也目馳於外腹止於內聖人專內而忘外故去彼取此

吳註　凡所欲之外物皆害身者也聖人但為實腹而養己不為悅目而徇物也故悉去彼在外之諸妄而獨取此在內之一真上言目盲耳聾口爽心狂行妨五者下但言不為目蓋舉一以包其四董思靖曰前章言虛中之用此則戒其為外邪所實然目必視耳必聽口必味形必役心必感是不可必靜惟動而未嘗離靜則雖動而不著於物乃湛然無欲矣染塵逐境皆失其正而要在於目是以始終言之夫子四勿必先曰視釋氏六根眼色居首皆此意也

寵辱若驚貴大患若身何謂寵辱若驚寵為下得之若

驚失之若驚是謂寵辱若驚何謂貴大患若身吾所以有大患者為吾有身及吾無身吾有何患故貴以身為天下者可以寄天下愛以身為天下者可以託天下為吾之為去聲貴大患若身當云貴身若大患倒而言之古語類如此

蘇註古之達人驚寵如驚辱知寵之為辱先也貴身如貴大患知身之為患本也是以遺寵而辱不及忘身而患不至所謂寵辱非兩物也辱生於寵而世不悟以寵為上而以辱為下者皆是也若知辱生於寵則寵固為下矣故古之達人得寵若驚失寵若驚未嘗安寵而驚辱也所謂若驚者非實驚也若驚而已貴之為言難也有身大患之本而世之士難於履大患不難有其身故聖人因其難於履患而教之以難於有身知有身

之為難而大患去矣性之於人生不能加死不能損其大可以充塞天地其精可以蹈水火入金石凡物莫能患也然天下常患之失本性而惟身之為見愛身之情篤而物始能患之矣生死疾病之變攻之於内寵辱得失之交攖之於外未有一物而非患也夫惟達人知性之無壊而身之非實忽然忘身而天下之患盡去然後可以涉世而無累矣人之所以鶩於權利溺於富貴犯難而不悔者將以厚其身耳今也禄之以天下而重以身任之則其忘身也至矣如此而以天下與之雖天下之大不能患之矣

呂註　寵者畜於人者也下道也寵而有其寵則辱矣吾之所以有辱者以吾有驚未得之則驚得之既得之則驚失之若吾無驚吾有何辱則寵之有辱者亦若是而已貴者畜人者也上道也貴而有其貴則有患矣吾之所以有大患者為吾有身故吉亦我所患凶亦我所患若吾無身吾有何患則貴之有大患者亦若是而

已言身則知驚之為心言驚則知身之為累也無心則無驚無驚則無辱無身則無累無累則無患昔者舜以匹夫而友天子則可謂寵矣而若固有之則何辱之有巍巍乎有天下可謂貴矣而不與有焉則何大患之有故貴以身為天下若可寄天下寵而招辱則賤其身矣非可以寄天下者也愛以身為天下若可託天下貴而罹患則危其身矣非可以託天下者也若夫寵而不有其寵貴而不有其貴如舜者乃真可以寄託天下者也

元澤註 貴者在物之上而有國家有之而不能忘則為患大矣譬人有身而珍之則寒暑疾痛萬緒皆作豈非大患乎淮南子有曰堯非有人非見有於人者也貴者有人寵者見有於人唯聖人能免此二者萬物與我為一則與道玄同而萬變皆忘吉凶息矣而愚者不能自解恃形為己故形之所遭觸途生患老子先明寵貴之累而寵貴之累皆緣有身而生故因譬貴之若身遂及無身之妙莊子曰忘其所不忘而不忘其所忘

是之謂誠忘亦明此意而孔子毋我理與是同學期於此而已然所謂無者豈棄而去之乎但有之而未嘗有則不累矣且崇高莫大乎富貴誠能有之以無有則聖人所為濟世也亦何患之有其於寵也亦若斯而已矣

筆乘人情率上寵而下辱不知辱不自生生於寵也則寵為下矣寵為下故得寵失寵皆若驚然驚者觸於物而無著者也過則虛矣貴重也謂難之也人情率有身而難患不知患不自生生於身也無其身則無患矣由此言之世之上寵者是上辱也驚寵與辱同則何辱有身者是有大患也貴身與貴患同則何患夫不以身視身而以大患視身無身者也而顧可以無患所謂後其身而身先外其身而身存也譬而言之如不輕以身為天下者天下反可寄惜以身為天下者天下反可託則知不有其身而其身反可保也莊子曰越人三世弒其君王子搜患之逃之丹穴越人薰之以艾乘以王輿王子搜援綏登車仰天而呼曰君乎君乎獨不可以

舍我乎王子搜非惡為君也惡為君之患也此固越人之所欲得為君也夫王子搜惡為君而越人愈迫欲得之則不有其身而身可有也復奚疑哉

視之不見名曰夷聽之不聞名曰希搏之不得名曰微此三者不可致詰故混而為一其上不皦其下不昧繩繩兮不可名復歸於無物是謂無狀之狀無物之象是謂惚恍迎之不見其首隨之不見其後執古之道以御今之有能知古始是謂道紀搏音團執也詰契吉反皦古曉反明也

李約註夷平也漠漠然無異見也希無也少也或終身不得或亦得之微細也妙也彷彿似有追之又

失此三者不可致詰不可致詰則一尚不立何況於三凡物皆上明下暗道無上故不皦無下故不昧繩繩長遠不絕也及責其實復歸於無故曰繩繩不可名復歸於無物恍有也惚無也謂有不可謂無不可故以恍惚名之不見其首無來時也不見其後無去日也自古有之謂之曰道今欲執之未得其方惟虛其心道將自至然後執之以御羣有無不理矣

蘇註視之而見者色也所以見色者不可見也聽之而聞者聲也所以聞聲者不可聞也搏之而得者觸也所以得觸者不可得也此三者雖智者莫能詰也要必混而歸於一而可爾所謂一者性也三者性之用也人始有性而已及其與物構然後分裂四出為視為聽為觸日用而不知反其本非復混而為一則日遠矣若推廣之則佛氏所謂六入皆然矣首楞嚴有云反流全一六用不行此之謂也物之有形者皆麗於陰陽故上

曒下昧不可逃也道雖在上而不曒雖在下而不昧不可以形數推也繩繩運而不絕也人見其運而不絕則以為有物矣不知其卒歸於無也狀其著也象其微也無狀之狀無象之象皆非無也有無不可名也故謂之惚恍道無所不在故無前後可見古者物之所從生也有者物之今則無者物之古也執其所從生則進退疾徐在我矣

呂註

視者無有也故視之不見雖不見也然能玄能黃不可名之以無色也曰夷而已聽者無有也故聽之不聞雖不聞也然能宮能商不可名之以無聲也曰希而已搏者無有也故搏之不得雖不得也然能陰能陽能柔能剛能短能長能圓能方能生能死能暑能涼能浮能沈能出能沒能甘能苦能羶能香不可名之以無形也曰微而已凡物求之而不得者或可以致詰而得之此三者終不可致詰者也不可以致詰則隳聰明

離形去智而吾得之矣則視也聽也摶也混而為一矣視以目聽以耳摶以心混而為一則耳如目目如耳心如耳目矣夫失道者上見光而下為土吾得之也其上非光也故不皦其下非上也故不昧繩繩兮調直而有信雖有信也而不可名故復歸於無物而已雖無物也是謂無狀之狀無物之象而未嘗無物也是謂惚恍惚則不皦不皦則疑於無物也而非無物也恍則不昧不昧則疑於有物也而非有物也其始無前故迎之而不見其首其卒無尾故隨之而不見其後無前無後則不古不今矣雖不古不今而未嘗無古今也則長於上古而不為老者吾得之以日用矣故曰執古之道以御今之有所謂古者非異於今也以知古之所自始也所謂今者非異於古也以知今之所從來也誠知古之所自始則知今之所從來矣始無所自來無所從所謂無端之紀也紀者道紀也道不可執也得此則可執之以為德矣執德之謂紀

元澤註：三者本一體，而人所以求之者，或以視，或以聽，或以搏，故隨事强名。雖然，所用求者與夫所欲求者未嘗不一也。惟了吾一，則與彼一胎然為一矣。推而上之，至於無初之初，乃知物無所從來，則道之情得矣。

李榮註：三者希微夷也。俱非聲色，並絶形名，有無不足詰，長短莫能議，混沌無分，寄名為一。一不自一，由三故一；三不自三，由一故三。由一故三，三是一三；由三故一，一是三一。一是三一，一不成一；三是一三，三不成三。三不成三則無三，一不成一則無一。無一無三，自叶忘言之理；執三執一，翻滯玄通之教。

息齋註：視之不見，不可以色求也；聽之不聞，不可以聲取也；搏之不得，不可以形索也。既不為色形聲之所囿，則所謂元明者，乃一精明耳。方其未散，混而為一，雖寄於明而不可謂明，故曰其上不皦。雖不可謂明亦不可謂不明故曰其下不昧未嘗須臾可離可去也故曰繩繩不可名復歸於無物雖歸於無物不可謂之無物故曰無狀之狀無物之象是謂惚恍惚恍者出入變化不主故常之謂也其來無始故迎之不見其首其去無終故隨之不見其後試執古道以御今有則今猶古也以今之猶古則知古之猶古是謂道紀道紀者無去來古今之謂也

古之善為士者微妙玄通深不可識夫唯不可識故強為之容豫若冬涉川猶若畏四鄰儼若客渙若冰將釋敦兮其若樸曠兮其若谷渾兮其若濁孰能濁以靜之徐清孰能安以久動之徐生保此道者不欲盈夫惟不

盈故能敝不新成强其丈反豫猶皆獸名豫象屬也隴右謂犬為猶象能前知其行遲疑犬先人行尋又回轉故遲回不果謂之猶豫儼矜莊貌渙散也木未斲曰樸曠空也冬涉川常難之也畏四鄰慎自持也儼若客不敢僭也冰將釋如恐陷也若樸質而無文章也若谷虛而無所藏也若濁晦而不分明也皆所謂强為之容也能敝不新成卻弁曰能敝能不新能成也不盈則若敝缺能敝也無事更改能不新也同然皆得能成也純甫曰能讀如耐耐敝者雖舊不壞新成再造之也

蘇註麤盡而微微而妙妙極而玄玄則無所不通而深不可識矣戒而後動曰豫其所欲為猶迫而後應豫然若冬涉川逡巡如不得已也疑而不行曰猶其所不欲遲而難之猶然如畏四鄰之見之也若客無所不敬未嘗惰也若冰將釋知萬物之出於妄未嘗有所留也若樸人偽已盡復其性也若谷虛而無所不受也若

濁和其光同其塵不與物異也世俗之士以物汩性則濁而不復清枯槁之士以定滅性則安而不復生今知濁之亂性也則靜之靜之而徐自清矣知滅性之非道也則動之動之而徐自生矣易曰寂然不動感而遂通天下之故今所謂動者亦若是耳盈生於極濁而不能清安而不能生所以盈也物未有不敝者也夫惟不盈

故其敝不待新成而自去

呂註　古之善為士者將以成聖而盡神也則其為士也雖未至乎聖神所以成聖而盡神者其聞之固已全盡矣微妙玄通深不可識乃所以成聖而盡神也微而後妙妙而後玄玄而後通通則深深不可識矣惟不可識則其形容安得以擬議哉強為之容而已豫若冬涉川迫而後動不得已而後起也猶若畏四鄰閑邪存其誠非物將之則其心不出也儼若客不為主也渙若冰將釋方終之以心凝形釋骨肉俱融也敦兮其若樸復其

初也曠兮其若谷應而不藏也渾兮其若濁無是非彼我之辨也人皆昭昭也孰能濁以靜之徐清者乎徐清則無所不照矣人皆取先也孰能安以動之徐生者乎徐生則無所不出矣蓋欲靜則平氣欲神則順心有為也而欲當則緣於不得已平氣也順心也乃所以徐清也緣於不得已乃所以徐生也此士之所以能成聖而盡神也道之體沖沖也者陰陽之和而盈虛之守而保此道者不欲盈則虛而已然不曰虛而毋曰不盈者恐人之累於虛也累於虛則不虛矣故曰或不盈不欲盈而已天下之物有新則有敝有敝則有壞則能不敝者鮮矣夫惟不盈則新敝成壞無所容心是以雖敝不敝不敝則不壞不敝不壞則不新不成矣

元澤註士者事道之名微而妙玄而通有此道而退藏於密密者性本之內故無迹可見當時為士者異於此矣故稱古之善為士者豫者先事而戒之謂至人無心於物迫而後動冬涉者臨事逡巡若不得已也

莊子曰不從事於務可以無戒而猶戒曰猶至人靜密幽深不出性宅故常如畏鄰斂行而不縱也儼若容不以事為己任故其容寂也人生之始同於大空凝為我體如水有冰故為道有冰解凍釋者事至於此其容已不滯於一體渙然將釋矣竊嘗原之人性如水為造化所疑故結而不通彼釋者反本而已矣材未為器謂之樸諭性之全體由冰釋之後乃能存天性之全而不雕於人偽故若樸也性全不虧而不自有其全故曠然空虛如谷之受且應也水性本清而濁者混於物至人不自潔於物故渾然若濁者也澄性與澄水同加功則動而彌濁惟靜以俟之則徐自清矣有道之士所以物莫能濁者以其靜之徐清歸於寂定感而遂通故徐徐以生終則有始也動之徐生則變動不居非物能止夫誰能安之為此者信陰陽之理乘自然之運而無心其間故皆曰徐言濁則知安之清言安則知動之濁與上篇徼妙之文同不盈之盈乃大盈也如見道之後盈而有

之則是自有此道違道遠矣道本無體非跡所盛用則有餘求之不得故有道者未嘗盈而其用不窮也得道者未嘗盈則成道者未嘗新也道之為用通萬物而不敝以其無敝無新不成不敗故也敝生於新敗生於成士雖成道而常若敝敗矣苟得道之初矜其新成則與道異意非大成也經曰大成若缺其用不敝此篇句句有序以至於成成而若敝則盡之矣

致虛極守靜篤萬物竝作吾以觀其復夫物芸芸各歸其根歸根曰靜靜曰復命復命曰常知常曰明不知常妄作凶知常容容乃公公乃王王乃天天乃道道乃久沒身不殆開元疏致者令必自來如春秋致師之致作動也如日出而作之作芸芸作之狀也常即

常道之常以其為萬象主故曰王以其為衆父父故曰天

蘇註 致虛不極則有未亡也守靜不篤則動未亡也邵山雖去而微塵未盡未為極與篤也蓋致虛存虛猶未離有守靜存靜猶陷於動而況其他乎不極不篤而責虛靜之用難已虛極靜篤以觀萬物之變然後不為變之所亂知凡作之未有不復也苟吾方且與萬物皆作則不足以知之矣萬物皆作於性皆復於性譬如華葉之生於根而歸於根濤瀾之生於水而歸於水苟未能自復於性雖止動息念以求靜非靜也故惟歸根然後為靜命者性之妙也性可言至於命則不可言矣易曰窮理盡性以至於命聖人之學道必始於窮理中於盡性終於復命仁義禮樂聖人之所以接物也而仁義禮樂之用必有所以然者不知其所以然而為之世俗之士也知其所以然而後行之君子也此之謂窮理雖然盡心以窮理而後得之不求則不得也事物日構

於前必求而後能應則其為力也勞而其為功也少聖人外不為物所蔽其性湛然不急而中不思而得物至而能應此之謂盡性雖然此吾性也猶有物我之辨焉則幾於妄矣君之命曰命天之命曰命以性接物而不知其為我是以寄之命也此之謂復命方其作也雖天地山河之大未有不變壞不常者惟復於性而後湛然常存矣不以復性為明則皆世俗之智雖自謂明非明也不知復性則緣物而動無作而非凶雖得於一時而失之遠矣方迷於妄則自是而非彼物皆吾敵吾何以容苟知其皆妄則雖仇讐將哀而憐之何所不容哉無所不容則彼我之情盡尚誰私乎無所不公則天下將往而歸之矣無所不懷雖天何以加之天猶有形至於道則極矣然而雖道亦不能復進於此矣

呂註 保此道者不欲盈致虛而不極守靜而不篤則非不盈之至也眾人之於萬物也息而後見其復衰

而後見其歸根而我以虛靜之至故見萬物之所以作與其所以芸芸在我而不在彼其所以作者乃其所以復也方其所以芸芸者乃其所以歸根也故以其並作而觀其復則方其芸芸而各復歸其根也然則所謂虛者非虛之而虛也直莫之盈故虛也所謂靜者非靜之而靜也夫物芸芸各歸其根而不知而莫足撓心故靜也故歸根曰靜命者吾之所受以生者也夫唯靜則復其所以生而能命物矣故靜者復命道至於能命物則常而不去矣故復命曰常自常觀之則吉凶悔吝常見乎動之微明孰加焉故知常曰明不知常者反此則所作不免妄而已能知常而體之則萬物與我為一矣故知常容萬物與我為一則不內其身而私矣故容乃公萬物與我為一而無私焉大也大則聖內聖外王故公乃王聖然後至於聖故王乃天天則神矣道者所以成聖而盡神也故天乃道為道而至於常則盡矣故道乃久沒身不殆久而至於沒身不殆者常之謂己

筆乘　致虛而不知實之即虛虛未極也守靜而不知動之即靜靜未篤也若此者觀無於無而未嘗於有動觀無故耳試觀萬物方其並作若動且實而實無纖毫動與實者能如是觀是為觀復復者復其始也夫未能觀復即止動求靜欲靜轉動當物芸芸復歸其根則一切諸念當處寂滅不求靜而自靜乃真靜也靜則復命矣不曰性而曰命者性可言也命不可言也易曰窮理盡性以至於命夫理性非不妙矣而猶有妙在焉舉此而窮之盡之了不可得斯為至命則命又非性之方矣有作必有變復命則作而無作謂之真常此非明者不能知也知常則靜則吉不知常則妄作則凶方其迷於妄也自是而非彼必不能容知常則善惡兩忘是非無朕何所不容哉容乃公公乃王王乃天天即命也至此於道乃全而可以久可以不殆特其餘事耳

太上不知有之其次親之譽之其次畏之其次侮之信

不足有不信猶兮其貴言功成事遂百姓皆謂我自然

不知有之一作下知有之今從吳幼清本

陸希聲註 太古有德之君無為無迹故下民知有其上而已謂帝力何有於我哉德既下衰仁義為治天下被其仁故親之懷其義故譽之仁義不足以治其心則以刑法為政故下畏之刑法不足以制其意則以權譎為事故衆庶侮之於乎心之有孚謂之誠言之可復謂之信誠既不孚言則不復而猶貴重爽言謂之誠信可乎哉道德既隱仁義乃彰仁義不行刑法斯作而猶尊尚末術謂之道德可乎哉聖人則不然執古御今斲雕為樸功成而不執事遂而無為有法無法因時為業使百姓咸遂其性皆曰我自然而然則親譽畏侮之心皆不生於世矣

蘇註 太上以道在宥天下而未嘗治之民不知其所以然故亦知有之而已其次以仁義治天下其德可懷其功可見故民得而親譽之其名雖美而厚薄自是始矣又其次以政齊民民非不畏也然力之所不及則侮之矣吾誠自信則以道御天下足矣惟不自信而加以仁義重以刑政而民始不信聖人自信有餘其于言也猶然貴之不輕出諸口而民信之矣及其功成事遂則民日遷善遠罪而不自知也

呂註 執大象天下往由天下方且釋我而忘之其迹孰得而見哉故下知有之而已下知有之者無以尚之故謂之太上則親之譽之者其次畏之侮之又其次可知已何以論之今夫父子愛欽不言而喻至賓主之際朋友之交欲致其欽之之意必有以文之而後喻何則信之足與不足而已則親之譽之已出於信之不足而有不信況於畏之侮之乎然則欲使信至足而不至有不信者宜何如哉猶其貴言以復乎道而已貴言者

行不言之教也行不言之教則處無為之事可知已至夫功成事遂百姓謂我自然而莫知為之者則孰得而親譽之哉

吳註　太上猶言最上最上謂大道之世相忘於無為民不知有其上也其次謂仁義之君民親之如父母及仁義益著則不但親之而又譽之矣又其次謂智慧之主民畏之如神明及智慧漸窮則不但畏之而又侮之矣信者大道之實也自大道之實有所不足不能如上古之時則君之於民有不以其實者焉而日趨於華於是一降則用仁義再降則用智慧也此下言太上不知有之之事猶兮見前章貴寶重也然如此也寶重其言不肯輕易出口如犬行之疑遲退卻蓋聖上不言無為俾民陰受其賜得以各安其生及其功既成事既遂而百姓皆謂我自如此不知其為君上之賜也

大道廢有仁義智慧出有大偽六親不和有孝慈國家昬亂有忠臣六親王輔嗣云父子兄弟夫婦也孝慈孝子慈孫也

蘇註大道之隆也仁義行於其中而民不知大道廢而後仁義見矣世不知道之足以澹足萬物也而以智慧加之於是民始以偽報之矣六親方和孰非孝慈國家方治孰非忠臣堯非不孝也而獨稱舜無瞽叟也伊尹周公非不忠也而獨稱龍逢比干無桀紂也涸澤之魚相呴以沫相濡以濕不如相忘於江湖

王介甫道隱於無形名生於不足道隱於無形則無小大之分名生於不足則有仁義智慧差等之別仁者有所愛也義者有所別也以其有愛有別此大道所以廢也智者知也慧者察也以其有知有察此大偽所以生也孝者各親其親慈者各子其子此六親所以不和也忠者忠於己之君謂之忠忠於他人謂之叛

呂註　道不可名，名之為道已非道也，則又分而為仁義，豈道之全哉？則有仁義者，固大道之廢也。賊莫大乎德有心而心有眼，及有眼而內視，內視則敗矣。則智慧出，固所以有大偽也。偽者，德之反也。有仁義則其弊至於六親不和而有孝慈矣，有大偽則其弊至於國家昏亂而有忠臣矣。是故有瞽瞍之頑嚚、弟象之傲而後有舜，有桀紂之暴而後有龍逢、比干。此無他，去本日遠而已矣。

息齋註　道散則降而生，非偽勝則反而貴道。降者，道之微；反者，衰之極也。方道之未散，仁義潛乎其中，不可分別指數。及其煦煦為仁，而人以煦煦懷其仁；孑孑為義，而人以孑孑懷其義。使大道之行，以公天下，則仁義又何足以進於其前哉？不幸而又有小智小慧者，竊仁義而行之，則偽自此滋，亂自此始，是之謂降而生非。及其末流，人偽既多，無非非者。羣非之中，稍有自異於是，從而貴之。故六親不和，然後知有孝慈；國家昏亂

然後知有忠臣是謂反而貴道方其散則見其似而忘其全及其衰則蕩然無餘而貴其似此其所以每降而愈下也

絶聖弃智民利百倍絶仁弃義民復孝慈絶巧弃利盗賊無有此三者以為文不足故令有所屬見素抱樸少私寡欲令平聲屬之欲反

蘇註非聖智不足以知道使聖智為天下其有不以道御物者乎然世之人不足以知聖智之本而見其末以為巧勝物者也於是馳騁于其末流而民始不勝其害矣故絶聖弃智民利百倍未有仁而遺其親者也未有義而後其君者也仁義所以為孝慈矣然及其衰也竊仁義之名以要利於世於是子有違父而父有虐

子此則仁義之迹為之也故絶仁棄義則民復孝慈巧所以便事也利所以濟物也二者非以為盜而盜賊不得則不行故絶巧棄利盜賊無有世之貴此三者以為天下之不安由文之不足故也是以或屬之聖智或屬之仁義或屬之巧利蓋將以文治之也然而天下益以不安曷不反其本乎見素抱樸少私寡欲而天下各復其性雖有三者無所用之矣故曰我無民而民自化我好靜而民自正我無事而民自富我無欲而民自樸此則聖智之大仁義之至巧利之極也然孔子以仁義禮樂治天下老子絶而棄之或者以為不同易曰形而上者謂之道形而下者謂之器孔子之慮後世也深故示人以器而晦其道使中人以下守其器不為道之所眩以不失為君子而中人以上自是以上達也老子則不然志於明道而急於開人心故示人以道而薄於器以為學者惟器之知則道隱矣故絶仁義棄禮樂以明道大道不可言可言皆其似者也達者因似以識真而昧

者執似以陷於僞故後世執老子之言以亂天下者有之而學孔子者無大過因老子之言以達道者不少而求之於孔子者常苦其無所從入二聖人者皆不得已也全於此必略於彼矣

呂註　聖人知天下之亂始於迷本而失性惟無名之樸爲可以鎮之絶聖棄智絶仁棄義絶巧棄利乃所以復吾無名之樸而鎮之也夫絶聖棄智絶仁棄義則不以美與善累其心矣絶巧棄利則不以惡與不善累其心矣内不以累其心而外不以遺其迹則民利百倍民復孝慈盜賊無有固其理也葢絶聖棄智絶仁棄義不尚賢之盡也絶而棄之則非特不尚而已絶巧棄利不貴難得之貨之盡也絶而棄之則非特不貴而已人之生也萬物皆備於我矣則有至足之富能絶聖棄智而復其初則其利百倍矣民復孝慈則六親皆和而不知有孝慈矣盜賊無有則國家明治而不知有忠臣矣不尚賢使民不爭民利百倍民復孝慈則非特不爭而

已不貴難得之貨使民不為盜盜賊無有則非特不為盜而已聖智也仁義也巧利也此三者以為文而非質不足而非全故絕而棄之令有所屬見素抱樸少私寡欲乃其所屬也見素則知其無所與雜而非文抱樸則知其不散而非不足素而不雜樸而不散則復乎性而外物不能惑而少私寡欲矣少私寡欲而後可以語絕學之至道也

息齋註　聖者不自以為聖智者不自以為智使聖智而可絕皆非聖智也仁者不自以為仁義者不自以為義使仁義而可絕皆非仁義也大巧不見其巧大利不見其利使巧利而可絕皆非巧利也聖人用其實不取其文故其見於外者無其形衆人竊其似以亂其真故令見於外者有所屬無其形者利物而物不知有所屬者徒足以亂天下而已聖人惡偽之足以亂真故欲絕其本原以救末流之弊使天下之人不復懷利心

而竊聖智之行假仁義而弃孝慈之實用盜賊而弃巧利之便惟以素樸先民民見其見素抱樸則不敢以文欺物不以私欲示民民見其少私寡欲則不敢以文自欺

筆乘 屬如莊子屬其性乎仁義之屬猶附著也聖智仁義巧利三者雖世道日趨於文故有此名自知道者觀之此文也文不足以治天下不若使之屬意乎見素抱樸見素抱樸則少私寡欲而天下無事矣素未受采樸未斲琱此所謂性之初也實也夫遊於性之初故雖有身而實無身其有私焉者少矣雖有心而實無心其有欲焉者寡矣然則見素抱樸乃聖智仁義之精也焉用文之蓋老子絕之於彼正欲其屬之於此學者不察其意而但知其絕而弃之猥云老子之論蕩而不法也斯所謂不得於言者乎

絕學無憂唯之與阿相去幾何善之與惡相去何若人

之所畏不可不畏荒兮其未央哉衆人熙熙如享太牢如春登臺我獨怕兮其未兆如嬰兒之未孩乘乘兮若無所歸衆人皆有餘而我獨若遺我愚人之心也哉沌沌兮俗人昭昭我獨若昏俗人察察我獨悶悶忽兮若晦寂兮似無所止衆人皆有以我獨頑似鄙我獨異於人而貴食母

唯上聲阿烏何反皆應聲唯恭而阿慢也荒廣遠也怕古泊字靜也兆如龜兆之坼動之微也孩小兒笑也笑則情動而識生矣有歸必税駕而不乘乘乘兮無所歸無住著也馬巨濟曰性無餘欠有餘皆分外也享太牢登春臺則所得皆分外故曰衆人皆有餘遺失也沌沌如渾沌之沌無知也一作純小

明為昭察苛細也悶莫奔反頑不知痛痒也古謂都為美鄙為鄙食音嗣食母乳母也見禮記內則篇

蘇註 為學日益為道日損不知性命之正而以學求益增所未聞積之不已而無以一之則以圜害方以直害曲其中紛然不勝其憂矣患夫學者之至此故曰絕學無憂若夫聖人未嘗不學而以道為主不學而不少多學而不亂廓然無憂而安用絕學邪學者溺於所聞而無以一之則唯之為恭阿之為慢不可同日言矣而況夫善惡之相反乎夫唯聖人知萬物同出於性而皆成於妄如畫馬牛如刻虎彘皆非其實潛焉無是非同異之辨孰知其相去幾何哉苟知此矣則萬物並育而不相害道並行而不相悖無足怪矣聖人均彼我一同異其心無所復留然豈以是忽遺世法犯分亂理而不顧哉人之所畏吾亦畏之人之所為吾亦為之雖列於君臣父子之間行於禮樂刑政之域而天下不知其異也其所以不嬰於物者惟心而已人皆徇其所知故

介然不出畦畛聖人兼涉有無無入而不可則荒兮其未可央也人各溺於所好其美如享太牢其樂如春登臺儡然從之而不知其非惟聖人深究其妄遇之泊然不動如嬰兒之未能孩也乘萬物之理而不自私故若無所歸衆人守其所知各自以為有餘聖人包舉萬物而不主於一超然其若遺也沌沌若愚而非愚也世俗以分别為知聖人知羣妄之不足辨也故其外若昏其中若悶忽焉若海不見其津涯漂然無定不見其止宿也人各有能故世皆得而用之聖人才全德備若無所施故疑於頑鄙道者萬物之母衆人徇物忘道而聖人脱遺萬物以道為宗譬如嬰兒無所雜食食於母而已

呂註　上絶弃乎聖智仁義之善下絶弃乎巧利之惡不以累其心則絶學矣絶學則無為無為則神神也者鼓萬物而不與聖人同憂者也故曰絶學無憂唯之與阿出於聲一也其相去幾何善之與惡離乎道一也

其相去何若此所以雖聖智猶絶而弃之不以累其心也憂悔吝者存乎介震無咎者存乎悔則人之所畏不可不畏也荒兮其未央哉未央者以言其大而無極則不獨畏人之所畏而已何則人之所畏不可不畏所以同乎人也荒兮其未央哉所以同乎天也衆人熙熙則不知塞其兑閉其門也如享太牢則不知夫淡乎其無味也如春登臺則不知夫視之不足見也我獨怕兮其未兆若嬰兒之未孩則塞其兑閉其門而無味之足嗜無見之足悅也乘乘兮若無所歸以言唯萬物之乘而在已無居也衆人如享太牢如春登臺故皆有餘我獨怕兮其未兆如嬰兒之未孩故獨若遺凡此者以言其遺物而離形也我愚人之心也哉以言其無知也純純兮以言其不雜也俗人昭昭我獨若昏則異乎俗人之昭昭俗人察察我獨悶悶則異乎俗人之察察矣忽若晦晦則都無所見也都無所見則非特若昏悶悶而已其動也乘乘兮若無所歸其静也寂兮似無所止俗人

昭昭俗人察察故皆有以我獨若昏我獨若悶故頑似鄙凡此者言其去智而忘心也夫視聽思慮近之所自而生者也故於道為子而道則為之母衆人逐物役智以資其視聽思慮則養其子而已而我則遺而去之凡貴養母故也故曰我獨異於人而貴食母夫老子神矣何所事養而與衆人俗人為異而已欲使為道者知如此而後可以至於道故也然則絶學之大指可知矣而先儒以謂人而不學雖無憂如禽何其未知所以絶學無憂之意矣

息齋註學不至於無所學非絶學也道以無得為得學以無學為學使道而可得皆仁義也使學而可學皆名數也故聖人以無得為得道以無學為真學故曰絶學無憂若未至於無學則天下之學無窮得其一而遺其二得於此而失於彼則必以得為喜失為憂無時而息矣道之本原未始不同若不揣其本而齊其末

則末必至於大異且唯之為恭阿之為慢方其唯阿之間其相去幾何及其為恭與慢則相去遠矣嚮理為善背理為惡方其嚮背之間相去幾何及其為善與惡則相去遠矣聖人嘗觀其始知其本同故反慢而為恭反惡而為善在俄頃之間耳若知唯阿善惡之本同則造於絶學有不難者然聖人出而應世豈能易一世之所欲以隨吾之所欲同一世之所見以齊吾見人之所樂吾亦從而樂之人之所畏亦從而畏之但所以異於衆者衆人荒樂無央熙熙然其樂如春登臺其美如享太牢其明昭昭然謂莫我若其智察察然謂莫我過葢其心實以為樂實以為美實以為明實以為智昧於心性而惟實之知故心外無所見聖人心遊於道其應物者非其實也故怕兮其未兆如嬰兒之未孩乘乘兮若無所歸忽兮若海漂兮若無所止衆人皆有餘我獨若遺衆人皆有以我獨頑且鄙豈真愚人之心哉葢我所異於衆人識本達原不流於末是謂貴食母

筆乘人之為學憂不得善也吾能絕學則奚憂之有然非強絕也知性本無善也彼為善者雖異於惡而離性則一其少異者如唯與阿之間耳夫以善惡之同而聖人亦不廢善者葢人之所畏不得不畏所謂吉凶與民同患也至其心游於性初方且荒兮未央而豈若善之有涯涘可限量哉故人之樂善如享太牢春登臺而我獨泊兮如嬰兒之未孩無朕兆也乘乘兮無所歸無棲泊也人之得善皆有羸餘而我獨若遺若愚人之沌沌無知識也人皆昭昭察察皆若有所以而我獨昏也悶悶也忽兮若海漂兮無所止也此豈聖人真須且鄙哉以衆皆逐其子我獨貴其母不能不與衆異耳葢性無善惡而善惡萬法皆從此而生故謂之食母

董思靖或曰唯阿同出於聲善惡同出於為達人大觀本實非異正如臧穀亡羊之說也此故太上忘情是非俱泯者之所為然學者直須於善惡不可名處著眼始得若直以為善與惡同耳則是任天下至於惡

而不之顧豈理也哉

純甫註 天非日無以煜物人非學無以致道故曰學者心之白日也聖人乃曰絕學無憂豈誠莽莽然無所用其心哉蓋所絕者世俗之學而所貴者食母之學也母者何也德者萬物之母而道又德之母則聖人所謂母兼道德而言之也食者味之以自養也味道德而自養則無為而無不為而其樂不可量矣又奚暇為彼俗學以自取憂也哉聖人所以異於人者以此

孔德之容唯道是從道之為物惟怳惟惚惚兮怳兮其中有象怳兮惚兮其中有物窈兮冥兮其中有精其精甚真其中有信自古及今其名不去以閱衆甫吾何以

知衆甫之然哉以此孔大也窈烏了反恍惚窈冥皆不可見之意鄧錡云恍惚便是物非恍惚之中更別有物經云無狀之狀無物之象是謂惚恍是也窈冥便是精非窈冥之中更別有精張平叔云窈冥莫測是真精是也王輔嗣曰信驗也閱自門出者一一而數之言道如門萬物皆自此往也漢書此如傳舍所閱多矣陸機賦川閱水而成川世閱人而為世其用字之義並同一訓經歷亦同此義甫美也又始也

蘇註道無形也及其運而為德則有容矣故德者道之見也自是推之則衆有之容皆道之見於物者也道非有無故以恍惚言之然及其運而成象著而成物未有不出於恍惚者也方有無之未定恍惚而不可見及夫有無之交則見其窈冥深眇雖未成形而精存乎其中矣物至於成形則真偽雜矣方其有精不容偽也真偽既雜自一而為二自二而為三紛然錯出不可復信矣方其有精不吾欺也古今雖異而道則不去故以

不去名之惟未嘗去故能以閱衆有之變矣甫美也雖萬物之美不免於變也聖人所以知萬物之所以然者以能體道而不去故耳

呂註 其遺物離形至於若遺其去智忘心至於若鄙則其容之盛德者也夫將何從哉唯道之從而已道之為物惟怳惟惚方惚而怳怳則不昧不昧則明明則疑之於有物也然其中有象象者疑於有物而非物也故曰無物之象又曰大象無形方怳而惚惚則不皦不皦則晦晦則疑於無物也然其中有物物者疑於無物而有物者也故曰無狀之狀又曰有物混成怳惚則不測不測則神矣窈冥者神之又神者也神之又神而能精焉故曰窈兮冥兮其中有精精者得道之一而不雜者也天下之物真而不偽信而不忒常而不變未有加於此而天下之始吾於是乎閱之故曰其精甚真其中有信自古及今其名不去以閱衆甫故為道者不皦不昧

存其怳惚無視無聽致其窈冥有象此有物有物此有精有精此有信為道至於有信則與吾心符而至物得矣欲知天地萬物之所以為天地萬物者莫不始於此而已故曰吾何以知衆甫之然哉以此

息齋註 孔者大也德之大者其容亦大道未嘗有容而孔德之容亦依於道故起以道起吾不知其起滅以道滅吾不知其滅道之為物怳惚窈冥而不可常然於怳惚之中有象於怳惚之中有物於窈冥之中有精則無中無不有也有中之有衆皆以為有不知有本不實有中反無無中之有人所不知而初不知無中反有蓋有中之有有之粗者也唯無中之有然後為有中之真唯其真而不假故不以有而存不以無而亡是謂有信自古及今不變不異其精不去聖人所以能觀羣有之始而知羣有之所由然以其體於至無故能觀衆有也

純甫註 孔德之容即前章泊兮未兆以下是也惟道是從言此盛德容貌皆從道出此聖人所以貴食母也下乃反覆形容道體之妙恍惚窈冥皆幽深微渺不可為象之意物即象也真即精也信即真也變文叶韻與詩體相似逐句而為之說則鑿矣閱歷也衆甫天地萬物凡自道而出者皆是也衆甫與化遷流而道則終古自若故曰自古及今其名不去以閱衆甫然指閱而言此指恍惚窈冥而言言吾何以知衆甫為道所閱哉正以道體恍惚窈冥無可變壞故衆甫往而道常存若傳舍之閱過客然也蘇子瞻曰逝者如斯而未嘗往也盈虛者如彼而卒莫消長也與此意合至禪伯云有物先天地無形本寂寥能為萬象主不逐四時彫則更明白矣

筆乘 道無形容一可形容即屬之德然知德容則道亦可從而識如所謂恍惚窈冥是也人之學道善於

有作至怳惚窈冥類苦其芒蕩難於湊泊矣不知惚怳無象即象也怳惚無物即物也窈冥無精即精也如釋典云若見諸相非相即見如來也暫為假常為真怳惚窈冥則不以有而存不以無而亡夫孰真且信於此故曰自古及今其名不去也昧者乃謂怳惚窈冥之中真有一物者夫怳惚窈冥則無中邊之謂也而物奚麗乎況有居必有去又何以亘古今而常存乎然則曷謂閱衆甫也甫始也人孰衆有為有而不能玄會於微妙之閱者未嘗閱其始耳閱衆有之始則知未始有始知未始有始則衆有皆衆妙而其為怳惚窈冥也一矣是所以知衆有即真空者以能閱而知之故也釋氏多以觀門示人悟入老子之言豈復異此故閱衆始則前際空觀其徼則後際空萬物並作觀其復則當處空一念歸根三際永斷而要以能觀得之學者誠有意乎知常也則必自此始矣

曲則全枉則直窪則盈敝則新少則得多則惑是以聖人抱一為天下式不自見故明不自是故彰不自伐故有功不自矜故長夫惟不爭故天下莫能與之爭古之所謂曲則全者豈虛言哉誠全而歸之窪烏瓜反夫音符

蘇註 聖人動必循理理之所在或直或曲要於通而已通故與物不迕不迕故全也直而非理則非直也循理雖枉天下之至直也衆之所歸者下也雖欲不盈不可得矣昭昭察察非道也悶悶若將敝矣而日新之所自出也道一而已得一則無所不得多學而無以一之則惑矣抱一者復性者也蓋曲則全枉則直窪則盈敝則新少則得皆抱一之餘也故以抱一終之目不自見故能見物鏡不自照故能照物如使自見自照則自

為之不暇而何暇及物哉不自見不自是不自伐不自矜皆不爭之餘也故以不爭終之世以直為是以曲為非將循理而行於世則有不免於曲者矣故終篇復言之曰此豈虛言哉誠全而歸之夫所謂全者非獨全身也內以全身外以全物物我兼全而復於性則其為直也大矣

呂註 能知衆甫之然則能抱一致柔能抱一致柔則能曲能枉能窪能敝矣曲者曲之自然者也枉者曲之使然者也天下之物唯水為幾於道一西一東而物莫之能傷是曲則全也避礙萬折而必東是枉則直也善下而百谷歸之是窪則盈也受天下之垢而莫清焉是敝則新也唯得一者為足以與此故曰少則得衆人所以不能然者以其不一故也故曰多則惑制財用必有式傳土木必有式所持者約而所應者博也聖人抱一以為天下式亦如是而已故可以曲可以枉可以窪可以敝無往而非一也故因天下之所見而見之而我

不自見也則所見無不察故曰不自見故明因天下之所是而是之而我不自是也則所是莫之能益故曰不自是故彰歸天下以功而我不自有也故有功任萬物以能而我不自矜也故長如是者無他得一則無我無我則不爭夫惟不爭天下莫能與之爭矣古之所謂曲則全其要知是而已知所以曲則全則知所以枉則直窪則盈敝則新矣而不自見故明不自是故彰不自伐故有功不自矜故長皆由是也豈非所謂全而歸之哉

息齋註 物不可以終曲故曲則全物不可以終枉故枉則直窪則必盈敝則必新少則易得多則易惑

此盈虛之至理也古之聖人所以能為萬物宗者以其抱一也抱一者常與道俱故不自見而因人之見不自是而因物之是不自有其功而因人之功不自矜其長而因人之長唯其立於物之獨而不與物爭故天下莫能與之爭聖人循理而動求其不全不可得以未嘗不全而又能致曲以養之其全之也至矣是謂誠全歸之

宏甫註 夫人無不欲全也而失其所以全之道往往以全求全而卒不能全者此天下之通弊也不知以五臟六腑四肢百骸至曲也而人賴以全若不曲則不能全矣引繩而直之故以繩為直而不知其枉也苟非枉安能直哉海窪也而常盈日月舊也而常新飲酒食内少也而以飽以適若務多不已則吐噦隨而反傷矣是惑也知此則知聖人抱一之道矣夫一之能多也猶少之能得敝之能新窪之盈枉之直曲之全也是倒行逆流之理而聖人之所以為式於天下者惜乎其不知也由此觀之學道者可以反矣夫目至明也而不能自見其目使其見目則不見明矣安能明然則不自是者人必是之不自功者人必推功不自長者人必以為長不爭者人必不與之爭皆曲全之道也嗚呼能全而歸之者果誰乎

筆乘 曲則全枉則直窪則盈敝則新凡以明少則得也一少之極也抱一而天下式則其得多矣故一得一國

三公不知誰適十羊九牧詎可得芻喪生者繇其多方亡羊者苦於岐路

希言自然飄風不終朝驟雨不終日孰為此者天地天地尚不能久而況於人乎故從事於道者道者同於道德者同於德失者同於失同於道者道亦樂得之同於德者德亦樂得之同於失者失亦樂得之信不足有不信飄風疾風也驟雨暴雨也自旦及晡為終朝自早及莫為終日風雨震蕩飄忽必不能久岐伯所謂亢則害承乃制也樂入聲

蘇註 言出於自然則簡而中非其自然而强言之則煩而難信矣故曰道之出口淡乎其無味視之不足

見聽之不足聞用之不可暨此所謂希言矣陰陽不爭風雨時至不疾不徐盡其勢之所至而後止若夫陽亢於上陰伏於下否而不得洩於是為飄風暴雨若將不勝然其勢不能以終日古之聖人言出於希行出於夷皆因其自然故久而不窮世或厭之以為不若詭辯之悅耳怪行之驚世不知其不能久也孔子曰苟志於仁矣無惡也故曰仁者之過易辭志於仁猶若此而况志於道者乎夫苟從事於道矣則其所為合於道者得道合於德者得德不幸而失雖失於所為然必有得於道德矣不知道者信道不篤因其失而疑之於是益以不信夫惟知道然後不以得失疑道也

呂註 聽之不聞名曰希言而知其所以言則言出於不言而聽之不聞矣故曰希言希言者以道言也故曰自然飄風驟雨成之暴戾非出於常然也故雖天地為之尚不能終朝終日之久人之言不出於自然則多

而數窮宜矣故唯從事於道者為能無我無我則道也德也失也吾不見其所以異故道者我則同於道德者同於德失者同於失而恢詭譎怪通為一也夫惟不見其所以異而與之同則彼雖有以異我而未嘗去我也故曰同於道者道亦得之同於德者德亦得之同於失者失亦得之唯其信不足則於是乎有道有德有失而不同矣故曰信

不足有不信

筆乘　道以自然為至而世希言之者喜於作也有作必有輟惡能久乎即飄風驟雨之不能久焉亦可見也從事於道者不然從事於道則自然矣自然則本無可得亦復何失無得無失而隨世之得失故為德為失皆信其所至而無容心焉無不同矣無不同亦無不樂乃其理也夫無不同則求其信且不可得況不信乎苟離道而為德不能同於失矣離德而為失不能同於德矣不能同於德同於失而欲其同於道者未之有也所

謂信不足焉有不信也皆飄風驟雨之類也或曰首楞嚴言非因緣非自然而老氏以自然為宗有以異乎余曰無以異也夫所惡夫自然者有所自而自有所然而然也有所自而自有所然而然則是自然也在有物之上出非物之下是釋氏之所訶也老聃明自然矣獨不曰無名天地之始乎知無名則其自也無自其自也無自則其然也無然其自無自其然無然而因若緣冐能圎之故曰精覺妙明非因非緣非自然非不自然離一切相即一切法葢所謂不可道之常道如此

跂者不立跨者不行自見者不明自是者不彰自伐者無功自矜者不長其在道曰餘食贅行物或惡之故有道者不處跂與企同薛云舉踵曰跂張足曰跨立欲增高則反害其立行欲增闊則反害其行贅疣

贅也行當作形古字通也食餘人必惡之形贅人必醜之左氏人將不食吾餘莊子附疣縣贅出乎形而侈於性是也惡去聲處上聲

蘇註 人未有不能立且行者也苟以立為未足而加之以跂以行為未足而加之以跨未有不喪失其行立者彼其自見自是自伐自矜者亦若是矣譬如飲食適飽則已有餘則病譬如四體適完則已有贅則累

呂註 跂之為立非立之常也跨之為行非行之常也則不可久故雖立不立雖行不行也道固無我無我則不爭則夫自見自是自矜者亦非其常也故其為道也為餘食贅行而已夫俗人皆嗜之矣而吾復取焉是餘食也性本無是而特侈之是贅行也餘食贅行物或惡之則有道宜其不處也夫道處衆人之所惡而曰物或惡之故有道者不處何也蓋卑虛柔弱者衆人之所惡而去之者也故有道者處之見是矜伐者衆人之所

惡而爭之者也是以不處則或處或不處其為不爭一也

息齋註石無足而立風無足而行蓋由立者不知其立行者不知其行也足不至地曰跂足越於行曰跨立而跂立必不久行而跨行必不長古之學道者必全於天及其遇物而應不作思慮如人手足耳目内應于心無使之者若使手足耳目思而後應則舉動之間莫知所措矣是以自見者不明自是者不彰自伐者無功自矜者不長由其有自心也學道而有自心是為餘食贅行夫食者適於飽行者適於事既飽之餘芻豢滿前唯恐其不持去行不適事雖仲子之廉尼生之信猶可厭也故食之餘與行之贅此二者物或惡之有道者常行其所自然故食不餘行不贅

有物混成先天地生寂兮寥兮獨立而不改周行而不

殆可以為天下母吾不知其名字之曰道強為之名曰大大曰逝逝曰遠遠曰反故道大天大地大王亦大域中有四大而王居其一焉人法地地法天天法道道法自然混渾通先悉薦反強上聲介甫云寂止也寥遠也羅什曰妙理常存故曰有物萬道不能分故曰混成鍾會曰廓然無偶曰獨立古今常一曰不改無所不在曰周行所在皆通曰不殆

蘇註夫道非清非濁非高非下非去非來非善非惡混然而成體其於人為性故曰有物混成此未有知其生者蓋湛然常存而天地生於其中耳寂兮寥兮無形獨立無匹而未嘗變行於羣有而未嘗殆倘以化育萬物則皆其母矣道本無名聖人見萬物之無不由也故字之曰道見萬物之莫能加也故強為之名曰

大然其實則無得而稱之也自大而求之則逝而往矣自往而求之則遠不及矣雖逝雖遠然反而求之一心足矣由道言之則雖天地與王皆未足大也然世之人習知三者之大而不信道之大也故以實告之人不若地地不若天天不若道道不若自然然使人一日復性則此三者人皆足以盡之矣

呂註 有氣也有形也有質也而天地人之位分可聞也可見也可摶也而耳目心之官辯是物也未見氣與形質者也氣形質渾淪而未相離者也而視之不可見聽之不可聞摶之不可得則其形不可得而見也故吾不知其名而命之其義可言也故字之曰道不知其名以心契之也字之曰道以義言之也道之為物用之則彌滿六虛而廢之莫知其所則大豈足以名之哉強為之名而已大則周行而無不在不止於吾身而已故大曰逝逝則遠而不禦故逝曰遠遠而不禦則吾求其際而不可得也復歸其根而未始離乎吾身也故遠曰

反道大天大地大王亦大在六合之外則大不足以言之所謂四大者域中而已王者人之復命知常容容乃公公乃王者也故域中有四大而王處一焉王者人道之盡者也人以有形而合於無形於地亦然則地之所至人亦至焉故曰人法地天之所至地亦至焉故曰地法天道之所至天亦至焉故曰天法道道則自本自根未有天地自古之固存而以無法為法者也無法也者自然而已故曰道法自然

息齋註　謂之有物者不可名也謂之混成者不可修也先天地生不見其始不見其始則不知其終既無始終則獨立不改然雖獨立未嘗獨立周行萬物無所不入而無有危殆天下之物無不由之而出生生不窮故可以為天下母然謂之獨立非獨立謂之周行非周行謂之天下母非天下母吾皆莫知其名字之曰道強名之曰大謂之大矣然其大未嘗見大而嘗化故曰逝謂之逝矣然其實未嘗去無所不周故曰遠謂之遠

矣然具一念之間無所不具故曰反由其大而能逝遠而能反故非大非細非遠非近皆不可名是之謂道及道降而生物天地區分域中四大自世人言之則王之大不及天地之大天地之大不及道之大而此言四大王居一焉遂以王配道若無難者夫以一人之身喜怒哀樂之節尚可位天地育萬物而況於王乎苟能轉以相法人法地地法天天法道則王之配道又何難哉

李約註　道大天大地大王亦大是謂域中四大蓋王者法地法天法道之三自然而理天下也天下得之而安故謂之德凡言人屬者耳其義云法地地如地之無私載法天天如天之無私覆法道道如道之無私生成而已如君君臣臣父父子子之例也後之學者謬妄相傳皆云人法地地法天天法道道法自然則域中有五大非四大矣豈王者只得法地而不得法天法道乎天地無心而亦可轉相法乎又況地法天天法道道

法自然是道爲天地之父自然之子支離決裂義理疎遠矣

重為輕根靜為躁君是以聖人終日行不離輜重雖有榮觀燕處超然奈何萬乘之主而以身輕天下輕則失根躁則失君

根本也躁者動之甚而煩擾也君主也韓非云制在己曰重不離位曰靜重則能使輕靜則能使躁故曰重為輕根靜為躁君管子曰動則失位靜則自得離去聲輜莊持反古者凡吉行乘乘車師行乘兵車皆有輜車在後輜車衣車前後有蔽所以載行者之衣食器械以其累重故稱輜重榮觀紛華之觀也公羊傳曰常事曰視非常曰觀處上聲燕處猶燕居超然高出而無繫著也奈如也乘去聲失根一作失本一作失臣非今從王輔嗣本

蘇註 凡物輕不能載重小不能鎮大不行者使行不動者制動故輕以重為根躁以靜為君行欲輕而不離輜重榮觀雖樂而必有燕處重靜之不可失如此人主以身任天下而輕其身則不足以任天下矣輕與躁無施而可然君輕則臣知其不足賴臣躁則君知其志於利故曰輕則失臣躁則失君

呂註 輕者先感重者後應應者感之所自生則重為輕之根矣靜者役物躁者役於物躁常為靜之所役則靜為躁之君矣是以君子終日之間其行為可以約齋矣然猶不離輜重則輕之不可以無重也雖有榮觀為足以適矣而必有超然之燕處則躁之不可以無靜也終日之行與其榮觀猶且如此況乎萬乘之主任重道遠以觀天下其可不靜且重乎蓋迫而後動感而後應不得已而後起則重矣無為焉則靜矣苟其動常在於得已之際而不能無為則是以身輕天下而不重不重則躁而不靜矣故曰上無為也下亦無為也是下與

上同德下與上同德則不臣下有為也上亦有為也是上與下同道上與下同道則不主蓋輕則任臣之勞而代之而臣則無為而與上同道則不臣不臣則是失臣也躁則忘君之逸而為天下用則君亦有為而與下同道則不主不主則是失君也

故曰輕則失臣躁則失君

息齋註輕必歸重躁必歸靜故重為輕根靜為躁君聖人終日行不離輜重無所不至而不離其本也雖有榮觀燕處超然無所不為而常無為也柰何萬乘之君不自量其重而徒以身驅馳於天下之細故若以細故自嬰則一物足以役之矣又何足以宰制天下邪雖然輕與躁皆足以為病而躁之病猶甚於輕蓋輕者役其心淺而躁者役其心深輕之失不過失於所輕而上躁之失則中君內優失靜之全故輕則失臣躁則失君

宏甫註 有輜重則雖終日行而不為輕何也以重為之根也常燕處則雖榮觀而不為躁何也以靜為之君也故輕則失重根躁則失靜君

善行無轍迹善言無瑕讁善計不用籌策善閉無關楗而不可開善結無繩約而不可解是以聖人常善救人故無弃人常善救物故無弃物是謂襲明故善人不善人之師不善人善人之資不貴其師不愛其資雖知大迷是為要妙 瑕玉玷也讁直革反責也籌策計數者所用之筭以竹為之楗其偃反拒門木也橫曰關竪曰楗結繫也繩索也約束也襲相傳襲也一作掩襲之襲言密用也傳奕云是以聖人常善救人二十

字獨見河上本古本無之

蘇註　乘理而行故無迹時然後言故言滿天下無口過萬物之數畢陳於前不計而知安用籌筭全德之人其於萬物如母之於子雖縱之而不去故無關而能閉無繩而能約彼方挾策以計設關以閉持繩以結其力之所及者少矣聖人之於人非特容之又善救之我不弃人而人安得不歸我乎夫救人於危難之中非救之大者也方其流轉生死為物所蔽而推吾至明以與之使暗者皆明如燈相傳相襲而不絕則謂善救人矣聖人無心於教故不愛其資天下無心於學故不貴其師聖人非獨吾忘天下亦能使天下忘我故也聖人之妙雖智者有所不喻故曰要妙

呂註　車行則有轍徒行則有迹則行固不能無轍迹者也知行之所以行則行出於不行故曰善行無轍

迹知者不言言者不知則言固不能無瑕讁者也知言之所以言則言出於不言故曰善言無瑕謫一與言為二二與一為三自此以往巧歷不能算惟得一而忘言者為能致數致數則其計不可窮矣故曰善計不用籌筭天門無有關閡在我我則不闗誰能開之故曰善閉無關楗而不可開天下有常然者約束不以纆索因其常然而結之故曰善結無繩約而不可解故行而不以此則行不能無轍迹言而不以此則言不能無瑕讁計也閉也結也而不以此則雖用籌筭而亂雖有關楗而開雖有繩約而解所存於己者不能無潎何暇人物之救哉聖人惟能體道以善此五者是以常善救人而無弃人常善救物而無弃物矣何則此五者性命之理所同然者也惟聖人以知常之明而救之於所同然之際耳行之言之計之閉之結之而莫知其所以然則其明襲而不可得見故曰是謂襲明唯其善救也故善人不善人之師不善人善人之資明人之不善何弃之有哉

雖然志道者忘心善人者雖不善人之師而吾不知其師之為可貴也不善人雖善人之資而吾不知其資之為可愛也不貴其師不愛其資則雖智者有所不知而違迷矣夫唯以智求之而不得此道之所以為要妙也

故曰雖智大迷是謂要妙

董註 輪輾地為轍迹夫與道為一何迹之有讁過也惟和以天倪故無口過道一而已總括萬有是謂善計無門無房四達皇皇而天地之大亦不能出乎其外是謂善閉妙本湛然不為法縛不求法脫堂堂密密了無間然所謂不可須臾離也苟溺於刻意尚行執言滯句用心計度以求道而不達方便之門則反為教相所縛不能徹見萬法根元矣所謂善結者無為而已夫救人於危難特救其形耳而且未必能博豈足善哉惟彼方執著有為迷其性於暗蔽之中而我以兼容容之以先覺覺之使彼之天光自發如明燈之傳襲無盡而在

我者既以與人己愈多則其明亦何限量哉故曰常善常之為言無時不然也

息齋註 行未有無迹言未有無瑕計未有非籌筭開未有非關鍵結未有非繩約惟得道者行不以足故無轍迹言不以口故無瑕讁計不以心故無籌筭開不以關鍵故不可開結不以繩約故不可解由其以至常為體而妙於用常故能無所不善常之為道人人而有物物而得既謂之常則不以人而多不以物而少由人與物雖有常而失其真常故聖人每以真常救之以真常救人則人無弃人以真常救物則物無弃物然亦豈聖人能為此哉由人與物皆有此明聖人還以其元明示之故曰是謂襲明至於襲明則均於一惟人無善無不善故善人不善人之師言不善人之可以為善人也不善人善人之資言不善人之本同善人也若不貴其師而不師其善不愛其資而甘於為惡雖有多智祇益為迷反本還原是謂要妙

程俱論 善行善言善計善閉善結皆常善也惟常善也故能救人無弃人救物無弃物有為之善其能爾乎唯無積也故能為人已愈有與人已愈多住相之施其能爾乎推是道以濟天下而度羣生亦何儒釋老之分哉

宏甫註 自謂有法可以救人是弃人也聖人無救是以善救然則無關者善閉無約者善結無策善計無讁善言無迹善行皆可知矣

知其雄守其雌為天下谿為天下谿常德不離復歸於嬰兒知其白守其黑為天下式為天下式常德不忒復歸於無極知其榮守其辱為天下谷為天下谷常德乃

足復歸於樸樸散則為器聖人用之則為官長故大制不割守保守也復並扶又反谿谷衆水所注天下極言之也式法也忒爽也足全也長上聲制裁斷也割分裂也

吕註雄動而雌靜雄剛而雌柔雄倡而雌和知其雄守其雌則篤靜致柔和而不倡者也故為天下谿谿之為物受於谷而輸於江海受而不拒輸而不積物之能通而無迕者也能通則常德不離矣人之生也常德內全與物無迕及為物之所遷則日益以離唯能篤靜致柔和而不倡則常德不離而復歸於嬰兒矣白於色為受采於物為明於行為金於數為四黑於色為不受染於物為晦於行為水於數為一知其白守其黑不受萬物之染若晦若水終之於抱一抱一則能曲能枉能窪能敝故可以為天下式為天下式無往而非一則常

德不忒不忒矣不離者不離其故處而已而未必能不忒也不忒則不差矣嬰兒之為物專氣致柔不失其一體之和而已復歸於無極則嬰兒不足以言之也草木之蕃也為榮其謝也為辱人之所以為榮辱亦若是而已知其榮守其辱去華歸根雖被以天下之所甚惡而不能累焉故為天下谷谷之為物虛而能盈應而不藏而江海之源所自出者也能為天下谷則反乎其源矣故常德乃足則又非特不忒而已復歸其樸樸者真之全而物之混成者也唯其混成而未為器故能大能小能曲能直能短能長能圓能方無施而不可則無極不足以言之也然則守其雌守其黑守其辱足矣安用知其雄與白與榮哉蓋守之以為母知之以為子守之以為經知之以為變也樸散則為器器之為物能大而不能小能曲而不能直能短而不能長能圓而不能方故聖人用之為官長而已非容乃公公乃王之道也若夫抱樸以制天下其視天下之理猶庖丁之視牛未嘗見全牛

也行之於所無事而已恢恢乎其於游刃有餘地矣何事於割哉故曰大制不割

息齋註　雄動而作雌靜而處動必歸靜雄必歸雌故為天下谷白者欲其有知黑者欲其無知有知以無知為貴知白以守黑為賢故為天下式榮者我加於人辱者人加於我我加於人而人能受則其益在人人加於我而我能受則其益在我故為天下谷然道之常豈有所謂雄雌白黑榮辱者哉曰知曰守者非常德也及散而為德以德自處若用其雄用其白用其榮則失常德矣若用其雌常德不離復歸於嬰兒用其黑常德不忒復歸於無極用其辱常德乃足復歸於樸所謂嬰兒曰無極曰樸者真常也故真常不可得而知不可得而守必使可知可守者復歸於常然後為道及樸散為器聖人以道制器猶不失於道故用之為官長官長者視天下猶官長之非如家而私之也故官而不私長而不宰是謂大制不割

純甫註 此言聖人以無御有徼妙同玄之道知知子之知也有運用之意守守母之守也有主宰之意雌雄以剛柔言黑白以明晦言榮辱以貴賤言谿谷在下衆流所歸也式法也亦歸之之意常德真常之德嬰兒言其和也無極言其虛也樸言其質也皆指常德言之此章變文叶韻反覆吟咏亦與詩體相類既曰守雌為谿矣又曰常德不離覆而言之非為谿之後復有不離之功也既曰常德不離矣又曰復歸嬰兒申而言之非常德之外復有嬰兒可歸也下二者放此蓋天下之事非柔所能獨濟者固有時而用剛也非晦所能獨理者固有時而用明也非賤而在下所能獨成者固有時而在上也此聖人所以必知其雄知其白知其榮也然剛不生於剛而生於柔明不生於明而生於晦貴不生於貴而生於賤是剛也明也貴也物之末也子也去道遠者也柔也晦也賤也物之本也母也去道近者也此聖人所以必守其雌守其黑守其辱也聖人守此而天

下之母在我矣其子焉往所以為谿為谷為式而天下歸之者正以此真常之德未之離焉耳其常德不離則雖至剛以決天下之事至明以燭天下之情至貴以蒞天下之賤然為而不恃長而不宰功成而不居未嘗不復歸其根也聖人之有天下而不與也以此嬰兒無極樸實人固有之道故以復歸言之官長羣有司之長也樸可以割而為器而器不可以為樸官長可以統羣有司而羣有司不可以為官長聖人為母不為子猶之為樸不為器為官長不為羣有司正其本而已不然逐子忘母紛紛然惟雄白榮之求與物相刃相靡而莫之能止則身之不暇治而況天下之歸哉

將欲取天下而為之吾見其不得已天下神器不可為也為者敗之執者失之故物或行或隨或呴或吹或强

或羸或載或隳是以聖人去甚去奢去泰取如左氏取我田疇而伍之史記取高帝約束紛更之之取為治之也司馬溫公曰為之則傷自然執之則乖通變呴音許一音虛羸力為反載始也又任載也隳許規反去上聲陸農師云去甚慈也去奢儉也去泰不敢為天下先也三者聖人所以取天下也

蘇註聖人之有天下非取之也萬物歸之不得已而受之其治天下非為之也因萬物之自然而除其害耳若欲取而為之則不可得矣凡物皆不可為也雖有百人之聚不循其自然而妄為之必有齟齬不服者而況天下乎雖然小物寡衆猶有可以力取而智奪者至於天下之大有神主之不待其自歸則叛不聽其自治則亂矣陰陽相盪高下相傾大小相使或行於前或隨於後或呴而暖之或吹而寒之或益而強之或損而羸

之或載而成之或隨而毀之皆物之自然而勢之不免者也世之愚人私己而務得乃欲拒而違之其禍不覆則折唯聖人則知其不可逆順以待之去其甚去其奢去其泰使不至於過而傷物而天下無患矣此不為之至也堯湯之於水旱雖不能免而終不至於敗者由此故也易之泰曰后以財成天地之道輔相天地之宜以左右民三陽在內三陰在外物泰極矣聖人懼其過而害生故財成而輔相之使不至於過此所謂去甚去奢去泰也

吕註 聖人抱樸以治天下故大制不割則其取天下常以無事而已取之也者得天下之心使之不去者也則將欲取天下而為之者非所以取天下也非所以取而取之吾是以見其不得也形而上者謂之道形而下者謂之器天下之為器神器也唯神道可以御神器神無思也無為也而為之則御之非其道矣故不可為

也為者所以求成而適足以敗之執者所以求得而適足以失之也堯非有人非見有於人巍巍乎舜禹有天下而不與焉凡此者真知所以取天下者也非為而執之者也是以凡物有行則有隨有呴則有吹有強則有羸有載則有隳事勢之相生不得不然也則安可以執而為之哉是以聖人去甚去奢去泰凡以輔萬物之自然而已其敢為也哉

元澤註

聖人體神合變與物為一雖兼制天下而未嘗有有故能從容無為而業無不濟糠粃土苴將陶鑄帝王若夫塊然有而以已遇物則雖六尺之身運轉姑滯若將不容而況天下之大擻取者取物是其有我為者造作是其有為有已有為之人方且存乎憂患之間而何暇治人乎聖人心超有無不物於物故陰陽交代而我法不遷茍為有有則物與為敵萬變糾錯不可勝圖矣故獨行於前而不知隨者在后如形影之不

含响之欲溫而不知吹者之已至如寒暑之相生知强而已則羸者有時而來知載而已則隳者應手而至此皆造化之大情朝暮之常態有有者不知由已不了故有此患而更與為兢夫如是則雖介然一物之微而憂患之大充塞天壤安能操神器而不累乎聖人心合於無以酬萬變方其為也不以經懷如鏡應形適可而止分外之事理所不為彼有有者妄見諸相矜已樂能為之不已故事輒過分此由不知行隨响吹强羸載隳之反覆故爾

息齋註 聖人體道以為質不得已而受形於天地之間由天下不得聖人則不治故不得已取天下而為之然聖人視此身猶寄也以天下寄其所寄豈肯强其所無以失真常之道哉由不知道者以天下為實有而我始君之於是以有為撓之以有物執之而不知其所為者反足以敗之其所執者反足以失之益物之在

天下或往可以行或止可以隨或噓之可暖或吹之可寒或强而壯或羸而損或任而載或弱而隳物之不齊物之情也若必欲為之執之使行者為隨噓者為吹强者為羸載者為隳則雖夫且不可而況於人乎聖人因其自然知其所受受者有不可變但去其甚去其奢去其泰使可行可噓可强可載者不至於過而或隨或吹或羸或隳者不至於不及

是謂以吾自然輔其自然

薛註 物各有自然之性豈可作為以害之是以聖人去甚去奢去泰惟因其自然而已聖人所謂甚奢泰者非謂後世夸淫踰侈之事凡增有為於易簡之外者皆是也漢書黃霸傳凡治道去其泰甚者耳其言本此而意實不同事有太過者去之小而無害不必改作此漢人之意也物有固然不可强為事有適當不可復過此老子之本意也

以道佐人主者不以兵强天下其事好還師之所處荆棘生焉大兵之後必有凶年善者果而已不敢以取强果而勿矜果而勿伐果而勿驕果而不得已果而勿强物壯則老是謂不道不道早已好去聲還旋通易曰師衆也處上聲善即有道者也不得已為之難也莊子曰不得已而後動又一宅而寓於不得已又託不得已以養中皆與老子語合果而勿矜以下五而字當讀如於字人方果於彼我獨果于此也矜自恃也伐夸大也驕恣肆也已止也早已言不久也

蘇註聖人用兵皆出於不得已非不得已而欲以强勝天下雖或能勝其禍必還報之楚靈齊湣秦始皇

漢孝武或以殺其身或以禍其子孫人之所毒鬼之所疾未有得免者也兵之所在民事廢故田不修用兵之後殺氣勝故年穀傷凡兵皆然而況以兵强天下者邪果決也德所不能綏政所不能服不得已而後以兵決之耳勿矜勿伐勿驕不得已四者所以為勿强也壯之必老物無不然者惟有道者成而若缺盈而若沖未嘗壯故未嘗老未嘗死以兵强天下壯亦甚矣能無老乎無死乎

呂註　人主者無為者也佐人主者有為者也取天下不能無事而為之不已兵弊至於以兵强之雖佐人主者任在於有為猶為不以道也況於主道之無為乎所以然者以其事好還而已以道服天下則天下莫敢不服而以兵强天下亦將阻是而抗我矣出乎爾者反乎爾者也師之所處荆棘生焉大軍之後必有凶年師之毒天下如此故善用兵者果而已果者克敵者也敵而克之造攻自鳴條朕哉自亳克敵之謂也此出於不

得已非所恃以取强也果而勿矜其能果而勿伐其功果而勿驕其勢其果常出於不得已是乃果而勿强之道也如果而矜其能果而伐其功果而驕其勢則是果於强也非果於不得已者也凡少則壯壯則老物之情也道也者貴於守柔以為强乃所以久而不殆者也若以兵强天下則是棄柔而用壯壯而必老則物而已豈道之所以物物哉故曰物壯

則老是謂不道不道早已

息齋註殺人之父人亦殺其父殺人之兄人亦殺其兄是謂好還兵之不勝其害未易一二數使幸而勝其殺氣之應地不能使之生天不能使之和故荆棘生於屯戰之所饑饉起於軍旅之後則其不勝者可知矣故善戰者因其不得已果於一決而不以是取强果者不久之謂也內持不得已之心外為一戰之決故未嘗矜未嘗驕未嘗伐未嘗强皆生於不得已也若得已而不已兵老而氣衰猶人壯之必老是為不道人之不

道尚猶不盡年而死而況於兵之老乎

宏甫註 天道好還而以兵强佐人主者不知道者也夫知其不可以取强而遂已非果斷不能也而惟善者能果故歷言當果數事其旨深矣物壯則老此天道也惟知强壯之可恃不知老敗之將至是謂不道不道之事不可以不早已夫

夫佳兵者不祥之器物或惡之故有道者不處君子居則貴左用兵則貴右兵者不祥之器非君子之器不得已而用之恬澹為上勝而不美而美之者是樂殺人夫樂殺人者不可得志於天下矣吉事尚左凶事尚右偏

將軍處左上將軍處右言居上勢則以喪禮處之殺人衆多以悲哀泣之戰勝以喪禮處之佳謂佳之也溫公曰兵愈佳則害人愈多惡去聲處上聲下並同左為陽為生右為陰為死恬澹安靜也美即佳也樂去聲純甫云此章自兵者不祥之罷以下似古之義疏渾入於經者詳其文義可見

蘇註以之濟難而不以為常是謂不處

呂註文覿而武匿者天地之道陰陽之理也兵而佳之是乃器之不祥而物之或惡也是以有道者不處故君子居則貴左用兵則貴右其所貴異乎平居之時則是固以不祥之器處之而非君子之器也非所以佳之也必不得已而用之恬澹為上故勝而不美也非所以佳之也天將救之以慈衛之慈者天下所以樂推而

不厭也則殺人者豈其樂哉而美之則是樂殺人也樂殺人者不可得志於天下也故吉事尚左凶事尚右偏將軍處左上將軍處右言以喪禮處之殺人衆多以悲哀泣之戰勝以喪禮處之夫以喪禮處之則是不祥之器而不美之可知已以悲哀泣之則是不樂殺人也可知已老子之察於禮學者如此而謂老子絶滅禮學豈知其所以絶滅之意乎

息齋註　兵不可佳而佳猶人不可殺而殺故不樂殺人然後可以言兵孫吳之論兵審虛實辯奇正其言詳矣然虛實奇正之本孫吳未必知之也老氏曰恬澹為上勝而不美夫以恬澹言兵識若不類然不知恬淡則靜靜者勝之本也狂躁則動動者敗之基也梁襄問孟子曰天下惡乎定曰定於一曰孰能一之曰不嗜殺人者能一之使果不嗜殺人則定天下有不難者自古及今不嗜殺人者必興嗜殺人者必亡嗜殺人而暫

成者有已未有嗜殺人而多歷年者也故君子戰勝以喪禮處之不祥之器有道者不處

道常無名樸雖小天下不敢臣侯王若能守萬物將自賓天地相合以降甘露人莫之令而自均始制有名名亦既有夫亦將知止知止所以不殆譬道之在天下猶川谷之於江海

王輔嗣註 道無形不繫常不可名以無名為常故曰道常無名也樸之為物無心亦無名故將得道莫若守樸夫智者可以能臣也勇者可以武使也巧者可以事役也力者可以重任也樸之為物憒然不偏近於無有故曰莫能臣也抱樸無為不以物累其真不以欲害其神則物自賓而道自得天地相合則甘露不求

而自降我守其真性無為則民不令而自均也始制謂樸散始為官長之時也遂任名以號物則失治之母故知止所以不殆川谷求於江與海非江海召之世行道於天下者不令而自均不求而自得故曰猶川谷之於江海也

蘇註 樸性也道常無名則性亦不可名矣故其為物舒之無所不在而斂之不盈毫末此所以雖小而不可臣也故匹夫之賤守之則塵垢粃糠足以陶鑄堯舜而侯王之尊不能守則萬物不賓矣沖氣升降相合為一而降甘露朐然被於萬物無不均遍聖人體至道以應諸有亦露之無不及者此所以能賓萬物也聖人散樸為器因器制名豈其徇名而忘樸遂末而喪本哉蓋亦知復於性是以乘萬變而不殆也江海水之鍾也川谷水之分也道萬物之宗也萬物道之末也皆水也故川谷歸其所鍾皆道也故萬物賓其所宗

吕註 道常無名名之為道則與道非矣方其無名固未始有物也其樸可謂小矣而天下不敢臣夫何故天地資之以始萬物恃之以生則天下孰有敢臣其所自始與其所自生哉夫是之謂真君萬物莫不有真君焉是之謂也侯王若能守則是以真君君萬物萬物孰有得其真君而不賓者乎故曰聖人作而萬物覩至陰肅肅至陽赫赫肅肅出乎天赫赫發乎地兩者交通成和而物生焉或為之紀而莫見其形天地相合以降甘露則交通成和之至也侯王執道紀而萬物賓之也亦若是而已孰得見其形哉故人莫之令而自均也無名之樸無思也無為也工宰一動則始制有名而名亦既有矣於是之時亦將知止則其安易持其未兆易謀其脆易破其微易散為之於未有治之於未亂則何殆之有哉此王侯所以守之之道也譬道之在天下猶川谷之與江海其有不歸之者邪

息齋註此言道與器相與為循環輕重也道常無名不可得而見然匹夫得之樸雖小天下不敢臣知尊之無以加於我也侯王雖大若不能守則萬物不賓蓋能賓之者在此而不在彼也譬如天地雖有高下然至合以降甘露非有人使之而無不齊者是天地未嘗不同也由是觀之道雖小不必輕侯王雖大不必貴天地雖判不必離雖道散而為物物各有名而天亦未嘗遂弃物也惟其未嘗弃物物立於天地之間而不殆者以天猶生之也故物不以道散而虧道不以物生而散譬猶川谷之為雲雨江海之為浸潤川谷之氣未嘗不通於江海而江海之氣未嘗不通於川谷若以道觀之則未嘗一日而不循環若以器取之則水陸之分有不同者

矣

筆乘道常首章所謂常道也無名首章所謂無名也以其未彫未琢故謂之樸以其曰希曰微故謂之小以

然能見小而守之者鮮矣侯王若能守是見小曰明者也知子守母者也如此則靜為動君而動為之臣一為萬王而萬為之賓又孰有臣樸者哉始即無名天地之始制者裁其樸而分之也始本無名制之則有名矣苟其迹於名而莫止則一生二二生三將巧歷不能算而種種名相皆以為實與接為構窮萬世而不悟陰陽之慘殆孰甚焉所謂不知常妄作凶也誠知無可以適有則有亦可以之無是故貴其止止者鎮以無名之樸也知止則不隨物遷淡然自足殆無從生矣此非强之也物生以道生物滅以道滅萬物皆作於道萬物皆歸於道我之性宅我自復之夫何難之有故江海水之宗也川谷水之派也異派必會於宗殊名必統於道

知人者智自知者明勝人者有力自勝者强知足者富强行者有志不失其所者久死而不亡者壽不失其所即易之止

其所也羅什曰在生而不生曰久在死而不死曰壽

蘇註 分別為智蔽盡為明分別之心未除故止於知人而不能自知蔽盡則無復分別故能自知而又可以及人也力能及人而不能及我能克己復性則非力之所及故可謂之強也知足者所遇而足則未嘗不富矣雖有天下而常挾不足之心以處之是終身不能富也不與物爭而自強不息物莫能奪其志也物變無窮而心未嘗失則久矣死生之變亦大矣而其性湛然不亡此古之至人能不生不死者也

呂註 知人者智自知者明自知然後能知人則明者固智之所自出也勝人者有力自勝者強自勝然後能勝人則強者固力之所自出也復命曰常知常曰明不能自知非所以知常也則知常者乃所以自知也明至於自知則其於知人也何有守柔曰強與接為搆日以心鬬非所以守柔也則守柔者乃所以自勝也強至

於自勝則其於勝人也何有有自知之明則知萬物皆備於我而無待於外慕也故曰知足者富有自勝之强則於道也勤行而已矣無事於他求也故曰强行者有志知其足於己而强行之則能存其所存而不為物之所遷矣故曰不失其所者久能存其所存則雖死而未嘗亡也故曰死而不亡者壽

息齋註 知在外為智在內為明勝在外在力在內為强智與力為妄明與强為真入道之門皆由於此人所以不能入道者以自見不明而為物所勝也若內明則自不驚外不驚外則漸能勝物積日既深自然入道凡不足者蓋不知我之有也萬物皆備於我返照內觀知取諸一身而足不亦富乎知足心生漸離諸有有力未全未能充其所見必有强志乃能力行見清靜根漸返於道虛中證實所得不移無古無今浩然常住是謂不失其所守視死生有如旦暮生而不有死而不亡是之謂壽

農師註　列子之不化莊子之不死佛氏之不滅與死而不亡同意是以聖人之生也與死同謂之神聖人之死也與生同謂之壽言其生死之未有異也夫惟生死同狀而萬物一府故夫身如蜩甲蛇蛻寓之而已蓋蜩之甲已死而其蜩未嘗亡蛇之蛻已腐而其蛇未嘗喪何則其真者雖死不滅也曰夫至人不焚於火不溺於水虎不能搏兕不能觸乘虛不墜觸石不礙而未嘗有死則又曰死而不亡何也蓋聖人之於時隨之而已時之所當行聖人不強避時之所當止聖人不強為視其天而已故有能之而能不為之是以有生而不死有死而不亡者也

大道汎兮其可左右萬物恃之以生而不辭功成不名有愛養萬物而不為主常無欲可名於小萬物歸焉而

不知主可名於大是以聖人終不為大故能成其大汎無繫著也

蘇註汎兮無可無不可故左右上下周旋無不至也世有生物而不辭者必將名之以為已有世有避物而不有者必將辭物而不生生而不辭成而不有者唯道而已大而有為大之心則小矣

呂註可以左而不可以右可以右而不可以左在物一曲者非大道也大道則無乎不在故汎兮其可左右也凡物之大者則不可名於小小則不可名於大是道也以其可以左右也故萬物恃之以生而不辭成功不居衣被萬物而不為主夫唯不居不為主故常無欲常無欲則妙之至者也故可名於小萬物歸焉而不知主則容之至者也故可名於大雖然既大矣而可名於小則非大也既小矣而可名於大則非小也非大非小

此道之所以隱於無名也然則道之所以為大也果不在大也聖人體道者也則其所以能成其大者豈自大也哉

息齋註 大道汎兮充滿八極及其用之如在左右萬物非道不生而道未嘗言其能也萬物非道不成而道未嘗自名其功也萬物非道不養而道未嘗自以為主也方其小則不見其眹及其大則未嘗主萬物萬物悉歸焉聖人亦然終不自以為大而萬物終無以過之唯其不取大故能成其大

筆乘 可名於小爾言不可名小可名於大爾言不可名大既云可左可右所以非小非大非小非大所以成其大

執大象天下往往而不害安平泰樂與餌過客止道之

出口淡乎其無味視之不足見聽之不足聞用之不可既

林希逸云大象者無象之象也天下往者執此而往行之天下也既盡也

希聲註大象者道也夫能執古之道以御今之有則天下萬物皆歸往之矣夫聖人視民如赤子惟恐其傷而況有事傷之乎未嘗有以傷之則歸而往之者莫有受其傷矣莫受其傷則天下皆安其夷泰矣夫樂可以悅耳餌可以適口則旅人為之留連為之歡饜然非其所安不可久處故易曰鳥焚其巢旅人先笑後號咷也夫執大象者則不然不以欲樂示於人故言之出口淡乎其無味教之入心泊乎其不美希乎夷乎雖不足以視聽然用之不窮酌之不竭彌乎千萬年而不可以既

蘇註道非有無故謂之大象苟其昭然有形則有同有異同者好之異者惡之好之則來惡之則去不足

以使天下皆往矣有好有惡則有所利有所害好惡既盡則其於萬物皆無害矣故至者無不安無不平無不泰作樂設餌以待來者豈不足以止過客哉然而樂闋餌盡彼將舍之而去若夫執大象以待天下天下不知好之又況得而惡之乎雖無臭味形色聲音以悅人而其用不可盡矣

呂註 道之在天下猶川谷之與江海萬物歸焉而不知主是無形也無形也者大象也則孰將保我而不往哉故曰執大象天下往失道而天下往則去之而已則其往也不能無害執道而天下往則雖相忘於道術而未嘗相離也故往而不害安平泰平者安之至泰者平之至有樂之可樂有餌之可嗜則止者過客而已道之出言淡乎其無味則非餌之可嗜視之不足見聽之不足聞則非樂之可樂若然者用之豈可既乎過客止則為之蘧廬而已非可久者也用之不可既則百姓日用而不知而安平泰之所自出也

息齋註 道降而有象象生則物往從之愚者往而不返智者往而不害往而不返者失道而從物也往而不害者與道俱也既與道俱往不離道無所不安無所不平無所不泰與道為一心不知道道不知心若知道而行則有不安有不平有不泰矣聖人之於形器如過客之寓於旅亭暫住而去未嘗有顧惜之心苟為欲樂所餌過客止於所寓留而不去未有不為患者故聖人執大象而往雖從於物其心常與道俱味無味之味視無色之色聽無聲之聲用無用之用即於形器之間全收道用此其所以安平泰也

將欲歙之必固張之將欲弱之必固強之將欲廢之必固興之將欲奪之必固與之是謂微明柔勝剛弱勝強魚不可脫於深淵邦之利器不可以示人 歙音吸斂也聚也張開大

也深淵原作淵邦原作國今從韓非本

蘇註
未嘗與之而遽奪則勢有所不極理有所不足勢不極則取之難理不足則物不服然此幾於用智也與管仲孫武無異聖人與世俗其迹固有相似者也聖人乘理而世俗用智乘理如醫藥巧於應病用智如商賈巧於射利聖人知剛強之不足恃故以柔弱自處天下之剛強方相傾相軋而吾獨柔弱以待之及其大者傷小者死而吾以不校坐待其弊此所謂勝也雖然聖人豈有意為此以勝物哉知勢之自然而居其自然耳魚之為物非有爪牙之利足以勝物也然方託於深淵雖強有力者莫能執之及其脫淵而陸則蠢然一物耳何能為哉聖人居於柔弱而剛強者莫能傷非徒莫能傷也又將以全制其後此不亦天下之利器也哉魚惟脫於淵然後人得制之聖人唯處于柔弱而不厭故終能服天下此豈與衆人共之者哉

呂註 將欲歙之必固張之將欲弱之必固强之將欲廢之必固興之將欲奪之必固與之天之道物之理人之事其勢未嘗不如此者也於張知歙於强知弱於興知廢於與知奪非知幾者孰能與於此哉故曰是謂微明然則能歙之張之弱之强之廢之興之奪之與之者無形而柔弱者也爲其所歙所張所弱所强所廢所興所奪所與者有形而剛强者也則柔弱之勝剛强也明矣人之不可以離柔弱猶魚之不可以脫於淵魚脫於淵則獲人離於柔弱則死之徒而已矣天下之至柔馳騁天下之至堅無有入於無閒馳騁天下之至堅而入於無閒則器之利者也操利器以馭天下國家則其所以圖回運動者常在於無形之際安可使知其所自來哉故曰國之利器不可以示人

元澤註 陰陽之情如循環然往窮必反盛極必衰觀乎月滿之虧日中之昃則萬物一致斷可知矣唯

至人深達先幾明乎無朕故養生則裕於屈伸處己則適乎消長涖事則知成敗之數御敵則達擒縱之權古之人所以酬酢萬變而澹然無事者以此道也然則雖鬼神之幽將不能窺而況於人乎易曰尺蠖之屈以求信也龍蛇之蟄以存身也見形則知剛強之制柔弱識理則悟柔弱之勝剛強至人深達微明之義故謙而不亢沖而不盈不與物爭而亦莫能與之爭也雖然此道本之言耳若夫變化無常則一柔一剛一弱一強孰能定之顧雖剛強而柔弱不能勝者動契乎理而心不離乎柔弱也由此觀之又知柔弱之勝剛強矣此所謂利器者也魚巽伏柔弱而自藏於深渺之中以活身者也聖人退處幽密而操至權以獨運斡萬物於不測故力旋天地而世莫覩其健威服海內而人不名以武豈暴神靈而使衆得而議之哉嘗竊論之聖人之所以異於人者知幾也夫以剛強遇物則物之剛強不可勝敵矣天下皆以剛強勝物也吾獨寓於柔弱不爭之地則發

而用之其孰能禦之者覩夫天道則秋冬之為春夏亦一驗矣彼聖人者自藏於深渺之中而託柔弱以為表故行萬物於術內而神莫能知其所自此所謂密用獨化者邪易曰巽以行權莊子曰于魚得計義協於此

純甫註將欲云者將然之辭也必固云者已然之辭也造化有消息盈虛之運人事有吉凶倚伏之理也故物之將欲如彼者必其已嘗如此者也將然者雖未形已然者則可見能據其已然而逆覩其將然則雖若幽隱而實至明白矣故曰是謂微明柔之勝剛弱之勝強正此理也雖然謂之微明則微而明可也明其微不可也何謂微而明韜此理以自養靜深斂退優游自得如魚之不脫於淵是也何謂明其微炫此理以示人君啓釁招尤借寇誨盜如以邦之利器示人是也莊子胠篋一篇蓋明此意利器兵也設喻之言蓋微明之理聖人用之則為大道姦雄竊之則為縱橫捭闔之術其害有甚於兵刃也故聖人喻之以利器云

息齋註

此聖人制心奪情之道心之為物出入無時莫知其鄉欲以止止之轉止轉動聖人知其不可強止故欲歙反張之欲弱反強之欲廢反興之欲奪反與之夫欲止動以止止之止不可得必固反之以動求止自動觀妄動已而竭妄廢真還自然歸止動雖欲動動心不起心既不起止亦不生此聖人歙心弱志廢情奪欲之道微而難見故曰是謂微明此之微明既柔且弱而能勝天下剛強之欲以其不離道母也若離道母則知魚之脫於淵魚既不可脫於淵則國之利器亦不可示人以此示人人亦將有不信者矣此篇世之解者不循其本多以孫吳之兵說雜之此詩禮之所以發冢也

道常無為而無不為侯王若能守萬物將自化化而欲作吾將鎮之以無名之樸無名之樸亦將不欲不欲以

靜天下將自正道常言道之大常也介甫云言道之主故曰萬物將自賓言道之變故曰萬物將自化作動也鎮者壓定之使不動也羅什曰心得一空資用不失萬神從化伏邪歸正

希聲註道之所以為常者以其體無名故無為用有名故無不為侯王能守此始與母之術則萬物之理得而天下正所謂我無為而民自化也苟利欲之情一有萌兆必以此大道之質樸而正之使無得動夫上德無為而無以為則同於道矣下德為之而有以為則同於德矣得於德者必失於道故有無為之心必有無為之跡後世將尋其跡而忘其本或為無為而至有為故云無名之樸亦將不欲者將使心跡兼忘至於玄之又玄也夫能心跡兼忘事理玄會則天下各正性命而無累於物之迹矣首篇以常道為體常名為用而極之於重玄此篇以無為為體無不為為用而統之以兼忘始末相循盡其體用也

蘇註 道常者無所不為而無為之之意耳聖人以無為化物萬物化之始於無為而漸至於作譬如嬰兒之長人偽日起故三代之衰人情之變日以滋甚方其欲作而上之人與天下皆靡故其變至有不可勝言者苟其方作而不為之動終以無名之樸鎮之庶幾可得而止也聖人中無抱樸之念外無抱樸之迹故樸全而用大苟欲樸之心尚存於胸中則失之遠矣

萬物皆有名也而道常無名則有名者莫不為之賓故言萬物將自賓則以無名言之雖然此知無為而已無為而無不為則未嘗有夫無為也故萬物將自化自化則我與萬物莫非道也孰知萬物之賓與其所以賓哉故方其自賓也始制有名名亦既有夫亦將知止知止者復於無名之樸而已方其自化也化而欲作吾將鎮之以無名之樸而無名之樸亦將不欲也無名之樸亦將不欲則豈特無為而已而亦未始有夫無

為者也天下之動正夫一者也侯王守道以至於此則可謂不欲以靜矣天下其有不自正者乎夫老子真人也宜不弊弊然以天下萬物為事而於侯王如此其諄諄何也道以修之身為真以修之天下為普使侯王者知而守之則修之天下不亦普乎夫不啬其道而欲與天下同之仁也欲同之天下而先之侯王義也而學者顧見其言有絕弃仁義則曰老子槌提吾仁義而小之也吾所不取嗚呼彼不見其所以絕弃之意宜其不取焉耳

道自無而入有始於喜怒哀樂之萌而極於禮樂刑政之備極而不反化化無窮則愈失道矣故聖人於其將流則復以樸鎮之既鎮以樸樸亦無名雖用無名之樸亦將若不欲苟有用樸之心則樸非其樸矣不欲以靜民將自正

老子翼卷一

總校官編修臣朱鈐

校對官庶吉士臣王受

謄録監生臣潘大武